拉丁美洲和加勒比研究智库丛书

王逢振　何卫华◎主编

拉美去殖民化之路

王宁　沃尔特·米格诺罗（Walter Mignolo）　何卫华◎选编

中国社会科学出版社

图书在版编目（CIP）数据

拉美去殖民化之路／王宁等编．—北京：中国社会科学出版社，2019.8
ISBN 978 - 7 - 5203 - 4706 - 8

Ⅰ.①拉…　Ⅱ.①王…　Ⅲ.①非殖民化—研究—拉丁美洲　Ⅳ.①D066

中国版本图书馆 CIP 数据核字（2019）第 145503 号

出 版 人	赵剑英
责任编辑	张　林
特约编辑	王　萌
责任校对	周　昊
责任印制	戴　宽

出　　版	中国社会科学出版社
社　　址	北京鼓楼西大街甲 158 号
邮　　编	100720
网　　址	http://www.csspw.cn
发 行 部	010 - 84083685
门 市 部	010 - 84029450
经　　销	新华书店及其他书店

印　　刷	北京明恒达印务有限公司
装　　订	廊坊市广阳区广增装订厂
版　　次	2019 年 8 月第 1 版
印　　次	2019 年 8 月第 1 次印刷

开　　本	710 × 1000　1/16
印　　张	19.75
插　　页	2
字　　数	257 千字
定　　价	88.00 元

目　　录

序　言

瓦尔特·米尼奥罗（Walter Mignolo）

一

在西半球（这里依据的是 15 世纪末教皇亚历山大六世对世界的划分方式），主要存在着六种有着帝国主义色彩的欧洲语言：在文艺复兴时期，有意大利语、西班牙语和葡萄牙语；自启蒙主义运动以来，则有法语、英语和德语。现在在欧盟的核心地带使用的主要是后面的三种语言。这不仅仅是指大部分书籍、电视台、报纸、电台等都在使用这些语言，更重要的是它们体现了以欧洲历史为基础的感知世界的方式；后来美国的建立和维持也同样是建基于这些理念。在新大陆，土著美国人和非裔美国人也"进入"这些具有帝国主义色彩的欧洲语言之中，但在此之前，他们的记忆、感受性、语言和信仰体系却和希腊和罗马毫无瓜葛。而将他们纳入到西方的宇宙观之中，只是为了对其进行贬斥。如果这种纳入意味着世界上剩余的那些地区已被包括在"西方档案的物质性"之中，但铭刻在身体之上的"记忆"却是由西方之外的世界观所塑形，因此他们并没有，也无法被纳入到西方的"档案"之中。记忆是无法被殖民化的。借此，今天正在出现一种转向，一种方向上的巨大改变：那些并非以希腊和罗马为基础的"记忆"正在吸收和征用西方的"档案"，但目的却恰好是同西方的统治脱钩。

在南半球、中美洲和加勒比海地区，情况稍微有些不同，这主要有两个方面的原因。其一，在这些地区，大部分的欧洲后裔都是来自西班牙、葡萄牙和意大利，不同于加拿大那样是主要来自英国和法国。在这样的情境之中，原住民人口（如那些古老文明的后裔——玛雅、印加、阿兹特克，这是西班牙在16世纪早期遭遇到的三种最重要的文明）和非裔的记忆图景无疑不同于美国的土著人和非裔美国人。另外还有一个原因，西班牙和葡萄牙因为错过了欧洲现代性的这趟列车，已经在世界舞台上黯然失色；欧洲现代性不仅在推动着世界上其他地区的发展，并且还成功地让他们相信这是世界前进的唯一道路。

黑格尔关于世界史的叙述不仅是世俗性的，同样还是神圣的（secular-sacred）：大写的精神（欧洲资产阶级民族国家的精神）肇始于中国，途经印度和波斯，沿着一条不断上升的时间轴，最后抵达希腊和罗马。那里感觉就像是家园，黑格尔指出说。大写的精神从那里又再延伸至德国，德国是欧洲的中心，而欧洲当时被认为是世界的中心。黑格尔没有提及非洲，因为他认为非洲根本就不在历史之中（当然这只是他的叙述而已，正如今天人们常说的那样）；美国同样被排除在历史之外，因为在黑格尔的叙述之中，美国将成为精神未来的归宿。但那是将来，黑格尔指出说自己只关注过往，当然还有当下。而南美则毫无希望，这里只有众多"头领"之间的不断征战，没有任何欧洲人从全世界其他地区所期待的那种教养。

撰写本文集所辑录文章的学者大部分都是在南美（对黑格尔而言，这里是毫无希望的亚大陆）出生和接受教育的欧洲后裔、公民知识分子以及一些移民，他们的家庭在19世纪末移居到了南美，当然还有更为晚近的个体性移民行为［凯瑟琳·沃尔什（Catherine Walsh），一位住在厄瓜多尔的美国和厄瓜多尔公民］。并且，大家都有着不同的学术背景（社会学、政治经济学、哲学、教育学、文化研究、符号学、历史、宗教）。在这块大陆，欧洲人在新世界与不同族群的原住民和非裔交织在一起而形成的多样性历史、感知性和社会阶层，触动并且塑造了我们这些人的感知性。在南美和加勒比海地区，非裔已经形成了强有力的信仰共同体，包括坎东布雷教（Candomblé，巴西）、萨泰里阿教（Santería，讲西班牙语的美洲加勒比海各国，不仅包括那些海岛国家，同时还有那些大陆性国家）、伏都教（Voudou，主要是在法国和前法国所属的加勒比海岛屿，主要有海地）以及塔法里教徒（Rastafarians，讲英语的加勒比海地区，主要有牙买加）。因此，"殖民性"的概念对在 1500 年到 1800 年之间形成的美洲三大主要族群都是适用的。在 19 世纪下半叶，大规模的移民现象可谓司空见惯，这当然主要是对欧洲人而言。工业革命所带来的轮船和铁路是这一现象成为可能的物质条件。在 20 世纪，世界上其他地区的移民在不断增加，但到目前为止，他们并没有像原住民和非裔一样以集体性政治运动的形式体现出来。对于欧洲移民而言，他们/我们都已经被"整合"到南美和中美洲正在崛起的民族国家之中。

虽说对所有人而言，"殖民性"（统治、土地的征用和剥夺）的内在逻辑都是一样的，但"去殖民性"所选择的道路却不尽相同，即使这些道路平行且相互补充。去殖民性所遵循的道路体现在每一种地方性历史的集体记忆和感知性之中。但这并不是说我们每个人都相信一种将会统治世界的本质主义身份。相反，去殖民性思想家并不相信任何抽象的普世主义。这意味着存在的方式植根于每个人和地方性的历史之中，并不存在一种可以赋予特定群体以权力和某种合法性的地方性历史，由此可以信心满满并且在行动时恣意妄为，好似他们自身的感知性和记忆同样适用于世界上剩余的 70 亿人；当然，如果他们并没有这样去做，那也是应当的。在写作这本文集中的文章时，我们有一种信念，也正是这一种信念让各种去殖民性工程汇合到一起。我们坚信，这一工程并不是一种受到国家管控的工程，此时此刻，去殖民性应成为全球性政治社会的任务。

二

就个人而言，我曾经在一篇访谈文章中谈到，全世界上的所有人都正处于一个政治、经济和知识型权力重新分配的进程之中。[①] 对那些选择介入、追随，并且以去西方的/或去殖民化的生活方式行动的主体而言，这些主体的形成都将受到这一重新分配的冲击。400年以来，全世界开始受制于日益集中的政治、经济和知识型权力。这一切促成了现代主体的形成。西方人、体制、语言（之前所提到的六种语言）以及建立在希腊和罗马基础之上的记忆管控着现代主体和主体性，仿佛对每个人而言世界历史就是从那里开始。虽然世界的历史并非从那里开始，但现代性的确是在那里诞生。现代性曾经是，并且仍然是普适性历史之中最宏伟的一种虚构。现代性并不是普适性历史的展开，这种为自身服务的叙述在欧洲文艺复兴时期创立，以基督教神学为基础，在以自我学为基础的欧洲启蒙主义（也就是笛卡尔用世俗哲学替代了神学，用自我替代了上帝）、科学（自然和社会）的世俗基础和世俗哲学之中得以重构。在现代性这一主导性宏大叙事之中，美学也同样成为其中的一部分。

以上谈到的是西方化。而要理解去西方化，[②] 就必须要了解去西方主体构型的出现和巩固。换言之，那些倡导历史的不同政治方向的人，这些历史性方式并不遵循西方不断拓展的和广泛的统治性，并且拒绝西方文明（在所有的全球性文明之中，这无疑是最年轻的）对世界上其他文明的操控性入侵。尽管在整个西方化进程中都能够发现去西方化的思潮，但只是在 20 世纪下半叶，这一思潮才开始在

---

① 参见本书附录中的访谈文章，该访谈曾发表于《马克思主义与现实》2012 年第 4 期，第110—120 页。

② 关于这一趋势更为详尽的论述，可参见 Kishore mahbubani, The New Asian Hemisphere: *Irresistible Shift of Global Power to he East.* New York：Public Affairs, 2009.

全球性范围内被感受到。在 20 世纪头十年中，它就已被确立，并将继续存续下去。

　　在我看来，去西方化路线之所以能够得到巩固，首先应归功于新加坡和中国在政治上的成功，这一切都以这些国家的经济增长为基础。但反过来讲，这里的经济增长之所以可能，是因为在政治上的不服从，而政治上的不服从又意味着知识型上的不服从，因为如果政治不服从仍停留在西方政治经济设置的参数之中，中国和新加坡的经济腾飞是不可能的。很多国家现在仍在幻想着获得世界货币基金组织和世界银行的"帮助"，以便实现本国经济的腾飞。幸运的是，中国和新加坡并没有依赖于这一"帮助"。在 20 世纪 60 年代这十年中，正因为有世界货币基金组织、世界银行和泛美银行的"帮助"，拉美国家非但没有得到"发展和实现现代化"，反而导致一系列的独裁政权相继在拉美出现。拉美的腾飞真正开始于 21 世纪的头十年，首先是在卢拉·达席尔瓦（Lula da Silva）领导下的巴西的崛起。此时的巴西已跃居世界上的十大经济体之一，成为拉美最强经济大国。这一切成绩都是以在政治和经济上的不遵从为前提条件。但要做到这一点，就"必须用另一种方式来认知"。你必须明白世界货币基金组织和世界银行并不知道或者他们不想要承认：他们的"帮助"终极上意味着经济上的依赖。金砖五国的出现是政治和经济上去西方化的第二个标志性事件。已经非常明显，金砖五国之中没有任何一个国家想要被西方的理念所"同化"。

　　在下一节中我还会回到这一点。

三

　　今天，汉语是世界上使用人数最多的语言，超过了西班牙语和英语（分别位于第二位和第三位）。然而，不管在世界上哪个地方，进行国际性的交流只能使用英语。英语不是我的语言，正如一位比利时的喜剧演员维克特·博尔格（Victor Borge）常说的那样，我只不过是使用这种语言而已。如果英语是世界上使用得最多的语言，这一语言使全球性国家和民族之间的语言交流成为可能，但并非每一个使用英语的人都承载着这一语言之中的记忆。英语和英国的记忆之间的一致性仅仅局限在英国的语言使用者之内，无论他们事实上是否在那里居住。美国的英语体现的并不是英国的记忆，而是清教徒和美国的创立者们的记忆。但是在英属加勒比海地区的英语之中，体现的则是有着帝国主义色彩的英语同"中间通道"（Middle Passage）的记忆之间的互动，这些记忆并非英国记忆的一部分，虽然英国在很大程度上参与了当时的奴隶贸易。简言之，在澳大利亚的英语承载的既不是生活在英国的英国人的记忆，也不是在印度的英国人的记忆。然而，类似的冲突性进程在当下并不仅仅发生在英语之中。在世界上，还有着许许多多的事情在发生，但并没有用英语表述出来，而是用汉语、俄语、阿拉伯语、乌尔都语、印地语等。下面有一个关于当下语言及其使用者比例的一个估算：

汉语	12.44%
西班牙语	4.85%
英语	4.83%
阿拉伯语	3.25%
印地语	2.68%
孟加拉语	2.66%
葡萄牙语	2.62%
俄语	2.12%

　　我出生在阿根廷的一个意大利移民社区之中，但是从出生，从小学起就开始使用西班牙语。目前，西班牙语是世界上第二最为常用的语言，然而，像汉语一样，对那些从出生和小学教育就开始使

用西班牙语的人而言，这并不是一种用于国际性交流的语言。

　　之所以提到这一语言上的问题，我是想要指出，对于很多从出生和从小学开始并不说中文的人而言，要想了解中国在全球舞台上的强势回归，只能依赖西方的语言，并且主要是英语。我记得同我家族一个成员丹尼尔·阿维拉·珀斯（Daniel Avila Posse）进行过一次长时间的对话，他是一位有着非常敏锐的批判意识的企业家，当我们谈到全球化主义（即正在将全世界变得越来越同质化的新自由主义工程）时，他不断提醒我，"要注意到中国，要注意到中国"。我当然已经注意到中国。然而，在 21 世纪早些年间我才开始意识到，我并没有将他已经看到的一些事物看得十分明白。

　　2009 年，我去韩国访问和讲学（首尔和釜山），并且第一次访问了北京；2012 年又在香港城市大学的跨学科高等研究中心工作了六个月（从一月到六月），这期间我得以再次访问北京，还曾两次前往上海，感受这些城市，并且同中国的学者和老师互动。在香港期间，我也曾几次访问澳门，并且受益不少。在澳门，让我感兴趣的并不是赌场，而是澳门是葡萄牙在东亚的第一块殖民地这一事实，它恰好位于当时被教皇亚历山大六世所命名的"东印度"（在当时基督教的世界观之中，这主要指亚洲）之中，而并非位于"西印度"（美洲）。"西印度"曾经并不为欧洲人所知，被欧洲人征服之后才命名为"美洲"，对欧洲人而言，这里是世界的第四部分，因为在基督教的世界观之中，世界已经被划分为三块不同的大陆（诺亚的三个孩子分别获得了其中的一块土地），分别为：亚洲、非洲和欧洲。此外，澳门不仅是欧洲在东亚的第一块殖民地，同样还是最后一块从西方统治中解放出来的殖民地。在这期间，香港成为英国的殖民地，之后又从英国获得了解放，并且同澳门一道被设立为中华人民共和国的特别行政区。

　　香港和澳门这两个地方拓展了我对"全球殖民性"的理解，或者换句话说，加深了我对由大西洋地区的西方帝国主义国家所描绘和设计的世界秩序的理解：从西班牙和葡萄牙到荷兰、到法国和英国、再到美国，还有些国家在较小的规模上也参与到殖民之中（包括德国、比利时和意大利）。伴随着这些反思，我的理解也得以推进：一方面，在中国的历史上和中国人的记忆之中，鸦片战争所带来的屈辱和帝国主义造成的创伤；另一方面，毋庸赘言，在"全球性殖民性"的语汇之中，鸦片战争同样有着众多的意味。

殖民性不是殖民主义。我们这一研究群体的成员认为，其中有些人的文章已收录在这一文集之中，殖民主义指的是非常确定的历史事件——例如，西班牙的殖民主义、英国的殖民主义、法国的殖民主义等。这里的"殖民主义"指的是自欧洲文艺复兴以来现代时期的殖民主义。我们并非在讨论罗马的殖民主义，或者伊斯兰自7世纪以来的扩张。殖民性，我们（这一群体的成员）指的是现代的、欧洲的殖民主义的内在逻辑。这些历史上的不同形式，如西班牙、英国和美国的殖民主义，通过殖民性的逻辑得以相互关联。虽然中国从来没有遭到欧洲国家的殖民，但并没有逃脱殖民性：鸦片战争的历史含义也正在于此。在中国，我了解到的是另外的一些事情：遗留在中国人感知性之中的痕迹——屈辱感以及由此而滋生的民族情绪。

在过去的30年中，中国的领导层不仅将中国带回到全球性经济之中，同样也带回到国际政治之中。当下世界的中心正在朝东半球（中国和俄罗斯）和南半球（巴西、印度和南非）转移，并且势不可挡，而在这一进程之中，中国在金砖五国之中扮演的角色发挥着重要的作用。这里将中国和俄罗斯放在一起，而将巴西、印度和南非放在另一阵营，主要是因为这两个不同国家阵营同西方在关系上的差异，中国和俄罗斯从来没有被殖民，但并没有逃脱殖民性。而巴西、印度和南非曾经遭到过殖民：在现代性的第一波浪潮之中，前者遭到葡萄牙的殖民；后两者在现代性的第二波浪潮之中则遭到英国的殖民。但对这五个国家而言，有一点是相同的：他们全部都曾经被种族化（racialized）。

金砖国家之中的中国和俄罗斯从来没有遭到过殖民，但并没有逃脱殖民性。相反，巴西、印度和南非分别遭到葡萄牙和英国的殖民。因此，全球性殖民性是管理和控制的共同逻辑，而西方文明正是建立在此基础之上，那些不想要受到管理和控制的人所做出的回应，很大程度上取决于他们的本土性历史，即他们自己的语言、记忆、文明结构和感知性等。

随着世界重心向东半球和南半球转移，一种全新的全球性秩序正在形成，这一秩序不再唯西方在政治经济领域的决定马首是瞻。这种转向被称为去西方化。这意味着殖民权力矩阵（colonial matrix of power）的控制和管理正遭到质疑，从而可以解释欧盟的危机以及美国政府众多的决定。美国最近的一系列外交政策可以被称为重新西方化，美国正在竭力维持西方的全球性领导地位，但这一地位越来越遭到来自东半球和南半球的挑战。联合国安理会围绕是否入侵叙利亚而进行的投票，可以被视为去西方化和重新西方化之间冲突的一个范例。美国试图绕过安理会，因为中国和俄罗斯不会按照美国的意愿投票。另外，俄罗斯和中国很清楚，在美国人道主义干涉这一套话语的背后到底有何居心。一边是东半球和南半球不断增长的政治经济力量，另一边则是西方致力于维持摇摇欲坠的全球性领导地位，也即维持对权力的殖民性矩阵的控制和管控，正是由于这两种力量之前的抗争，全球性殖民性正在走向崩塌。

然而，围绕权力的殖民矩阵控制权而进行的争夺，可以避免让整个世界走上同质化的道路，即遭到同一套规则的管控，生成一个单极的世界；相反，这将营造出一个多极的世界，全球性殖民性正在渗透到东半球和南半球的经济和政治之中。其运作的方式为：为了从西方各种体制和国际性管控之中获得政治和经济上的独立，金砖五国以及其他并没有同华盛顿保持一致的新兴经济体（如韩国、澳大利亚和智利）除了接受积累性的经济（自由主义者和马克思主义者称之为"资本主义")之外，并没有任何其他的选择，以便让这些国家获得政治上的自主。与此同时，采取积累性经济意味着将再生产出这种类型的经济所必需的不平等：对劳动力的剥削和对自然资源的掠夺，并且以损害人类的尊严和身体健康为代价。对权力的殖民矩阵控制权的争夺，正在建立起一个多极化世界，这意味着重新建立一种平衡的全球化秩序。

然而，作为一种平衡的全球化秩序的结果，每一个国家内部的不平衡却在不断地增加。在各个国家内部的不平衡并不相同。例如，在中国、南非和玻利维亚，一部分新的人口开始进入中产阶级（本土性的中产阶级开始在南非和玻利维亚出现，但这些人之前并没有这样的机会；中国的情况同样是如此，尽管在中国并不存在类似南非的种族问题，当然，并不是说中国没有这方面的问题，但中国同南非和玻利维亚的情况很不一样）。

去西方化（在中国、巴西、南非、玻利维亚、印度、印度尼西亚或土耳其）有着两个维度。一方面，这使得 500 年以来（自从权力的殖民矩阵开始），资本和知识第一次可以掌握在"有色人种"的手中；我在这里所说的"有色人种"主要是借用林奈（Linnaeus）和康德在关于种族划分方面的思想遗产。根据各个不同大陆的人的肤色，林奈对他们进行过划分。当时，人们在世界范围内的流动性还非常小，因为那时还没有工业革命时期才出现的轮船和铁路，林奈将黄种人归在亚洲，黑人归在非洲，红种人归在美洲（我猜想，这里指的也许就是后来出现在好莱坞牛仔大片之中的那些"红皮肤"），白种人被归在欧洲。不管是林奈还是康德，都没有考虑到在美洲的欧洲后裔。康德将林奈的种族划分转化为一种人种学意义上的等级秩序。居于最顶层的是白人，这一等级秩序之中的第二层次是黄种人，处于底层的则是黑人和红种人。然而，这一区分并非仅仅是由皮肤的颜色所决定。具有悖论意义的是，俄罗斯人是白种人，高加索人同样是白种人，但是由于皮肤之外的原因，这些地区的人同样被归为"有色人种"。俄罗斯的原因在于这里有东正教、斯拉夫语，以及他们大部分都是奴隶等（在高加索地区，则是因为这里居住的大多数都是穆斯林），因此同样也从白人的范畴之中被划离出来。

在这里，我想要说明，驱动去西方化的更多的不是理性的选择，而是羞辱以及由羞辱而带来的愤怒。在北大西洋的东部、东半球以及南半球，各个国家的领导者们都是有血有肉的人，他们的决定很多时候不免会受到一种试图领导世界的雄心壮志的影响，或是由于屈辱所带来的愤怒的影响，这种愤怒针对的是那些利用 500 年以来的全球殖民性并在今天仍然主导着世界秩序的国家。去西方化所携带的是一种由羞辱所带来的愤怒，但与此同时，还有一种重新崛起之后的骄傲，终于可以将命运掌握在自己的手中。但这一切并不会一帆风顺，并且还将持续很长的一段时间。正如今天所见到的，要想让那些缔造和控制权力的殖民矩阵的国家（西欧和美国）放弃特权并非易事，甚至可谓危险重重。正如在过去的 60 年中，美国正是频繁地介入全球性军事干预的国家。

另外，殖民性是无情的，对其控制权进行争夺意味着参与到政治和经济实践之中，但这并非对施行去西方化工程的所有国家的人都有益。去西方化强化了国家之间的经济竞争，并且加大了对一些同国家相关的事务的投资，如军事开支以及晚近的对网络战争的投资。结果就是，每一个国家的少数族群（在一个国家之中总是存在着众多的种族，尽管仍然存在着一个国家对应于一个民族的神话）将承受后果。尽管如此，参与到去西方化的过程之中的国家，必须巩固国家的经济，而要这么做就必须减少开支，而减少开支意味着减少在劳动力上的支出，不管是在私人企业，还是在国家的层面都是如此。大家都很清楚的是，巴西和土耳其等国家，已经脱离了贫穷。这当然不是解决问题的途径。从 2013 年 6 月以来，在巴西发生的抗议一直持续不断。因为都发生在国家的层面，土耳其和巴西的全国性民众请愿更广为人知，并且媒体也有相关报道。中国的情况无疑要好很多，但也有一些群体性事件，但更多是地方性的，规模比较小。中国的人口众多，幅员辽阔，因此稳定无疑更为重要。

在 1500 年到 2000 年之间，世界处于西方化的进程之中，去西方化不而强化了这一进程；换言之，重新西方化的进程——重新获得和维持对权力殖民矩阵的控制和管理。在全球性冲突下，这些都处于危险之中，叙利亚正位于其中心。更为重要的是，在工业化和发展国家之中，少数族群和国民（一个国家的合法居民，独立于他们的种族性）将会付出代价。希腊、西班牙和意大利经历过这些事件，并且在法国、德国和美国也以小规模的形式出现过。但始终保留着一个底线，那就是去西方化是一个应该受到欢迎的工程，可以阻止单极的和极权主义全球秩序的出现。

另外，尽管其质疑权力受到某个国家单独控制的殖民矩阵，但去西方化仍然受制于现代性的想象和修辞：幸福和福利的理念依赖于经济增长，个人的和国家的成功取决于个人的、公司的或者国家的经济增长；不管是个人的还是单位的，成功是唯一的游戏；人类之间的团结和关怀只是一个美好浪漫的梦想，因为这有悖于发展；消费是好的，并且让你感觉十分畅快，如果你有足够的财力消费的话；如果你不具备足够的消费能力，或者不如邻居过得好，也会让你感觉很糟糕或低人一等。自 16 世纪以来，西方的现代性不断在强化承载着这些价值的现代性修辞，而为了实现它们，必然就产生了殖民性，即对劳动力和自然资源进行剥削的逻辑，以便实现这些目标，当某人不遵循现代性和现代化修辞所强加和四处播散的这些要求时，战争（或者其对等语——禁运）也就不可避免。

去西方化质疑的是对权力殖民矩阵的控制和管控，但并没有去质疑其存在。积累和增长的经济是去西方化和再西方化的共同因素。争论的焦点是谁能处于发号施令的位置。造成的后果是巨大的，去西方化不过是在复制西方的自由资本主义所创造的那种主体性，这种论争现在主要是在政治领域之中。另外，当他复制出经济和个人成功的主体性，他为在共同体和社会生活领域之中的去西方化开启了可能性。同政治社会不断增长的这一工程一样，市民社会的政治化不断在积累能量。政治社会的工程并不是非政府组织的工程。相反，尽管非政府组织总体上同西方国家同步，致力于西方化和去西方化，全球性政治社会正在组织自身，以便同权力的殖民矩阵脱钩，哪怕是由正在去西方化国家工程正在争夺的重新西方化所管理。

去殖民性指的是两种社会进程，其中的大部分都是属于政治社会。首先，去殖民性并不是要去争夺对殖民矩阵的控制和管控，而只是试图不断地揭示其基本的结构和其不断变化的运作机制；另一方面，去殖民性也致力于成为全球性政治社会的一部分，以便实现一种全新的社会构想，管控这一理想社会的并不是竞争的原则，而是和谐；是关怀，而非成功；其目标是要去促进生命的不断繁衍，而不是人工商品的再生产，因为后者无视对劳动者的剥削和自然的退化，最终的结果只能是生命的退步，当然也包括我们自己的生命。

去殖民性并非一项国家的工程。这一工程质疑国家竞争、去西方化和重新西方化，因为这些都是以牺牲人性为代价，是为极少数统治者的利益服务，以及中产阶级上层和社会中层之中的少数人，这些人支持殖民矩阵以去西方化和再西方化这两种方式进行的复制。就目前而言，这是一项政治社会的工程，拒绝陷入成功、消费主义的陷阱，梦想着拥有一个游艇或者一辆比隔壁邻居更豪华的私家车。本书中的文章正是从经济政治、性别和性取向、族性和种族主义、知识和理解、经济殖民性（如，在自由主义和马克思主义语汇中的资本主义）等不同领域得出了这一结论。

我意识到，这些讨论所使用的语汇可能在中国并不为大家所熟悉，因为这些对话并没有屈服于欧洲的思想传统，更不会向其致敬，无论是左派还是右派。我们的思想谱系可以追溯到 16 世纪出现的去殖民化态度，也正是在那时，现代性的修辞和殖民性的逻辑使得对土地的征用、对劳动力的剥削和在奴隶贸易之中的对人类生命的商品化变得合法化。现代性修辞在大西洋地区的历史基础（如，拯救、对野蛮人的教化、通过采掘金矿或者种植糖、棉花和烟草来进行的财富积累）并不直接是中国历史的一部分。但在鸦片战争期间，中国也曾遭受由大西洋国家所造成的伤害。在法国和日益强大的美国的支持下，英国已无法仅仅满足于印度，从而发动了鸦片战争，并且，在两次鸦片战争期间，将印度正式确立为自己的殖民地。

不管如何，我希望这些文章能够在中国的学者、知识分子和政治家之中引起一些共鸣，他们正致力于复兴儒家伦理和终结资本主义（经济殖民性的死亡，这在 16 世纪下半叶一直处于优势的位置——特别是随着新自由主义的出现）。就我所知而言，新左派提出的几种理念同去殖民性是有共通之处的；但与此同时，去殖民性又将自身同马克思主义左派区分开来，这有几个方面的原因，其中的一个原因是马克思主义和新自由主义都是欧洲启蒙运动这同一枚硬币的两个不同方面。它们都是欧洲历史的逻辑产物。当自由主义和马克思主义，以及与它们相对应的一些新版本不断蔓延，并抵达一些本土性历史之中，而这些可都是欧洲历史之外的地方。这里存在着其他的历史、记忆、思想、观念，超越了自由主义和马克思主义（当然，还有西方的基督教）之外。中国人非常清楚，正如在世界上其他的地方，在同欧洲接触之前，"历史"就存在，并且在接触之后还将继续存在。在西方马克思主义之中同样还有一种普世主义的倾向，渗透于其在世界范围之内播散的每一条通道之中。在长期的斗争历史之中，去殖民性则引入了另一种选择，避免被告诉怎么去做，以及应该以什么为目标，这不同于各种解放神学（基督徒、黑人、土著美洲人、非洲人），也不同于马克思主义的各种表现形式，以及在儒教伦理和政治中出现的那种解放性复兴。

仍需补充的是，每当我提到儒教在中国的复兴，就有人会指出说儒教是中国和新加坡的国家意识形态，主要是国家在背后推动。

这种说法当然有批判的意味，无论这一点是否正确，我都想要指出，在西方，民主正越来越成为一种国家意识形态，人民、民族是怎么去想的已变得无足轻重。此外，还可以补充说明一下，尽管去殖民性在 1955 年的万隆会议上被体制化为一项工程，但其和儒教的复兴之间仍存在着一些契合之处，无论是作为国家意识形态的儒教，还是在整个中国社会之中为"知识分子公民"（intellectual citizens）所不断讨论的那种意义上的儒教。需要注意的是，"知识分子公民"这一范畴同"有机知识分子"是有很大的差异的。

最后，读者需要谨记，从去殖民化的视角看来，现代性并不是普世性历史展开过程之中的一个历史性时期，而是自文艺复兴以来由封建王朝和基督教会携手推进的一项政治性工程；在 18 世纪则是由世俗化的欧洲资产阶级所主导，而自 1898 年以来则是由美国殖民时期的克里奥尔人（由欧洲后裔的，或更为确切地说，盎格鲁·撒克逊后裔的美国人）所主导〔经过了同西班牙之间的战争，美国终于在"东印度"（菲律宾）和"西印度"（波多黎各）站稳了脚跟〕。现代性正是在这种关于拯救、文明、进步、发展和全球化民主的修辞中被虚构出来的实体。

这一修辞最开始出现在欧洲文艺复兴时期。"文艺复兴"这个词本身就说明了基督徒和世俗的人当时的种种感受和观念（如，伽利略或笛卡尔虽是基督徒，但同时也被视为教会中的异端），当时的人认为从罗马帝国的衰落到自身所处的当下，自己是生活在一个能够再现古典（希腊和罗马）辉煌的时代之中，超越了被称为中世纪的"黑暗的年代"这一段时间。毫无疑问，读者在这里可以看到黑格尔历史哲学中的那一套说辞。因此，"现代性"是一种明显的虚构，由一套强大的话语所建构（这就是为何我将其描述为一种"修辞"，修辞原初的意思是劝导，而非当下所指的那种形式上的、空洞的话语）；并且在这套话语中隐藏着殖民性逻辑（例如，在拯救、文明、进步、发展和世界和平的修辞下，管理和操控体制得以合法化）。

四

　　我希望，由现代性/殖民性/去殖民性这一研究群体所撰写的这一文集，不仅能让大家了解一股来自南美和加勒比海地区的思潮，与此同时，也能够使万隆会议的精神遗产能够一直焕发出勃勃的生机，要知道，万隆会议主要由东南亚和南亚国家所发起。在我看来，这一会议的遗产不是要在共产主义和资本主义之间进行选择，其目的是去殖民化和去西方化。在全球各种不同的地方性历史之中，这两种遗产今天都还在以不同的形式存活着，这不仅体现在国家间的关系中，同样还存在于从宗教到艺术，从性别、性取向、种族主义、精神性到知识型各个层面。

何卫华　译

（译者单位：华中师范大学外国语学院）

第一部分
基础理论

殖民性和现代性/理性

阿尼巴尔·奎杰罗 （Aníbal Quijano）

　　随着对今天所称的拉美地区社会和文化的征服，全新的世界秩序开始得以孕育，并在 500 年后抵达最高峰，成为一种覆盖全球的权力。这一过程表明，在人数不多欧洲人的操控下，全世界的资源都在快速聚集，以便增进他们的福祉——毫无疑问，这一秩序之中的统治阶层受益最多。这一过程一直延续到当下，尽管在遭遇来自被统治阶层的反抗时，其表现形式会有所缓和。现在正处于眼前的这一危机之中，这一聚集正在以全新的动力向前推进，而且方式更激烈，在全球内波及的范围更大、更广。来自"西欧"的统治者，以及他们的那些在欧洲和北美的继任者们仍然是主要受益者，当然，受益的还有欧洲以外的部分地区，这些地区并非欧洲的前殖民地（主要有日本），主要的受益者当然仍然是统治阶层。在拉美和非洲的被剥削者和被统治者，则是该进程中的主要受害者。

　　在地球上的各个大陆，针对那些被征服者，欧洲人已确立了一整套政治、社会和文化上的直接控制关系。这一统治关系也就是一种有着明确欧洲中心主义色彩的殖民主义。在大多此类状况中，这种政治层面的殖民统治，特别是那些形式上的和比较显在的层面，都已经遭遇到重大挫败。在这一失败的第一个阶段，美国的独立是其标志性事件；之后，自第二次世界大战以来，亚洲和非洲的独立更是对其造成了重创。因此，带有强烈欧洲中心主义色彩的殖民主义已经不再体现为西欧国家对其他地区实施的政治统治，那种外在的殖民统治形式早已随风而逝。西方帝国主义已经取而代之，但帝国主义不再借助武力从外部强行推进，而是体现为各国统治阶层（"社会阶层"以及/或者"种族"）社会利益的大联合，在这些群体之间有着形式各样的权力上的关联。

然而，权力的特定殖民结构会生产出特定形式的社会歧视，而根据所涉及的时间、主体和人群的不同，这些社会歧视形成之后被编码为"种族的"、"族性的"、"人类学的"或"民族的"。这些具有主体间性的建构形式同样是带有欧洲中心主义色彩的殖民统治的产物，甚至被认为是"客观的"、"科学的"范畴，并且具有重要的历史意义。当这成为一种自然而然的现象，也就不会关涉到权力的历史。这一权力结构过去是、现在仍然是一个框架，其他的社会阶级或阶层的社会关系都在其中运作。

事实上，如果着眼于整个世界，仔细观察剥削和社会控制的主要通道、当下世界权力的主要路径以及在全世界人口之间进行的资源和劳动的分配，就可以清楚无误地看到，自美洲被征服以来，在世界权力形成的过程中，遭受剥削、统治和歧视的绝大多数人恰恰都是那些被归类到"种族"、"族群"或"民族"之中的被殖民者。

尽管政治上的殖民主义被消除殆尽已是不争的事实，但以同样的方式，欧洲（也被称为"西方的"）文化与其他地区的文化之间仍然表现为殖民统治的关系。这不仅表现在外部关系上，即其他所有的文化形式都对欧洲文化俯首称臣，同样还表现在对其他文化形式进行的殖民化方面，虽然这种影响的激烈程度和深度不尽相同。首先，这一关系包括对被统治者的想象方式所进行的殖民化；换言之，它作用于想象的内部，甚至某种意义上是其组成部分。

最初，殖民主义是进行全方位压制的产物，这不仅包括那些对全球化殖民统治并没有什么作用的具体信仰、观念、形象、符号或知识，与此同时还包括殖民者不断地剥夺被殖民者的知识，尤其是矿业、农业、工程及他们的产品和劳动。最为重要的是，这种压制最终会落脚于认知模式、知识生产模式、生产观察事物的视角、形象和形象系统、符号的模式、表意模式，同样还会触及那些形式化和对象化的表达形式的资源、模式和工具，无论是思想性的还是视觉上的。此后，以一种近乎超验主义的形式，统治者自身的表达形式、他们的信仰和意象被强加到世界上的其他地区。这些信仰和意象不仅会妨碍被统治者的知识生产，当直接的压制不再具有常态性和系统性时，它还是一种非常高效的社会和文化控制手段。

此外，还有一种关于他们自身知识和意义生产模式的神秘化意象，也在整个世界范围内在被殖民者当中进行强制推行。起初，这些模式处于高高在上的位置，使得受压制者无法触及。之后，这些模式以一种片面的和选择性的方式不断地教给被统治者，以便将他们收编并纳入这些模式自身的权力体制之中。因此，欧洲文化也就具备了一种强大的诱惑力：通往权力的通道由此被打通。总而言之，除去压制的手法，诱惑力是一切权力的主要手腕。文化的欧洲化成为人人渴求的愿景。这是一种参与方式，之后便可以获得与欧洲人一样的物质利益和权力：这种参与方式也就是去征服自然——简言之，也就是致力于"发展"。欧洲文化成为一种普世性文化模式。如果超越这些关系之外，现在的非欧洲文化几乎已无法进行想象，更遑论自我复制。

伴随着时间和境况的差异，文化的殖民性在形式和效果上都将有所差异。在拉美，文化压制和对想象的殖民化携手共进，除了征服的暴力和欧洲人带来的疾病，还有对土著居民的大规模残酷灭绝，主要就是将他们当作可消耗的劳动力来使用。在阿兹特克—玛雅—加勒比地区（Aztec-Maya-Caribbean）与塔万廷苏亚纳（Tawantinsuyana，或印加）地区之间，大约6500万居民在不到50年的时间内灭绝。如此大规模的灭绝行为，绝不仅仅是一次人口学意义上的灾难，同样还是对社会和文化的摧毁。由于各种形式的文化压制和大规模的种族灭绝，之前在美洲高度发达的文化现在被贬损并沦落为一种目不识丁的农民的亚文化，停留在口头文化的层面，并且无法由此超越。换言之，存在于他们本土的那些形式化的、对象化的、思想的、形象上的或视觉性的表达形式都遭到剥夺。此后，对于那些幸存者而言，一旦脱离了统治者的文化模式，也就没有了任何其他形式的思想的、形象上的或视觉上的形式化的以及对象化的表达，即使是在某些情况下为传达其他的表达需求而对它们构成颠覆。毫无疑问，拉美是欧洲文化殖民的最极端例子。

要想对亚洲和中东的主流文化造成如此巨大的破坏，并有如此深远的影响，从来就不太可能。然而，不仅欧洲人这样看，即使是在拉美人自己的眼中，他们的文化处于从属地位也已经是不争的事实。凭借发达社会在政治、军事和技术方面的强大力量，一些来自欧洲或西方文化自身的范式性意象和主要的认知要素已成为一切文化的发展方向，被强加于所有的文化之上，尤其表现在思想和艺术发展的领域。在这些社会和文化再生产的条件之中，这种关系最终成为不可或缺的构成部分，有时候甚至演变为社会和文化的全盘欧化或部分欧化。

与亚洲的情形相比，非洲文化所遭受的毁坏也十分彻底，但好过美洲的情况。欧洲人并未能成功地彻底摧毁非洲的表达形式，尤其是在客体化（objectification）和视觉的形式化方面。他们所做的不过是对非洲人在全球文化秩序中的合法性和认可进行剥夺，而这一秩序无疑是在欧洲模式的掌控之下。前者被称为"异国情调"而遭到排斥。不难看出，在利用来自非洲的那些造型方面的表现方式时，它们经常只是被视为旅居西方的或受到欧洲影响的非洲艺术家进行艺术创作的动机、出发点和灵感的源泉，但并没有将它们作为自成体系的艺术表达形式，并且同欧洲的那些规范具有平等的地位。因此，一种殖民化视角恰好在此得到体现。

因此，随着殖民主义作为一种显在的政治秩序的失效，在当下的世界范围内，殖民性仍然是影响最为广泛的统治形式。当然，这无法说明所有的情况，肯定也无法穷尽世界各个民族之间所有的剥削和统治模式。但是 500 年以来，这一直就是这些剥削和统治模式的主要结构，并且从来都未曾中断过。只是在之前的各个不同时期，殖民关系或许并未引发同样的后果，当然主要是因为那时它们并没有成为任何全球性权力的基石。

"种族"和权力的殖民性

权力的殖民性的孕育与美国和西欧的出现是在同一时刻，与此同时出现的还有"种族"这一社会范畴，后者成为划分被殖民者与殖民者的关键元素。同之前任何时期的殖民主义不同，在欧洲殖民主义统治之下，认为统治者高人一等而被统治者是低劣的那些古老的思想观念现在则演变为一种生物学意义上的和结构性的优劣关系。①

在之后的几个世纪中，新的世界权力的欧洲化过程愈演愈烈，"种族"的标准开始在全球范围内被强制推行，世界人口被重新划分。首先，新的社会身份得以在全世界范围内形成，即"白人"、"印度人"、"黑人"、"黄种人"和"棕色人种"，这些人的生理性特征被视为其"种族"本质的外在显现形式。然后，新的地理文化身份也开始在这一基础上形成，即欧洲人、美国人、亚洲人、非洲人以及之后的大洋洲人。在欧洲对全世界的殖民统治下，工薪阶层、完全独立的农民、独立的商人以及奴隶和农奴，这些不同的劳动力形式开始在全世界整个资本主义体制中得到重新分配，而从根本上

---

① 本文最初由索尼亚·瑟波恩（Sonia Therborn）从西班牙文翻译为英文。本文最早发表于《全球化与多元的现代性：经验、视角和拉美》（*Globalization and Modernities：Experiences, Perspectives and Latin America*，Stockholm，FRN-Report，99：5，1）。关于"种族"这一理念的缘起，本文并不准备在此进行更为细致的论述。相关的论述，可以参见 Quijano（1992）。

来讲，其组织方式则遵从了与区分全球化社会相同的"种族"分界线；该区分对社会和国家的民族化过程以及民族国家、公民身份、民主等的形成都将产生影响。随着反对欧洲殖民主义斗争的深入，特别是在第一次世界大战之后，当然还有资本主义本身要求的不断变化，这一劳动分工的形式开始慢慢地在世界资本主义体制中发生改变。但是，世界范围内的劳动分工还远未结束，因为事实证明，相对于欧洲中心主义的殖民主义，欧洲中心主义权力的殖民性显然更为持久。离开这一点，就很难合理地解释拉美和世界上其他相关地区的资本主义史。①

因此，对世界人口进行社会"种族性的"区分是权力殖民性的基础，而其所仰仗的则是有欧洲中心主义色彩的全球性权力。但是权力的殖民性并不仅仅局限于"种族性的"社会关系。它弥散于欧洲中心主义的资本主义殖民性/现代性全球性权力之中，并且调节着一些相关的基础性事件，从而使它们成为权力殖民性的奠基石。

欧洲中心主义、文化殖民性和现代性/理性

欧洲殖民统治在不断地巩固自身，在同一时期，被认为是欧洲现代性/殖民性的这一文化复合体（cultural complex）也正在被不断建构。对于整个欧洲中心主义的资本主义殖民权力所制造出来的主体间性的（intersubjective）世界，欧洲人在世界范围内不断地进行着诠释并最终将其确定下来，这不仅是一个只附属于欧洲的产品，还是一种普世性知识以及有关人类与世界上其他事物之间关系的范式。正如对理性知识的欧洲范式进行说明所表明的那样，殖民性同有关理性/现代性的阐释之间的汇流绝非偶然。事实上，权力的殖民性对这一范式的构成所产生的影响可谓举足轻重，与之相关的还有城市和资本主义社会关系的出现，不结合殖民主义和殖民性，它们

①　关于拉美的论述，参见 Quijano（1993）。

同样无法完全得到解释，尤其是在涉及拉美时。在欧洲范式的现代性/殖民性的构成中，殖民性的决定性作用在这一文化复合体的现实危机中清楚地得到揭示。考察这一危机涉及的一些基本问题可以帮助我们澄清这一问题。

知识生产的问题

在当下欧洲范式的理性知识所发生的危机之中，一些根本性的预设已遭到质疑，即知识是主客体关系的产物。这一预设除了其中所暗含的有关知识的确证问题，也提出了其他值得在此进行简要说明的问题。

首先，在这一预设中，"主体"是一个有关孤立个体的范畴，因为它在自身之中建构自身，当然也是为了自己，同时它还在自身的话语和反思能力中建构自己。笛卡尔式的"我思故我在"说的就是这个意思。其次，"客体"的范畴指涉的是一个实体，这一实体不仅不同于"主体"这一个体，而且在本质上外在于后者。最后，"客体"与其自身也是完全同一的，因为它由各种"特性"（properties）构成，这些特性赋予其身份并对其进行限定，换言之，它们不仅将其区分开来，而且还针对其他的"客体"来对其定位。

在这一范式中，涉及的问题有：第一，"主体"这一个体及其个体性特征，同所有半真半假的陈述（half-truth）一样，通过否定所有知识生产场域的主体间性和社会总体性而扭曲了这一问题。第二，"客体"的观念和当下科学研究得出的结论不相容，这些研究表明，这些"特性"不过是既定关系场域的不同模式和时间而已。因此，将身份视为一个在本体性上无法化简的起源且完全外在于关系场域的观念，在市场上现在已经是和者寥寥。第三，建立在这些本质性差异之上的那种"主体"与"客体"之间关系的外在性，不仅是对这些差异的任意夸大，因为当下的研究更多的是让我们意识到以下事实，即在宇宙之中存在着一种深层次的交流结构，而且更为重要并具有决定性的是，这一认知视角中暗含着一种全新的激进二元论：神圣理性和本质。"主体"是"理性"的承载者，而"客体"不仅无缘于理性，而且有着截然不同的本质。事实上，它就是"本质"。

　　当然，在那种将其局限于欧洲的那种归属性社会结构之中，可以将"主体"视为一个孤立的个体，以及个体解放过程之中的一种元素和事例。正是由于后者的作用，个体在整个生命过程中都注定只能停留在一个单一的位置上，并且局限于同一个社会角色，正如在一切有着森严等级的社会中的情形那样，而这样的社会结构往往由暴力、意识形态及其相对应的种种形象所支撑。在前现代的欧洲文化/社会之中，事情曾经就是如此。那时的解放是一种社会和文化斗争，与由资本和城市生活所引发的社会关系的出现紧密相关。但另一方面，在当下的知识领域中，这一说法在今天是无法让人接受的。这一被区分开来的个体主体性（differentiated individual subjectivity）是真实的，但并非一个实体，无法仅仅相对于其自身或依靠其自身而存在。作为主体间性或社会关系主体间维度的一部分，这种个体主体性是可以被区分出来的，但这一存在并非是分离开来的（separated）。每一个个体性话语或反思，终究都归属于一个主体间性结构。前者在后者之中并相对于后者才得以形成。从这一视角来看，知识是为了特定目的而产生的主体间关系，而并非一个茕茕孑立的主体性与另一事物之间的关系。

　　一旦明白了这一点，当知识被以同样的方式视为一种财产——作为一个个体和其他的事物之间的关系，也许就不再偶然。在现代社会出现的时刻，同样的思维机制是支持着这两种思想观念的基础。然而，财产和知识一样，是为了特定目的而产生的人与人之间的关系，而并非仅仅是个体与某一事物之间的关系。这两种现象的差异在于，财产关系不仅仅以物质的形式存在，同样还以主体间性的方式存在；而在一方面，知识则仅仅是一种主体间的关系。

　　因此，现在看来是可以对如下问题进行说明的时机，即在欧洲理性的主要范式得以确立的时刻，个体主义／二元论与欧洲的社会和文化冲突之间到底存在着怎样的关联。但在这种个体主义／二元论之中还存在另一个构成部分，要是仅仅局限在欧洲内部这一语境中，显然无法彻底对这一问题进行解释，因为"他者"是完全缺席的，或者是在场的，或者是能够在场，但只能是作为一种已经被"客体化的"方式。

　　这一种"他者"的激进性不在场（radical absence），在涉及社会的总体性存在时假设了一种原子论的形象；换言之，它否认社会总体性的观念。这一点在欧洲殖民实践之中已经得到证实，这一范式使得不再参照任何外在于欧洲语境的其他的"主体"成为可能，也就是说，使得作为总体性的殖民秩序不可见，而与此同时，欧洲这一观念正是相对于世界上其他正在被殖民的地区而得以确立。"西方"或欧洲观念的出现是一种对身份的确认，即对同其他文化经验之间关系的确认，以及对相对于其他文化的差异的确认。但是，从一种已经完全成熟的欧洲或西方的视角看来，那些差异之所以得到了认可，主要是因为它们被视为等级秩序之中的种种不平等的体现形式。种种不平等都被视为自然性存在：因为只有欧洲文化是理性的，可以以"主体"自居——而其他文化则是非理性的，无法成为"主体"或容纳"主体"。这带来的结果就是，其他文化是有差异的，因为它们在本质上就是不平等的，事实上也是低劣的。它们只能成为知识的"客体"，或者／并且是统治实践的"客体"。从这一视角，欧洲文化与其他文化之间的"主体"——"客体"关系得以确立，并且一直得以维持下来。因此，它阻止在这两种文化之间的任何知识以及知识生成模式之间的交流和互换的关系，因为这一范式有一种暗含的意义，即主体与客体之间存在的只能是一种外在性关系。这种思维角度，作为实践一直切切实实地延续了500年，这只可能是欧洲与世界上其他地区之间殖民关系的产物。换言之，理性知识的欧洲范式不仅只有放在权力结构的语境中才能得到说明，而且其自身也是这一权力结构的一部分，这一权力结构牵涉到的是欧洲对世界上其他地区的殖民统治。从可以进行论证的角度上来讲，这一范式表明了权力结构的殖民性。

正如众多学者都曾论述过的那样，与人种学和人类学等学科的形成和发展相类似，尤其是自从第二次世界大战以来，在谈到西方文化与其他地区文化之间的关系时，我们总是无法跳脱以"主客体"关系的视角进行论述的窠臼。从定义上看，其他文化是研究的"客体"。但根本就不存在有关西方文化和社会的此类研究，除非以反讽式滑稽模仿的形式存在。

知识中的总体性问题

总体性理念在思想上的必要性虽然在笛卡尔式范式中并不存在，但在欧洲的讨论中却始终存在，尤其是涉及现实时。在早期的伊比利亚国家（Victoria，Suarez）中，在对教会和国王所捍卫的权力的维护之中，以及在稍微晚一些的法国（18世纪），总体性理念就已存在，那时已经成为社会批判和一些替代性方案中的关键性要素。最重要的是，自圣西门（Saint-Simon）以来，社会总体性理念同各种革命性社会变革的建议一道被四处传播，以反对有关社会存在的原子论视角。当时，在经验主义者以及既有社会和政治秩序的捍卫者心目中，这一观点的地位可谓坚如磐石。到了20世纪，作为视角和范畴的总体性已经在科学探究中得到普遍认可——尤其是那些有关社会的研究。

不仅在与教会和宗教的论战性对话中，而且正是在权力的这种重新结构（restructuration）的过程中，欧洲或者说西方的理性/现代性才得以形成，也就是说，一方面是在资本主义和城市的社会关系以及民族国家之中；另一方面是在对世界其他地区的殖民化过程中。

这或许并没有同社会总体性得以形成的语境分离开来，而其形成的依据是一种有机主义的形象，这最终会导致采取一种化简主义的现实观。

事实上，对于引入和确定社会总体性观念，即社会，这一思路无疑功不可没。对于应对其他两种观念，这一思路同样也是有用的：第一，社会被视为是其所有构成性部分相互之间功能性关系的结构，与某一单一逻辑的运作相关联，社会也因此成为一个封闭性总体。这一观点导致了一种从结构性功能主义出发的关于总体性的系统观念。根据另一种观念，整个社会就是一个有机结构，以不同组件间的等级秩序为原则，各个部分相互关联，这同我们已有的关于一切有机结构的看法是一致的，尤其是关于人体这一有机结构的观念。在这一形象之中，一个器官（大脑）统治着其他的所有器官（尽管为了生存，它不可能将其他部分清除），其他器官（尤其是根据一些极端主义的说法）只有臣属于整个有机体之中的这一统治性器官才能存活。

由于公司及其企业家与工人之间关系的出现，该形象也就开始传播看来。罗马共和国初期有一个关于梅奈纽斯·阿格里帕（Menenius Agrippa）的传奇故事，即为了劝阻历史上最早的罢工者，他所提出的一个巧妙说法也因此一直经久不衰，他指出：主人是大脑，工人是胳膊，胳膊同身体的其他器官一道构成社会。离开了大脑，胳膊也就失去了存在的意义；而没有了胳膊，大脑同样无法存在。身体各部分的存活和健康要想得以维持，二者都不可或缺，无论是没有了大脑，还是失去了臂膀，都无法生存。列宁曾提到过考茨基的一个说法，该说法是这一形象的变体，按照这一个说法，无产阶级自身无法阐述自己的阶级意义，只有资产阶级知识分子和/或小资产阶级才能完成这一工作，在这方面他们将会引导无产阶级。无独有偶，在同俄罗斯民粹主义者的论辩中，列宁自己也明确指出，社会是一个有机总体。在拉美，这一形象也在得到不断重复。例如，在最近的一篇杂志访谈中，海梅·帕斯·萨莫拉（Jaime Paz Zamora）在谈到玻利维亚的政党与工会、知识分子与工人之间的关系时指出：政党是大脑，工会是腿脚。这一观念被不断地灌输到大多数政党及其群众"基础"的实践之中。

关于社会总体性和社会的这种有机论，与将知识视为主客体关系的总体性范式，以及这一范式的系统论变体——是不相容的。在有关现实的原子论观点中，它们是一种替代性选择，但是它们在相同的范式中支持着自身的存在。然而，在整个 19 世纪和 20 世纪的大部分时间里，社会批评和有关社会变革的提议可以从这种有机论中得到支撑，因为后者将作为社会连接点的权力存在这一事实表述得清楚明白。因此，对于提出和讨论社会中的权力问题，这一点大有裨益。

另外，这些有机论观点中暗含着一种预设，即认为存在着一种具有历史同质性的总体性，但事实上，由殖民主义连接起来的秩序并非同质性的。因此，被殖民地区是被排除在这一总体性之外的。众所周知，在启蒙时代的欧洲，"人性"和"社会"的范畴并不适用于非西方人，或仅仅是停留在形式的层面上，这一承认在实践之中起不到任何的作用。无论如何，与有机论的现实观相一致，统治器官，即整个有机体的大脑，只能是欧洲，并且在世界上所有被殖民地区，只有欧洲人才能担当统治者的重任。关于这一点，有一个众所周知的说法，就是将被殖民者视为"白人的负担"（Kipling），这同以上的这一形象直接相关。

最终，通过这一方式，依照总体性的理念，社会表现为一种封闭性的结构，由其中各部分之间的功能性关系在一个等级化的秩序之中连接而成，并且假定历史总体性之中存在着一种独一无二的历史逻辑，及一种由所有部分都臣属于这一独一无二的总体性逻辑而形成的理性。这样就会带来一种结果，即社会被视为一个宏大的历史性主体，并且被赋予一种历史理性，同时还需要一种合法性，由此可以对其整体及全部组成部分的行为以及其在时间上的发展方向和最终结局进行预测。以某种方式，总体性中行使统治权的部分体现了世界上进行殖民的那些地区，即欧洲——的历史性逻辑。然而，并不令人惊奇的是，历史被认为是一个不断进化的连续体，从原始到文明、从传统到现代、从野蛮到理性、从前资本主义到资本主义，等等。欧洲将自己视为一面镜子，认为自身是所有物种在历史上的最高级形式，其他所有社会和文化都可以在其中看到自己的未来。然而，仍然让人惊讶的是，欧洲将这一"海市蜃楼"强加给遭到其殖民的所有文化形式，并且大获成功。更加值得一提的是，这一荒诞不经的幻想仍然让很多人趋之若鹜。

知识型的重构：去殖民化

在当下欧洲，总体性理念全部遭到了质疑和否定，不仅那些冥顽不化的经验主义者这样做，自诩为后现代主义者的整个知识分子共同体更是如此。事实上，在欧洲，总体性理念是殖民性/现代性的产物。可以论证的是，正如之前所说明的，欧洲总体性理念的结果是理论上的化简主义，以及一种关于宏大历史主体的形而上学。更为重要的是，与此类观念相关联的是那些不受欢迎的政治实践，背后藏匿的是一个关于社会彻底理性化的梦想。

然而，只有凭借一些观念和形象，总体性观念才能在欧洲的殖民性/现代性中得到阐释，并没有必要仅仅为了摆脱这些观念和形象而拒斥整个总体性理念。需要做的是完全不同的一些事情：从欧洲理性/现代性的谬误之中，将思考、交流和知识的生产解放出来。

在"西方"之外，几乎在所有已知的文化之中，每一种宇宙观、形象、知识的系统生产，都与某种总体性视角相关。但在那些文化形式之中，知识中的总体性视角并没有排除对所有各种现实之中存在的异质性的承认，对后者不可化简的、矛盾的特征的承认，对一切现实构成要素的多样性特征的合法性（即可欲性）的承认也包括对其社会合法性的承认。因此，这一社会总体性的理念不仅不否认而且依赖于历史多样性和社会异质性，一切社会形式都概不例外。换言之，这不仅不否认而且还需要一种关于"他者"的理念——多样的、不同的理念。该差异并不一定有认为"他者"在本质上是不平等的这一意味，因此也就没有暗示各种关系的绝对外在性，也并没有暗示等级性的不平等，或是他者在社会中的低劣性。这种差异并不一定是统治的基础。与此同时，并且正是因为这一点——这一历史文化上的异质性表明的是多样性历史"逻辑"的共存和关联，这一关联围绕着其中的某一种历史文化形式展开，这一形式是霸权性的，但绝非独一无二。以这一方式，所有通向化简主义道路的大门都被封死，那种关于历史性宏大主体的形而上学也不再可能，以往的这一种主体有其自身的理性和历史先验性，这样，个人和类似于阶级这样的特定群体几乎也就无法再成为这一形而上学的承载者或布道者。

对欧洲范式的理性/现代性进行批判是一件必须要做的事情——甚至可以说已经是当务之急。但如果只是对其一切范畴进行简单的否定，或只是将现实消解在话语之中，或仅仅对认知中的总体性观念和视角进行简单否定，这一批评就值得怀疑了。因此，需要将自身从理性/现代性与殖民性之间的联系中挣脱开来，首要就是必须彻底地从一切不是由有自由意志的人民的自由决定而产生的权力之中挣脱出来。这是为了获取权力而对理性进行的工具化，其中首要的当然是殖民性权力，由此而产生的是被扭曲的知识范式，并且使得现代性的解放承诺付诸东流。因此，替代性方案非常清楚：彻底摧毁世界权力之中的殖民性。首先，作为一种去殖民性的方式，知识型的去殖民化需要为新的跨文化交往、经验和意义的交流清除道路，这将成为另一种理性的基础，这也许可以合法地声称具备了某种普适性。最后，某一特定族群的世界观被拿来当作一种普适性理性，没有任何事情比此类的主张更加不理性，哪怕这一族群是西欧，因为这实际上是试图将地方主义作为一种普世主义以便强加于人。

　　将跨文化关系从殖民性的牢笼中解放出来同样还意味着，无论是在个体的还是在集体的层面上，所有人都能够自由地对此类关系进行选择：一种在不同文化取向之间进行选择的自由，其中尤为重要的是建设、批评、改变和进行文化及社会交流的自由。这种解放只是整个社会解放的一部分，我们的终极目标是要从一切不平等、歧视、剥削和统治的权力之中解放出来。

参考书目：

Quijano, Anibal (1992), " Raza, Etnia y Nacion：Cuestiones Abiertas ", in *Jose Carlos Mariateguiy Europa*, ed. Roland Forgues, La otracaradel Descubrimiento, Liina, Amauta, Peru.

——(1993), "America Latina en la Economia Mundial ", in *Problemas dcl Desarrollo*, *Revista del Instituto de Investigaciones de La Facultad de Econornja*, UNAM, vol. XXIV, no. 95, Mexico.

何卫华　译

（译者单位：华中师范大学外国语学院）

欧洲中心主义和现代性
（法兰克福系列讲座引言）

恩里克·杜塞尔（Enrique Dussel）

　　对许多学者而言（如尤根·哈贝马斯和查尔斯·泰勒）[①]，现代性基本上或绝对是一种欧洲现象。在法兰克福的系列讲座里，我将为大家指出，现代性的确是一种欧洲现象，但它是一种包含着与非欧洲他异性之间的辩证关系的欧洲现象。而这种非欧洲的他异性也是它的基本内容。当欧洲把自己看作它开创的世界历史的"中心"之时，现代性就出现了。围绕这个中心的"边缘"也由此成为它自我界定的一部分。这种对"边缘"的封闭（以及西班牙和葡萄牙在15—17世纪现代世界体制形成中所发挥的作用），导致了来自"欧洲中心"的当代重要思想家们对现代性的理解陷入了欧洲中心主义的谬论。如果他们由此对现代性的系谱学理解是片面的和地方性的，那么他们对现代性的批评或辩护同样也会是片面和错误的。

　　揭示我所说的"现代性神话"的起源本身就是一个问题。现代性包含一个理性的解放"概念"，这一观点得到了我们的认同并自愿

---

① 尤根·哈贝马斯：《现代性的哲学话语》（Jurgen Habermas, *Der philosophishe Diskurs der Moderne*, Frankfurt: Suhrkamp, 1988）；查尔斯·泰勒：《自我的来源：现代身份的建构》（Charles Taylor, *Sources of the Self: The Making of Modern Identity*, Cambridge: Harvard University Press, 1989）。

将其奉为圭臬。但与此同时，现代性又成为一个非理性的神话，为种族灭绝行为进行辩解。后现代主义者批评现代理性，认为它代表了一种恐惧的理性。我们批评现代理性是因为现代性中所隐含的这种无理性的神话。这些讲座所确立的主题，是出于对现代性的否定和超越的需要，当然这里指的是第二种意义上的那种现代性。

我的主要论文里提到，现代性诞生于1492年。尽管它的孕育包括了一个先在"子宫"期内的成长过程。现代性可能源于中世纪欧洲的自由城市，而那里是巨大创造力的中心所在。但是由于欧洲把自己放在与他者敌对的立场上，这样的现代性才得以"诞生"。换句话说，欧洲把自身建构成一个探索、征服和殖民"他异性"的整体自我，而这种他异性又折射了它本身的形象。这一他者，并非是"被发现的"（descubierto），或者是被承认的，而是被"隐匿的"或"被掩盖的"（encubierto），正如同欧洲所假定的它过去一直存在的状态那样。因此，如果1492年是现代性作为一个概念诞生的时刻，是一个特定的关于献祭式暴力的神话起源的时刻，那么它也标志着对非欧洲的遮蔽过程和错误认知的起始。

既然我应约翰沃尔夫冈歌德大学（法兰克福大学）的邀请，在法兰克福做这些演讲，我就想提一下与这所城市有关的伟大思想家，从早年在这里度过早期职业生涯的黑格尔到哈贝马斯，以及产生这个城市名字的著名学派。我也想讲讲一个来自我的祖国的犹太人的故事。他在阿根廷和英国之间进行农业商品出口贸易，曾给霍克海默研究所和法兰克福市的其他一些研究所提供了一开始的经济资助。这些南美大草原的牧羊人和工人所产出的价值、阿根廷重要的土地所有者和商业家庭所产出的小麦或牛肉转化到德国，促成了法兰克福学派的诞生。从某种意义上讲，正是因为自己祖国的那些半印第安人、牧羊人和工人的劳动成果，才让我现在站在这里进行这些演讲。在此，我还想补充一个细节：1870年，一个可怜的木匠、社会学家和路德教徒，从离这不远的几千米之外美茵湖畔的施魏因福特镇到布宜诺斯艾利斯寻找工作，也期望寻找不再受到迫害的自由与和平。他的名字叫约翰尼斯·杜塞尔。他受到阿根廷这片土地的欢迎，得到了改善生活的机会，养活了家庭，并终老于这片土地。他就是我伟大的祖父。与此形成鲜明对比的是，今天，当许多外国人同样来到德国寻找机会时，他们遭到拒绝、驱逐，像土耳其人那样被对待！德国忘记了19世纪时其他国家对他的民众的友好接纳。

我曾经说过，现代性的概念在其形成过程中遮蔽了欧洲自身的伊比利亚边缘所扮演的角色，尤其是西班牙。15世纪末，西班牙是当时欧洲唯一有能力向外进行领土扩张的强国，正如它在1942年对伊斯兰统治下的格兰纳达（Kingdom of Granada）王国的征服中所展示的那样，这也是长达数世纪的"光复运动"（reconquest）和对安达卢西亚（西班牙南部）进行殖民的最后一个阶段。在那之前，欧洲一直都是强大和"发达"的伊斯兰世界的边缘（正如在哥伦布之前，大西洋是一个次要的海洋一样）。这种伊比利亚的光复运动在最后阶段引发了各种极端的宗教暴力。它打破协约，铲除当地精英，屠杀和折磨被征服者，要求其在死亡和驱逐的痛苦之下背叛自身的宗教和文化，被征服者的土地、城镇和他们的居民都一律被征收，将其以封建领地的形式分配给征服者的军队的官员。这一重新征服被视作对新世界进行殖民的典范。

我相信明白这点会让拉丁美洲重新发现它在现代性历史中的"位置"。我们是现代欧洲的第一个边缘，我们从现代化构成进程最初的那一刻就开始在全球范围内承受了这种被边缘化的痛苦。当然，在那之后，非洲和亚洲也经历了同样的过程。虽然我们南美洲早已为欧洲所知——正如1489年罗马的亨里克斯·马提勒斯（Henricus Martellus）所勾勒的世界地图中所展示的——因为西班牙天主教国王的政治能力与哥伦布的勇敢，所以只有西班牙正式并且公然地向大西洋进发去寻找通向印度的航线，并将此视为权力和特权（与葡萄牙公开竞争）。这一发现与征服的过程（今年是其500周年纪念）

不仅仅是传闻或历史轶事，它是现代主体性构成进程中的一部分。

这种起源的神话在现代性的解放"概念"中被遮蔽了，并且这一点也继续为哲学反思和其他欧洲及北美思潮的许多理论立场提供基础。它首先需要处理欧洲中心主义与"发展主义谬误"之间的关系。发展主义谬误一直存在于欧洲现代化发展之路的思维中，而且它也必须被每一种他者文化单方地遵守。这里所提到的发展不仅仅是社会学或经济学范畴的发展，而是一种本体论的论调。对黑格尔而言，它是人类存在的"必经之路"，是不可避免的"发展"。①

距今200年前，康德在"什么是启蒙"（"What is Enlightenment?"）这篇文章里对此做了回答。"启蒙就是人类通过努力使自己脱离有罪的不成熟的状态"，他写道，"懒惰和怯懦是大部分人类在不成熟状态中仍能保持欢愉的主要原因。"对康德而言，不成熟或青年期，是一个有罪责的状态，而懒惰和怯懦是其存在主义意义上的道德风貌。今天，我们想要问问康德：一个非洲人或一个18世纪美国的黑人奴隶，抑或是一个墨西哥的印度人或拉丁美洲的混血，他们是否也被认为处于这种不成熟的状态之中？

黑格尔以下列方式回答了这个问题。他在《历史哲学讲座》（*Lectures on the Philosophy of History*）中，论证了世界历史如何成为上帝（神正论）、理性和自由的自我实现。这也是一个走向启蒙的过程。

> 世界历史表明了精神有其自由的意识发展，也表明了精神通过这种自由意识所获得的理解的进化。这样的发展意味着一系列的阶段、一系列自由的决心——这些都源于自我概念，也就是说，从自由的本质到自我意识……这种必要性和对概念纯

---

① "发展"范畴的思想，从黑格尔传到马克思那里，并继而形成了在当今社会学和经济学理论中的应用。如果我在这里坚持它最初的哲学含义，那么让我们一起来回顾一下，对黑格尔而言，一个"不发达"的国家就是非现代的和未经启蒙的。

粹抽象的必要过程都是逻辑的范畴。[①]

黑格尔的本体论认为，"发展"（Entwicklung）决定了"概念"（Begriff）的不断演变，直到在"观念"中达到顶点（从不确定的存在到逻辑的绝对知识）。发展是辩证的、线性的：它是一个原始的本体论范畴，对现代世界历史而言尤其如此。而且，在空间维度中，发展是有方向的：世界历史是从东向西发展的。亚洲是它的开始，那么欧洲绝对是世界历史的终点（*Lectures*，243）。

人们其实可以很容易地意识到，这种历史"必经"的从东到西的发展观念一定是首先将拉丁美洲和非洲从世界历史的发展中抹去，把它们定位成像亚洲那样"未成熟的"或"幼稚"的状态。事实上，

世界被分为了旧大陆和新大陆。叫"新大陆"是因为美洲近来才为欧洲人所了解。但不应该就此认为这种差异纯粹是外在的。它其实也存在本质的差异。这个世界之所以新是因为它不仅相对于旧大陆新，而且在各个层面绝对是新的，无论是自然的、还是政治的……从它的起源来看，在拉丁美洲和亚洲之间延伸的海洋岛屿也同样揭示了它的不成熟，正如新荷兰所展示的新地形特征一样。如果从英国的殖民地出发，进入到它的领土内部，我们就会发现有许多没有找到流向的巨大河流……虽然我们有证据表明了美洲的发展和其文明水平，尤其是墨西哥和秘鲁的文明，但它仅作为一种特定的文化存在，在绝对精神接近的那一刻，它就荡然无存了。在各个层面，这些个体的

①　我在这里引用了《黑格尔全集》中《历史哲学讲座》的内容，霍夫迈斯德校订本（G. W. F. Hegel, *Sämtliche Werke*, ed. J. Hoffmeister, Hamburg: F. Meiner, 1955）中的演讲稿（下文简记为《讲座》）。本书也受到马丁·贝尔纳在《黑色雅典娜：古典文明的亚非之根》（Martin Bernal, *Black Athena: The Afroasiatic Roots of Classical Civilization*, New Brunswick: Rutgers University Press, 1991）第 2 卷中对黑格尔的世界历史哲学的讨论的启发。

低劣都是显而易见的。（*Lectures*，199—200）

这种"未成熟"是全面的，甚至表现在外在的物质层面上（如：植物和动物是更加原始、凶残和大型怪异的，或者是生存能力更弱，严重退化的）。这就是拉丁美洲的标识①。黑格尔接着写道：

> 就它构成的元素而言，美洲还没完成它的进化。因此，美洲是未来之地。只有在未来的某个时刻，它的历史意义才会突显。但是作为未来之地的拉丁美洲，我们毫无兴趣，因为哲学家并不能预知未来。（*Lectures*，209—10）

那么，作为一片年轻的大陆，拉丁美洲仍被排除在世界历史之外。② 对非洲来说，也是如此。黑格尔依旧持有中世纪及前现代的世界概念，即世界由欧洲、亚洲和非洲组成，就像基督教的三位一体一样。但在这个三位一体中，世界历史的轴心已位移至欧洲。因此：

> 世界的这三大部分彼此联系着，保持着一种本质的关系，构成一个整体（存在着整体性）……而地中海就是这三个大洲彼此之间的联合点，由此也使得它成为世界历史的中心……同时，也成为世界历史的坐标轴。

黑格尔关于非洲有很多论述，值得一读。但想要完成这项阅读任务，人们还必须具备一种幽默感。因为这些论述是一种奇怪的对种族意识形态的颂扬，充满了肤浅的偏见和被广为接受的观点，以

---

① 尤其是在欧洲，从安多内罗·盖尔比的《新印度的自然》（Antonello Gerbi, *La naturaleza delasIndias Nuevas*, Mexico: Fondo de Cultura Económica, 1978）一书中，人们可以看到黑格尔关于美洲植物群和动物群的观点。那么，作为一片年轻的大陆，拉丁美洲仍被排除在世界历史之外。

② 对黑格尔而言，童年仅代理性的"真正的潜力"。因此，童年意识的"直接性"允许它成为，也只能成为经验的边缘（或可能性的存在），而不是中心。"只有成人才有智慧与能力……成为所有事情的中心"（*Lectures*，16）。

及看似无限至高无上的优越感：这种优越感很好地体现了 19 世纪之初欧洲人的心态。例如：

> 总体上，非洲是个封闭的地区，并且这一点仍旧是它的基本特征。(*Lectures*，212)

这就是事实：在黑人的生活里，没有任何具有客观性的意识，甚至是对客观性的直觉都没有，如上帝或者法律。然而，在这种客观性里，人类有着自己的意志，并且有对自我本质的洞察力……[黑人] 是如野兽般野蛮的自然人。(*Lectures*，218)

> 这种模式的非洲人的存在可以解释它为什么极端容易变成狂热分子。在他们身上，绝对精神的王国如此贫瘠，而自然精神却如此之强，以至于任何他们反复被教诲过的陈述都会有能力驱使他们没有信仰，蔑视一切，毁灭一切……就这一点而论，非洲就没有历史。因此，我们摈弃非洲，不再提它了。它不是世界历史的一部分；它没有展示历史的变化或发展……我们所能恰当理解的就是非洲是没有历史的某个孤立隔绝的地区，仍旧深陷自然精神的泥沼，因此也只能被定位为一个徘徊在世界历史大门之处的地区。

在这些言论中，欧洲的种族自豪感展现无遗——克尔凯郭尔特别喜爱讽刺这种黑格尔式的"无节制"的想法。作为地球的南部，无论是拉丁美洲还是非洲，都处于世界历史从东到西的发展之外。但黑格尔在他的世界历史中给亚洲拨了一个预备和引入式的角色：

> 亚洲是人类证实其起源之地，因此是世界的一部分……但

欧洲毫无疑问是上古世纪和整个西方的中心与历史发展的终点，正如亚洲是绝对的东方起始之点一样。

亚洲只有在婴幼儿时期才是世界的精神所在。东方的专制统治只允许一个人（皇帝）是自由的。因此，那是世界历史的黎明伊始，但绝不是世界历史发展的顶峰。欧洲是世界历史的"开端"和"终点"。[1] 然而，欧洲又有各种各样的欧洲，如南部欧洲的葡萄牙、西班牙、法国南部以及意大利。在古代，精神存在于那里，而同一时期的北部欧洲则还属于"未开化"状态。但是南部欧洲并没有使它自己成为发展的核心，恰恰相反，世界历史的命运降临在欧洲北部。（关于这点，黑格尔像同时代大多数的欧洲和北美的思想家那样，遵循当时盛行的想法，摒弃了西班牙和葡萄牙在 15 世纪到 18 世纪时期现代性发展过程中的重要性。这一时期也是商业主义时期。）

然而，北部欧洲同样也存在着截然不同的两个"北欧"：一个是东欧，地域上包括一直与亚洲国家保持联系的波兰和俄罗斯；但另一个更应被提及的是西欧。黑格尔在《讲座》中谈道："德国、法国和丹麦等北欧日耳曼语系的诸国才是欧洲的中心。"（第 240 页）黑格尔在著作中的这一观点，具有类似于瓦格纳的小号的那种嘹亮声响：

> 日耳曼精神就是新世界（neuen Welt）的精神。这一精神的目标就是要实现绝对真理，最大限度地实现自由的自决。它拥有自己的内容，也有自己的绝对形式。德意志帝国所奉行的原

---

① 法兰西斯·福山一篇被广为讨论的论文——"历史的终结"（Francis Fukuyama, "The End of History"），载《国家利益》（*The National Interest*, Summer 1989）——直接源于黑格尔的这一评论。福山认为，准确地讲，在 1989 年"北方"的社会主义国家解体之后，美国和资本主义自由市场经济才是唯一可能的值得效仿的社会和国家组织形式，除此之外，没有别的选择，因此也是历史的"终结"。

则必须要调整以适应基督教。日耳曼各民族的使命便是做宣扬基督教教义的使者。①

黑格尔的观点与我在这些讲座中所要表达的观点完全相反，他在一篇文章中写道：

> 通过基督教自由的重新确立，精神自我辩白的意识就会浮现。基督教原则已经经历了令人敬畏的文化磨炼；在美洲被发现的过程中，宗教改革赋予了它外在性的维度……这里所提的自由精神的准则成为全世界的旗帜，并由此形成了理性的普世原则……风俗和传统不再有效。权利的不同形式需要将自身合法化为建立的或理性的原则。这就是精神的自由所实现的。（*Werke*，12：413—14；斜体为本人所加）

换言之，对黑格尔而言，奉行基督教的现代欧洲不必从其他世界和文化中学习什么，因为它有着自身信奉的原则，并完全"实现"了这一准则："这一原则早已达成，并由此导致了最后审判日的到来，也就是说，基督教的理念达到了最完整的实现。"（*Werke*，12：414）

"日耳曼世界"的三大阶段是这同一精神的"发展"。他们是圣父之国、圣子之国和圣灵之国。德意志帝国是"一个具备三位一体的完整性的国家。在此王国中，我们可以看到过去时代的重演"。（*Werke*，12：417）第一时期，罗马帝国时期日耳曼部落的不断迁徙；第二时期，封建的中世纪时期。这一时期最终走向消亡主要缘于三件大事，即欧洲的文艺复兴运动、美洲的发现、经由好望角到达印度之路的发现。这三大历史性事件标志着黑暗腐败的中世纪的

---

① 此处我的引用来自黑格尔的《全集》（G. W. F. Hegel, *Werke*, vol. 12, Frankfurt: Suhrkamp, 1970），第 413 页。斜体为本人所表示。在本文后面的引文中，这本书被直接写为 *Werke*。

结束，但它们并没有创造出一个全新的时代，也就是第三时期。第三时期，即现代性阶段，始于德国马丁·路德的宗教改革，而路德教的教义还反过来在启蒙运动和法国大革命中得到充分的"发展"。①

　　世界历史的体现在欧洲，这赋予了欧洲一种世界权力。正如黑格尔在他的《哲学全书》（*Encyclopedia*）中的一段文字所诠释的那样：

　　　　历史就是在生成过程之中对精神的配置……认识到这点并将之视为自然法则的人……是世界历史此刻的领袖型人物……凭借作为世界精神发展的承载者，这样一个民族拥有着绝对权利，相形之下，其他民族的精神则并不具备这种权利（rechtlos）。②

　　换句话说，北欧人（黑格尔特指的是德国人和英国人）有一种"绝对的权利"，因为他们是"发展时期"（Entwicklungstuffe）的精神"承载者"（Trager）。在这一点上，其他民族都不能被称为有与生俱来的权利，当然也不能"反对"欧洲。这种十分明确的界定不仅存在于"欧洲中心主义"中，还存在于北欧、南欧中部、外围国家、旧世界的殖民和附属地对皇权的神圣化里。对此，我们没有必要再做进一步的评论。这些内容以一种无限的讽刺却又令人恐怖的残忍方式陈述出来，却标榜自己是"理性"本身的"发展"和启蒙（Aufklärung）。

---

　　①　正如上述引用的这篇文章所表明的：黑格尔突出了德国的过去——突出了宗教改革，更为具体地讲，在 15 世纪末 16 世纪初，发现新世界的种族效应在欧洲产生了。如果拉丁美洲像这样地被排除在世界历史之外，那么北美，或者具有英国血统的美国对黑格尔而言是西方的，是第二层次的，也因此在世界历史中有一席之位。

　　②　尼考林和鲍格尔编的黑格尔的《哲学全书》（G. W. F. Hegel, *Enzyklopädie der philosophischen Wissenschaften im Grundrisse*, ed. F. Nicolin and O. Pöggler, Hamburg: F. Meiner, 1969），第 430 页中的第 346 和 347 段。斜体为本人所加。

　　此外，值得注意的是，黑格尔认为，在一定程度上正是由于"殖民地"的形成，欧洲"公民社会"的矛盾性特征已经在某种程度上超越了"国"的界限。而这是被很多黑格尔理论的阐释者与批评者所忽略的，其中包括马克思在内：

　　　　通用辩证的拉动去超越自身是恰当的。这样一个社会总是最先驱使自己向外寻找新的消费者。正因为如此，欧洲国家寻找各种方法迁居到那些拥有着丰富资源，但却低劣于他们的民族国家和地区。或者，总体上，它的工业……

　　　　这种关系的发展也提供了殖民统治的路径。在这种殖民过程中，无论是偶然的，还是系统的方式，一个完整的公民社会被推进了。殖民统治允许它的一部分人口在新的领土上回到家庭财产的生活方式，同时，它也为自己获得了新的发展机遇与劳动力。[1]

　　因此，欧洲"占领"外国的领土。看起来黑格尔并没有意识到这意味着他们必须要从其他民族的手中进行掠夺。欧洲的外围是一个"自由空间"。那些在资本主义发展过程中产生的穷人可到此成为殖民地的资本家或地主。[2]

　　哈贝马斯基本上继承了黑格尔的思维模式，他写道："历史上的重大事件对（现代）主体性原则的植入有着决定性作用，如宗教改革、启蒙运动和法国大革命。"[3] 对哈贝马斯和黑格尔而言，美洲的发现并不是构成现代性的基本事实。[4] 哈贝马斯像黑格尔一样，并不

---

　　① 黑格尔：《权利哲学》（G. W. F Hegel, *Philosophy of Right*, Oxford：The Clarendon Press, 1957），第 246 和 248 段。

　　② 正如我早已指出的，在黑格尔的时代和之后，欧洲把"过剩"的或长期贫困的人口输往第三世界。今天，面对来自第三世界同样的人口，欧洲却把边界之门关闭了。

　　③ Jurgen Habermas, *Der philosophishe Diskurs*, 第 27 页。

　　④ 哈贝马斯提到了发现，但却没有赋予它任何的重要性（参见 *Der philosophishe Diskurs*, 第 15 页）。

看重西班牙在现代性缘起中所发挥的作用。① 我在这些演讲中打算向大家陈述的现代性恰恰展示了相反的情形：不仅仅是发现的经历，尤其是征服的经历，在现代自我构成的过程中发挥着最为基本的作用；不仅作为主体性本身，而且作为一个主体，成为世界历史的中心和终点。拉丁美洲因此是"他者的面孔"（阿兹特克语，*teixtli*），是现代性最基本的"他异性"存在。中世纪时，欧洲的自我以及主体还不成熟，处于伊斯兰世界的外缘或者依附于伊斯兰世界。直到西班牙在科尔特斯的带领下占领了墨西哥（占领墨西哥是欧洲在本土之外开拓"发展"第一个外层空间的典型事例），使欧洲成为"世界主宰"的那一刻，它才开始发展，将权力意志演进成欧洲的自我意识。这种征服美洲和形成现代欧洲之间的关系意识导致一种新的关于现代性的定义的出现，一个新的全球视野的现代性。它展示的不仅是解放的一面，同时也是毁灭和种族屠杀的一面。

我们现在可以对现代性的神话进行总结：（1）现代（欧洲）文明把自己看作最发达、最高级的文明；（2）这种优越感使得它具有一种绝对发展的强权的使命感，去帮助那些原始的、野蛮的和欠发达文明去"发展"（开化、提升和教育）；（3）这样的发展之路理所当然地应该跟随在欧洲的发展之后，在欧洲摆脱古代和中世纪开始自己的发展之后；（4）当野蛮人或原始人反对文明的进程之时，现代性的实现最后就必须有赖于必要的暴力来清除现代化进程中的障碍；（5）这种暴力以多种方式制造受害者，呈现了几乎是祭礼的特征：文明的英雄将他的受害者（被殖民者、奴隶、女性、对地球的生态破坏）作为救赎过程中必要的献祭品；（6）从现代性的观点来看，原始人或野蛮人是一种有罪的状态（因为排除其他情形，反对

---

① 黑格尔写道，例如："现在我们发现摩洛哥、非斯、阿尔及利亚、突尼斯、的黎波里的土地，可以说这个地区严格来讲，并不属于非洲，而是属于西班牙，因为有西班牙，才形成了地理流域。传学者德普拉德（Pradt）声称：基于这些根据，西班牙是非洲的一部分……（西班牙）是一个明确界定自己是分享大国命运的国家，一种在别处被决定的命运；它并不被呼吁获取自身的个性（作为一位历史的代言人）"。（*Lectures*，213）

文明的进程本身就是有罪的）；（7）鉴于现代性的这种"文明"和现代性救赎的特征，现代化进程所强加给未成熟民族的苦痛与牺牲（代价）是必需的，也是不可避免的，如种族的奴役、"弱势的"女性，等等。

比起霍克海默和阿多诺的《启蒙辩证法》，或后现代主义者，如利奥塔、罗蒂和瓦蒂莫，我们拉丁美洲人对这种现代性神话的理解有一种不同的感觉。我们不像后现代主义者那样提出对理性的批评，但我们接受他们关于暴力、强制、种族屠杀之理性的批评。我们并不否认启蒙普世的理性主义精髓的合理性，只是拒绝承认它献祭性神话的非理性。换句话说，我们并不否认理性，只否认现代性神话所产生的非理性的暴力行为，也不认同后现代主义的非理性，我们所肯定和认同的是"他者的理性"。①

从抽象的潜能到"真实的"、欧洲式的自我实现，不再被认为是现代性的"实现"。今天，它存在于一个超越现代性、跨现代性的过程之中。在此过程中，现代性和它所否定的他异性（受害者）在一个相互创造耕耘的过程中达到共同的自我实现。跨现代性（作为一个政治、经济、生态、爱欲、教育以及宗教解放的工程）是一个共同实现的过程。对于现代性而言，它自己是不可能独立实现的：也就是我们要合作、团结一致。这种合作应该出现在中心与边缘、男人与女人、不同的人种、不同的种族群体、不同的阶级、文明与自然、西方文化与第三世界文化，以及其他之间等。然而，想要看到这样的合作，首先必须使这些被现代性否定和迫害的"他者面孔"——被殖民的边缘群体，土著居民、奴隶、妇女和儿童，以及

---

① 在茨维坦·托多洛夫的《我们与他人》（Tzvetan Todorov, *Nous et les autres*, Seuil：Paris，1989），例如：这里的"我们"指的是欧洲人，这里的"他人"指的是我们这些位于边缘地带的民族。同样地，当罗蒂（Rorty）力主用值得向往的"对话"代替理性主义者的认识论时，他并没有认真地考虑他者的这种不平等的位置，这种具体的经验主义的不可能性："排他的"、"主宰的"或"强迫的"会有效地干预这种讨论。他把"我们自由的美国人"当作他讨论的起点，而不是"与西班牙和葡萄牙有关的我们阿兹特克人"，或者"1992年与北美有关的我们拉丁美洲人"。在这样的情形下，对话是根本不可能进行的。

那些属下的大众文化群体——发现它自身的无辜，发现它自己是在祭礼上牺牲的"献祭品""无辜的受害者"。在发现自我无辜的过程中，我们可以发现现代性的起源、构成和非理性的暴力行为。

马军红　译

（译者单位：北京第二外国语学院）

另类世界与知识：*拉美现代性/殖民性 研究计划

阿图罗·埃斯科瓦尔 （Arturo Escobar）

导言："跨越边界"(Cruzando Fronteras) 和思想的边界

在 2002 年 7 月 3 日至 6 日，社科界拉美研究欧洲理事会（CEISAL）会议在阿姆斯特丹举行，"跨越边界"适逢其时地成为这次的大会主题。这一主题有着重要的标志性意义，在刚刚迈入新的千禧年之际，对于来自以及关于拉美的政治、社会和文化想象建构而言，"边界"（borders）这一理念的相关性可谓与日俱增。本文所

　　* 这篇文章由一篇会议论文修改而成，曾经在 2002 年 7 月 3 至 6 日在阿姆斯特丹举行的"欧洲第三次拉美大会"（Tercer Congreso Internacional de Latinoamericanistas en Europa）上宣读。此前曾发表在《拉美研究与文献中心会刊》（*Cuadernos del CEDLA* 16，pp. 31 – 67，2003）。文章题目"另类世界与知识"来自《尼潘特拉：南方的视界》（*Nepantla：Views from South*，Duke University，4 April 2003）这一杂志编委会集体会议的讨论。该杂志发表过一系列本文中所提及学者的文章。当杂志从印刷版转向电子版，杂志的特征也在某种程度上有了些改变；新的副标题（即本文的题目）表明了一种新的动向。感谢阿尼莉丝·祖默（Annelies Zoomers）最初邀请我参加那一次会议，以及她对本文表现出的极大兴趣。同样我想要感谢瓦尔特·米尼奥罗、爱德华多·雷斯特雷波（Eduardo Restrepo）、朱莉安娜·弗洛雷·内尔森·马尔多纳多·托雷斯在 2002—2003 年之间和我的那些令人愉快的谈话，以及圣地亚哥·卡斯特·格玫、艾莉娜·付欧娜、弗雷亚·施韦、凯萨琳·沃尔施和艾迪宗·利昂（Edizon Leon）一直积极地参与我们在北卡州立大学教堂山分校和杜克大学的专题研讨会，并与我们分享了他们的洞见。

要关注的焦点是在近些年来越来越引人注目的一种"边界"现象,而这主要得归功于一批活跃在拉丁美洲和美国的研究者的不懈努力,他们彼此之间的联系也因此而越来越紧密,当然在世界上其他地区也有规模小一些的分支研究机构的存在。在这里,我指的是"边界思考"和"边界认识型"等概念,这相关于一个更为宏大的智识上的工程,我将其命名为"现代性/殖民性研究计划"。这里采用研究计划这一概念,主要是在一种相当宽泛的意义上来讲的〔而并非在严格的拉卡托斯式的(Lakatosian)意义层面上而言〕,这被用来指涉一种已相当连贯的视角,尽管才崭露头角,并且已引发围绕一套共享的,甚至备受争议的概念的一系列研究成果、会议和出版物。为了更好地阐明该研究群体的思想理念,有必要指出的是,尽管这些思想观念在英语世界中并不太为人所知,但原因并不是局限于语言本身,相反这正是这一研究计划的核心所在,这一系列的成果构成一个发轫于拉美的全新视角,但又不完全局限于拉美,而是对全世界整个人文社会学科都会大有裨益。就此而言,我并不是说只有那些宣称普世性的人文社会科学会对这些人的作品有兴趣,而是要表明这些学者试图果断地介入现代科学的话语性本身之中,以便勾画出另一块知识生产的领地——另外的一种思考方式,另一种知识范式(*un paradigma otro*),使得讨论"另类的世界和知识"成为可能。这一研究群体所倡议的另一种思想,另一种知识〔以及另一个世界,这是一个以阿列格弗港的世界社会论坛(Porto Alegre's World Social Forum)精神为指导思想的世界〕是完全可能的。

要想恰如其分地将现代性/殖民性研究计划语境化,并阐明其知识谱系,现在还无法完成这一工作。现阶段我们还只能说,在这一群体思想的谱系学之中,大致上包括以下一系列主要的观点:从20世纪60、70年代以来的解放神学;解放哲学和自主性社会科学之中的一系列观念〔例如:恩里克·杜塞尔(Enrique Dussel)、罗德尔佛·库施(Rodolfo Kusch)、奥兰多·伯达(Orlando Fals Borda)、帕布罗·卡萨诺法（Pablo Gonzales Casanova）、达西·李毕罗（Darcy Ribeiro）]，在拉美哲学和社会科学界进行了一系列讨论；依附理论；20世纪80年代关于拉美现代性和后现代性的系列论争，以及随后20世纪90年代在人类学、传播和文化研究领域中进行的关于混杂性的讨论；美国的拉美属下研究小组。毫无疑问，现代性/殖民性研究小组从一系列其他的资源中获得过灵感，这包括欧洲和北美的关于现代性和后现代性的批评理论、南亚的属下研究、奇卡诺女性主义理论、后殖民理论和非洲哲学，这之中众多成员在进行智识性思考时，都是通过一种全新的视角来看待整个世界体系。然而，在这背后存在着一股强大的驱动力，那就是对拉美文化和政治现实进行持久的反思，这包括社会中遭受剥削和压迫的属下群体的知识。在20世纪，如果说依附理论、解放神学和参与行动理论是在拉美批判思想中最具原创性的贡献（尽管关于此类原创性还有着众多的说法），现代性/殖民性研究计划正是以这一传统承袭者的面目出现。然而，正如以下将会论述到的，这里存在着重大的差异。正如瓦尔特·米尼奥罗所言，现代性/殖民性研究计划应被视为一种全新的知识范式。但这并非一种"源于拉美"的全新范式（就像依附理论那样），现代性/殖民性研究计划无法规整地安放到某种范式或认识型的线性历史之中，如果这么去做的话，也就意味着必须将其统合到现代思想史中。但相反的是，现代性/殖民性研究计划应被视为另一种思考方式，这对立于一切现代主义的宏大叙事（基督教、自由主义和马克思主义），它将自身置身于各种思想体系的边界，试图探索非欧洲中心主义思考模式的可能性。

对当下现代性/殖民性研究计划的总体性概况，本文第一部分将进行介绍。当然需要指出的是，这是我自己对这一群体学术成就的个人解读，建基于我和这一群体之间的有限交往以及关于他们的有限理解。从这一意义上来讲，这篇文章应该可以被视为一篇"来自现场的报道"。在第二部分，主要涉及现代性/殖民性研究计划所面对的一些开放的和悬而未决的问题。在这些问题之中,性别、本质及对替代性经济想象进行思考的必要性得到了强调。

一　现代性/殖民性研究计划

有人也许会问,拉美学者以及拉美研究者想要重新理解现代性,有何缘由?要想彻底地理解这一问题的重要性,从一开始我们所说的"内部现代性的视角"(intra-modern perspective,这一概念的含义随着下面问题讨论的深入会越来越清晰)讨论一下现代性研究中的主导性趋势无疑会大有裨益。以下关于现代性的理解非常片面和有争议,关于这一点本人心知肚明。我在这里对其进行梳理不是致力于"现代性的理论化",而是通过对比来强调现代性/殖民性研究计划所呈现的图景,以及同另外的一些关于现代性讨论的主要范式之间的绝对性差异。在上一个例子之中,这一关于现代性的补充说明的目的是政治性的。如果事情就像大多内部现代性的讨论所显示的,全球化带来的是现代性的普世化和激进化,那么我们还剩下些什么?我们如何才能对社会中的变革进行思考?激进的他者性是否可能?更概括地说,在这个全球化时代,发展和现代性正出现什么问题?现代性自身的普世化是不是最终已全盘实现,或者是已经被抛诸脑后?在当下,这一问题显得尤为尖锐,因为正如众多人所理解的那样,当下正处于一个转折期,这一时期最鲜明的特征是现代性,以及由此而引发的发展和现代化,当然还有其所灌输的那种确定性——在过去的200年间,如果不是更多的话,整个世界都是在欧洲霸权的阴影之下运作。一种全新的(全球性的)现实已经出现,虽然目前仍然还无法对其定性,但可以从两个相反的方面来理解这一现实,它不仅可以被视为现代性在整个世界范围内的深化,也可以被视为一种经过深度协商而形成的现实,其中包括诸多异质性的文化构型——当然,还有众多介于这之间的成分。下面的这个问题很好地体现了这种转型观：全球化是资本主义现代性的最后阶段，还是某种新事物的开端？正如以下将会看到的，关于现代性，内部现代性和现代性/殖民性研究计划针对这一图景问题提供的答案截然不同。

　　首先，从内部现代性的观点来看，全球化是现代性的激进化。这一观点认为存在着一种相对单一的全球化过程，这一进程从若干个主导性中心发散开来，这种看法仍十分流行。对这一图景缘何在最为晚近的时期出现，以及为什么很难被驱散，简要地回顾肯定会大有裨益。在哲学以及社会学之中，全球化理念越来越强大，而其根源则在于现代性被认为是一个从本质上讲属于欧洲的现象。晚近来自边缘地区的对这一观点的挑战，对这一未经检验的假设进行了质疑——不仅在哈贝马斯、吉登斯、泰勒、图兰、利奥塔、洛蒂等人那里，甚至在之前的康德、黑格尔和法兰克福学派哲学家那里都可以找到这种观点，只需要援引内在于欧洲自身的一些因素，现代性就可以得到彻底的解释。在这之中，哈贝马斯和吉登斯观点的影响尤其大，并且已围绕这些论点出版了一大批关于现代性和全球化的相关书籍。从这一视角出发，可以从以下几个不同的方面来总结现代性的特征：

　　1. 从历史的视角而言，现代性在时间和空间上的渊源都非常明确：17 世纪的北欧（尤其是法国、德国和英国）的宗教改革运动、之后的启蒙运动以及法国大革命。在 18 世纪末，这些历史进程的精神开始在思想界得到明确的表述（如福柯关于现代知识型的论述），并且随着工业革命的出现不断地得到加强。

　　2. 从社会学角度而言，现代性有着一些典型特征，这包括一系列特定的体制安排，尤其是民族国家以及一些本质性特征，如自我反思性（来自专家们的知识不断地在社会之中得到回馈，并且在不断地改造社会）；社会生活越来越脱离地方性语境，受到跨地域力量的决定性影响却在与日俱增；空间/时间的距离化，或者说是空间和地域的分离，因为不同于以往的那种面对面的交往，"缺场的他者"之间的关系已是愈加重要（吉登斯1990）。

3. 从文化的层面上来看，现代性特征还可以得到进一步的定义，之前被认为理所当然的知识背景不断地被挪用为各种专家知识的形式，而这一切和资本和国家管理装置有着密切关联（Habermas 1973）。在哈贝马斯（1987）这里，这一过程被描述为生命世界（life-world）的不断理性化，与之相伴的则是普世化和个性化。现代性已经带来一套全新秩序，其基础性构成要素包括理性、个体、专家知识以及同国家相关联的管理机制。秩序和理性被视为平等和自由的基础，通过关于权利的语言得以实现。

4. 在哲学的层面，也许可以这样理解现代性，作为一切知识和世界秩序基础的大写的"人"的理念在这一时期开始出现，这一理念同自然和神学毫无瓜葛（一种弥散性的人类中心主义观点；Foucault 1973，Heidegger 1977，Panikkar 1993）。另外，可以将现代性视为形而上学的胜利，也可以被理解为一种趋势——从柏拉图、一些前苏格拉底时期的知识分子到笛卡尔等现代思想家，后来遭到尼采和海德格尔等人的抨击——在逻辑理性之中，这一趋势找到了关于世界的理性理论的基础，这一个世界都是由可知的（因此也是可控的）事物和存在构成（参见Vattimo 1991）。对瓦蒂姆而言，现代性的特征主要在于其历史观及其推论，也就是进步和超越。瓦蒂姆强调发展的逻辑——对不断改善和克服的信仰，对现代秩序的哲学基础而言极为关键。

站在持批判立场这边，现代性的脱域（disembeddedness）带来的是保罗·维希留（Paul Virilio 1999）所说的全球性去地方化，这包括在对社会生活进行定义时，地点的理念（社会行动的此时此在）已经被边缘化。在关于秩序和理性的阴暗面上，存在着多种不同的观点，随着世俗化和工具理性的甚嚣尘上而出现的统治和去魅，再到生命的标准化和对人口的规训。正如福柯所言，"启蒙，在发现自由的同时，也发明了规训"（1979：222）。最后，从男性欧洲中心主义意识的视角，遵照理性原则，与逻各斯中心主义和非勒斯中心主义紧密相连的现代性人类中心主义，在这里只是被简单地定义为一个对世界进行秩序化的文化工程，即建立一个宣称有秩序的、理性的和可预测的世界。随着世界的极度经济化和技术化，逻各斯中心主义已发展到前所未有的程度（Leff 2000）。当然，现代性还没能实现对整个社会现实的建构，但已经形成一个总体性工程，致力于秩序的纯洁化（在我们和他者、自然和文化之间的界限），尽管在这一进程之中无法避免生产出这些对立面的杂交体［因此拉图（Latour）有一句名言，那就是"我们从未现代过"。1993］。

会不会存在一种逻辑必要性，以至于认为只有以上简要地勾勒出的图景才有可能成为全球性秩序？对大多理论家而言，不管在这一政治光谱的哪一个层面，这都是不二选择。关于这一论点，吉登斯（1990）表达得最为透彻，他指出，"全球化带来的是现代性的激进化和普世化"。然而，这现在已经不再仅仅是西方的问题，因为现代性已无所不在，现代的胜利正是在于它已经成为普世性了。这可以被称为"吉登斯效应"：从现在开始，这之后的任何时候、任何地点都只可能是现代性，无所不在，直至历史终结。不仅激进的他者性被永久性地从可能性领域排除，世界上的一切文化和社会都被化简为欧洲历史和文化的呈现。在当下大多关于现代性和全球化的讨论中，"吉登斯效应"直接或间接地都在发挥着作用。不管从哪一个角度来讲，"全球化的现代性"将挥之不去。近期从人类学的角度对"消散的现代性"（"modernity at large"，Appadurai，1996）进行的讨论已表明，现代性应该被视为是解域化的、杂交的、有论争的、不平衡的、异质性的，甚至于是多元的，或者是同现代性的对话、应对、打情骂俏或处理；然而，在前面的例子中，按照当下现代性已无所不在，并且是一种随处可见的和不可避免的社会事实的观点来看，这种种关于现代性的说法终究不过是以欧洲为中心的社会秩序的反映而已。①

---

①　虽然我无法穷尽所有资料,但我坚信,无论在哲学、地理学、人类学还是传播学领域之中,欧洲中心主义的现代性观念存在于大多关于现代性和全球化的著述之中,并且弥散于各种政治立场之中。毫无疑问,这之中的众多作品对我们理解现代性有重要作用,但其中的欧洲中心主义有着严重的理论和政治后果。其中有的著述明确地从吉登斯的作品中获得灵感,沿着这一思路提出了关于全球化的巧妙而连贯的理论构想(如 Tomlinson 1999);其他人则遵从人种学的路径(如 Englund and Leach 2000,以及 Kahn 2001 的评论, Appadurai 1996,以及从该作者作品中获得过灵感的那些著述),或者是文化历史的路径(如 Gaokar, 2001)。一些人坚持全球化的多样性(如复数的全球化),然而却继续用政治和经济的语汇来解释这种多样性,理所当然地接受那种主导性的文化矩阵(参见《国家社会学》杂志关于 "全球化" 这一话题的专集,2000 年 6 月第 15 卷第 2 期;如 Wallerstein 2000)。一种欧洲中心主义的关于现代性的理念仍然弥散在大多数左派学者的著述之中,例如,哈特和奈格里(2000)。参照当下关于统治的生物政治结构,以及西方性哲学中关于内在性抵抗的论述,这些作者对欧洲主权的历史进行了全新阐释,这些都是重新思考现代性的新元素。然而,当他们在对激进行动的潜在资源进行确认时,以及他们对现代性没有外部的这一信仰之中,他们的欧洲中心主义显露无余。关于 "不存在外部" 的这一观点,现代性/殖民性研究将外在性的观念同现代性/殖民性同时提出,但这并不受浸淫于欧洲中心主义传统中的任何作者欢迎。

在晚近人类学对现代性的反思之中,也已经出现重大的变革。在美国,现代性人类学再次强调 "海外的现代性" 和人民(主要是指非专家)的应对方式。在人种学研究中,这一方式是理解现代性的重要基础。正如卡恩(Kahn 2001)最近在一篇评论文章中所指出,人们现在已经接受对将现代性理解为一个同质性过程的观点,而这些作品从整体上使得这一理解开始走向多元化。然而,对于那些现代性被 "多元化" 的不同方式,需要进行深入地考ده。大多数人在讨论 "另类的现代性"(以 "杂糅的"、"多样化的"、"地方性的" 等作为修饰词)时,认为其来源于主导的(通常是西方的)和非主导的(如地方性的、非西方的和区域性的)现代性形式之间的动态互动(如 Pred & Watts 1992, Gupta 1998, Sivaramakrishnan & Agrawal 1999, Arce & Long 2000)。然而,关于现代性的构成,这些作品中并不存在一致的看法。可供参照的对象包括波德莱尔、康德、韦伯、吉登斯和哈贝马斯。卡恩是正确的,不仅表明现代性是复数的,还从人种学上说明其被地域化的方式存在着理论上的局限性。然而,他所呼吁建立的关于现代性的人类学,却由于是以黑格尔、韦伯和哈贝马斯等人的理论为基础而变得复杂,而根源则在于这些思想家中大部分人都有严重的欧洲中心主义思想(杜塞尔在 1993 年的论述中就分析了黑格尔、哈贝马斯思想中浓厚的欧洲中心主义思想,认为他们的作品 "有着瓦格纳的号角的那种嘹亮",第 71 页)。正如里贝洛(Ribeiro)在他关于卡恩的评论中所言,"现代性隶属于本土化,但这并不意味着它只是一个本土性范畴"(2001:669)。在我看来,这些论争中遗漏的是关于差异的理念,这不仅是人类学的主要对象,同时也是理论建构和政治行动的支撑点。在前面的例子中,多元性现代性之所以存在着局限性,在于其最终将所有社会实践都化简为对欧洲经验和意志的表征,不管是否合适。英格兰德和利奇(Englund and Leach 2000)在批判从人种学角度进行的多元化现代性的论述中,提出过一个相关的论点,他们认为这些作品在分析之中再次引入了一个关于现代性的元叙述,尽管是 "辩证的",但(欧洲的)核心并未改变,或者一种自私自利的对 "更为广泛的语境" 或 "更宏观的视角" 的呼吁,在我看来是十分正确的。其结果是一种轻微的相对主义和现代性的多元化,反映出的不过是人种学者们自己的设想。英格兰德和利奇所发出的呼吁是希望引起对人类学的知识重新关注,将其作为勘定和研究相关语境的领域,在该种语境被归结于这种或那种版本的现代性。这个视角还存在着一个问题:凭借由现代性人类学研究而来的洞见,还可以做出什么类型的理论和政治声称,而这些是被它们的作者所忽略的?在我看来,在近期众多的人类学著作中,首先,现代性被重新定义,这一重新定义的方式消解并剥夺了其一切的历史连续性,更不消说什么单一的、社会的和文化逻辑;其次,从人种学视角,现代性无所不在,并且始终是复数的、不断在改变并遭到挑战。一种新的平衡似乎是必要的。总之,我们为何仍如此热衷于认为资本主义有着强大的和系统性的效果,认为其有着连贯的以及对很多人而言是一种总体性的逻辑,同时又去否认现代性和一种连贯的文化逻辑有任何实在性的关联,更不消说要去承认这一个关于统治的工程?

　　然而，以欧洲为中心的现代性力量——作为一种特定的地方性历史——是否是基于这样的一个事实，那就是它已经引发某种特定的全球化设计，以至于所有其他的地方性历史以及与之对应的规划都遭到"属下化"？如果事情的确如此，是否可以假设，现代性的激进替代性方案的可能性并没有完全从历史中被抹除？如果是这样的话，又如何才能围绕这一可能性提出设计方案？事情是否可能会是这样的，可以去对现代世界体系的某种"外在性"进行思考，并且由此进行另一种不同的思考？对于被认为构成总体性的现代性，我们可以想象出替代性的方案，这并非要去勾画出一种完全不同的总体性，从而导向全新的全球化设计，而是从政治内涵得到极大的丰富的他者的视角，以建构一个由各种地方性/全球性历史交织而成的网络为目的？从拉美理论家群体的作品中，我们收获的正是这种可能性；透过殖民性的视角来重新检视现代性，这些理论家对现代性在空间和时间上的起源进行了对质，从而释放出从差异来进行思考的激进潜能，并导向对替代性地方性和区域性世界的建构。在以下的文字中，我将对这些论著的主要观点进行简要说明。①

———————

　　①　关于这一群体的代表性观点，充其量不过是一个非常概要性的呈现。总体上来讲，这一群体主要是同几位主要人物的作用相关，有阿根廷/墨西哥哲学家恩里克·杜塞尔，秘鲁社会学家奎加罗，和更为晚近的阿根廷/美国的符号学家和文化理论家瓦尔特·米尼奥罗。然而，现在有着越来越多的学者加入到这个群体之中［例如，委内瑞拉的埃德加多·兰德（Edgardo Lander）、圣地亚哥·卡斯特·格玫、哥伦比亚的奥斯卡·咖迪奥拉（Oscar Guardiola）和爱德华多·雷斯特雷波、基多的凯瑟琳·沃尔施、阿根廷的祖尔玛·帕勒莫（Zulma Palermo）、玻利维亚的约治·散及内（Jorge Sanjines），以及美国的弗雷亚·施韦、费尔南多· 科罗尼尔（Fernando Coronil）、罗蒙·格罗斯佛吉尔（Ramon Grosfogel）、约治·萨迪瓦（Jorge Saldivar）、安娜·玛格丽塔·塞万提斯·偌笛圭（Ana Margarita Cervantes-Rodriguez）、阿古斯汀·劳·蒙特（Agustin Lao Montes）、内尔森·马尔多纳多·托雷斯以及我本人］。以更松散的方式也涉及这一研究的还有琳达·阿尔科夫（Linda Alcoff）和爱德华多·蒙蒂塔（Eduardo Mendieta，他们和杜塞尔有着学术上的联系）、艾莉娜·付欧娜（赫尔辛基发展研究院）、来自墨西哥城的玛丽萨·伯劳斯特桂葛莎（Marisa Belausteguigoitia）、克里斯蒂娜·罗加斯（Cristina Rojas，加拿大/哥伦比亚）。在基多、墨西哥、杜克和北卡州立大学等众多大学，还有众多的博士研究生也在从事现代性/殖民性这一领域的研究。在1991年的一次批判理论研讨会上，我和这一研究群体有了第一次接触，那次我遇到了兰德和奎加罗。之后1998年在蒙特利尔的"世界社会学大学"上，我们一起参加了次题为"欧洲中心主义的替代性方案"（Alternatives to Eurocentrsim）的小组会议，这次合作的成果是集体合作作出版了一本论文集（Lander 2000）。在更晚近的几年中，这一群体的活动主要围绕着几个不同的工程和地点：基多的安第斯西蒙·玻利瓦尔大学（Universidad Andina Simón Bolívar）由凯萨 （转下页）

　　1. 现代性/殖民性研究计划。对现代性/殖民性的概念化，通过一系列的知识操作方式为基础，并由此将其同一系列既有的现代性理论区分开来。简要地说，这些包括：（1）不断强调应将现代性的起源定位于对美洲的征服，以及在 1492 年之后对整个大西洋的控制，而不是像通常所做的那样，将其定位于启蒙运动时期或 18 世纪末，尽管这一些界标得到更为普遍的认可；[①]（2）对殖民主义以及资本主义世界体系构成的持续关注，并将其视为现代性的构成要素，这还包括一种不能够忽略经济以及与其相伴而生的剥削形式的决心；（3）在解释现代性这一问题上，应采取一种世界性视角，而不是将现代性视为一种内在于欧洲的现象；（4）对欧洲核心区域之外的他者的统治的确认，并将其视为现代性之中无法或缺的维度，以及相伴随而生的是对这些他者性群体知识和文化的臣属化；（5）将欧洲中心主义视为现代性/殖民性的一种知识形式——这种霸权性表征方

（接上页）琳·沃尔施主持的文化研究博士点，墨西哥城的新墨西哥城市大学（Universidad de la Ciudad de México）的拉美批判思想研究博士点，以及由波哥大的贾弗里阿纳大学（Universidad Javeriana）思想研究系、基多的安第斯西蒙·玻利瓦尔大学、美国的杜克大学和北卡州立大学教堂山分校，以及加州大学伯克利分校伦理研究系所共同参与的一些的项目的地理政治。关于这里所说到的主要的观点，可以参见 Dussel［（1975）1983，1992，1993，1996，2000］、Quijano（1988，1993，2000）、Quijano & Wallerstein（1992）、Mignolo（2000，2001a，b）、Laner（2000）、Castro-Gómez（1996）、Coronil（1996，1997）、Rojas（2001）。这些讨论很少被翻译成英文。参见 Beverly and Oviedo，eds.（1993），其中这些作者的部分作品被翻译成了英文。最近有一本关于杜塞尔的英文作品，其有着一个合适的题目，叫作《来自历史阴暗面的思考》（*Thinking from the Underside of History*，Alcoff & Mendieta 2000）。最近，《尼潘特拉：南方的视界》杂志在杜克大学创刊，其中一个重心就是该群体的著述。尤其可参见 2000 年的第 1 卷第 3 期，其中刊发了杜塞尔和奎加罗等人的文章。其他由这一群体成员编辑的文集有：Castro-Gómez & Mendieta（1998）、Castro-Gómez（2002）、Mignolo（2001）、Walsh *et al*（2002），以及由格罗斯佛吉尔和萨迪瓦主编的英文文集也正在筹划之中。

　　① 关于源点的选择，并不仅仅是偏好的问题。对美洲的征服和殖民化，是欧洲创造他者的形成性时期；资本主义世界体系的源点，由源于美洲的金银所引发；欧洲自身的现代性概念的源点（以及关于最初的、伊比利亚人的现代性，后来由于第二次现代性达到高峰而遭到侵蚀）；作为一种全局性的关现代的/殖民的世界体系的想象的和自我定义的西方主义的源点（这将边缘性知识都属下化，并且在 18 世纪将东方主义制作为他者）。在 16 世纪，同样出现过关于"人民的权利"的关键性论争，特别是在萨拉曼卡出现的法学和神学论争，后来在 18 世纪遭到"人的权利"这一话语的压制。最终，随着征服和殖民化，拉美和加勒比地区开始作为欧洲现代性"最早的边缘"出现在历史版图之中。

式及认知形式不断宣称自身的普世性，这依赖于"一种混淆，一方面是一种抽象的普世性，而另一边则是起源于欧洲的中心地位，而生成的一种具体的世界霸权，这二者应区分开来"（Dussel 2000：471；Quijano，2000：549）。

由这一系列的立场，衍生出一系列替代性概念：（1）现代性从其所宣称的欧洲起源地的去中心化，包括将从希腊、罗马、基督教再到现代欧洲这一线性历史过程大白于天下；（2）一种关于现代性的全新时空观，认为西班牙和葡萄牙的初始性地位（所谓的由欧洲的征服所引发的第一次现代性）及其在北欧的延续，这以工业革命和启蒙运动为标志（用杜塞尔的话讲，这也就是第二次现代性），第二次现代性并没有完全取代第一次，而是一直到现在都与其相部分重叠；（3）强调"现代欧洲"对世界上其他所有地区的边缘化，在这一过程中，拉丁美洲是现代性的最早的"反面"（被统治和隐藏的另一面）；（4）对"现代性神话"重新解读，这并非对现代理性解放潜能的质疑，而是涉及现代性的"阴暗面"，换言之，欧洲文明高高在上并受到大家的顶礼膜拜，与此同时，一切其他的文化必须单方面地追随欧洲的发展脚步，只要有必要甚至不惜诉诸武力——杜塞尔将其称为"发展的谬误"（参见：1973，2000）。还有一些其他的后果，这包括重新评价去殖民化过程中的一些标志性事件，从图派克·阿玛鲁（Tupac Amaru）叛乱和1804年的海地革命，到20世纪60年代的反殖民主义运动，这些事件可以为未来提供新的视角，并且完全不同于那些传统的思想资源，如发生在法国和美国的革命。总的来讲，需要认真地考虑地方性历史所具备的在知识型方面的力量，并且结合属下群体的政治实践来对理论进行彻底的思考。

这之中的主要结论有：首先，分析现代性的正确分析单位应该是现代性/殖民性——总之，不存在不包含有殖民性的现代性，前者是后者的构成要素（在亚洲、非洲、拉丁美洲/加勒比海地区，概莫能外)。其次，必须对以下事实有所认识，那就是"殖民差异"是一个享有特权的知识型和政治性空间。绝大部分欧洲理论家［尤其那些"认为现代性是欧洲专利的捍卫者"，这是奎加罗嘲讽式地给他们的一个称谓（2000，第543页）］忽略了殖民差异以及由此所引发的关于知识和文化的臣属化。对现代的/殖民的世界体系的强调不仅将内部矛盾公之于众（在拥有相同世界观的国家内部），同样还有发生在现代的/殖民的体系外部边界的那些矛盾——也就是同其他文化和世界观之间的冲突。①

　　2. 现代性/殖民性研究计划的核心理念和主题。这一研究计划包含一系列支撑性观点，其中的核心理念包括：（1）作为社会构型和过程的现代殖民世界体系，这包括现代殖民主义和殖民性现代性，虽然在结构上是异质性的，但其将各种主要的权力形式连接为一个整一的体系。（2）自从对美洲的征服以来，权力的殖民性（奎加罗），一种全球性的权力霸权模式就随之款款而来，为了契合于资本的需求以及欧洲白种人的利益，种族和劳动力、空间和各族人民都被重新组合。（3）殖民差异和全球殖民性（米尼奥罗）属下化过程之中的知识和文化维度，这一切的根源则都是权力的殖民性，在全球化权力结构之中持续的文化差异开始在殖民差异的名义下走向前台。（4）作为殖民性本体论维度存在的殖民性［这一概念最早由内尔森·马尔多纳多·托雷斯（Nelson Maldonado Torres）在小组讨论

---

　　①　在现代性/殖民性的生成和运作问题上，强调的方面因人而异。例如，对奎加罗来说，这一建构的关键过程是从种族的角度进行的殖民分类和统治。正是由于种族理念的长期作用，因此殖民性才是现代性的关键。还有第二个关键的过程，也就是控制劳动力和资源的构造的形成。杜塞尔强调由现代性/殖民性所引发的早期的暴力（还可以参见 Rojas 2001），最初的（伊伯利亚的）现代性对殖民性构造的重要性，当然还包括对非欧洲地区的掩盖（对其他者性的否定），尤其是作为现代性最初的边缘的拉美。在米尼奥罗对"边界思考"进行概念化时，同样在寻求伊比利亚和美洲之外的源泉，这一思考可以引发对知识和理性的去属下化。米尼奥罗的研究也就是要勾画出地方性历史的谱系学，从而走向一种全球性设计，以便使那些来自其他地方性历史的设计能够从边界思考和殖民差异中崛起。这之中有一些差异可以通过不同的框架来进行解释，因此他们的重点和目标是不一样的——奎加罗致力于的是一种政治经济学、杜塞尔强调的是一种解放哲学、而米尼奥罗的重点则是文学和认识论。然而，对这之中的大部分作者而言，马克思主义和经济问题始终至关重要。

中提出］在对立的双方之中都存在。以列维纳斯、杜塞尔和法侬的思想为基础，他指出，当一个存在主体将自身强加到其他存在主体之上时，"本体性过剩"（ontological excess）就会出现。此外，对于在这一对抗性遭遇时，他者在回应这一压制性话语的潜在或实际有效性，他也进行过论述（Maldonado Torres 2003）。（5）作为一种知识模式，欧洲中心主义代表的是欧洲本土的历史经验，自 17 世纪以来这就一直在世界范围之中处于霸权性地位（杜塞尔、奎加罗）。由此，也就有了非欧洲中心主义的思考和知识型的可能性。在这些理念之中，任何一个都植根于复杂的概念体系之中，而这些都是许多年以来研究的积累。但即便是如此，它们都还是可以讨论的。当然还有一些其他的重要概念，之前只有部分学者对这些概念青睐有加，但现在它们使用得越来越普遍，因此也有介绍的必要性，这包括杜塞尔的外在性和跨现代性（transmodernity）理念，米尼奥罗的边界思考（border thinking），多主题阐释学（pluritopic hermeneutics）和多世性（pluriversality）等。

在现代的/殖民的世界体系中，"外在性"到底是否存在，这是唯有这一学术群体才会关注的问题，并且很容易遭到误解。起初，在自己关于解放哲学的经典著述之中（1976），杜塞尔提出这一问题并进行过仔细阐述，并在近些年中对其进行过完善。不管从哪一个方面来讲，这种外在性都不应被视为是一块一尘不染的外部地带而没有受到来自现代性的任何玷污。外在性的理念并不是指一种本体性存在的外部，这里所说的外部，恰恰是一种由霸权性话语所建构出来的差异。这种关于外在性的观念，主要起源于从解放哲学框架的伦理和知识型视角来对他者进行的思考：这些他者包括受压迫者、女性、非我族类、被排斥者、穷人及自然。通过从他/她处的外在性境遇来进行吁请，他者成为在面对总体性霸权时伦理话语的最初源泉。作为一种来自伦理角度的挑战，对他者的质询源于外部，或者是系统的体制和标准化架构之外。由于霸权性体制，遭受剥削的人们要想建立任何有意义的质询都存在困难（这和哈贝马斯的观点是相对立的，后者相信存在着超越操控的自由交流），因此这一挑战最初可能是"准清晰的"（Dussel：25）。这里存在着不同程度的外在性，在之后的例子中，更大的挑战来于：

> 南部的质询，这个星球上绝大部分的人生活在这一地区，他们要求生存的权利，发展自身文化、经济和政治的权力等……不存在没有理性的解放；但是如果不接受来于被排除者的质询，批判性理性也就不复存在，不然这也就只能是统治的理性……由这一被否定的他者出发，随之形成的是解放实践，从而对外在性进行"肯定"，同时这也是否定之否定的行动的发源地。（Dussle 1996：31、36、54）①

----

① 杜塞尔关于外在性的论述，有几个方面的力量资源，主要有列维纳斯关于总体性和外在性之间的矛盾的论述，由他者（如穷人）的伦理召唤所引发。马克思关于活的劳动力作为资本的激进他者的理念，也为他提供过灵感。杜塞尔在论述自己的这些观点时，借助的是话语行为理论和交往理论［尤其是阿佩尔（Apel）、哈贝马斯和瑟尔的理论］。最重要的是，杜塞尔引入了外在性和他性的概念作为其解放哲学的基础；外在性成为一种否定性，由此对他者的统治可以得到揭示。杜塞尔的这一智识性介入有着清晰的政治倾向，这一原创性的理论，同时也可以被视为列维纳斯和其他人思想的激进化。对米尼奥罗和奎加罗而言，"由外在性的视角来看，现代世界体系的面貌是完全不同的"（2000：55）。米尼奥罗以杜塞尔以及其他的一些思想家为思想资源，这包括法侬、杜波依斯（W. E. B. Du Bois）、安扎尔多瓦以及来自加勒比海和马格里布地区的作家，如格里桑（Glissant）、贝吉（Béji）和卡提比（Khatibi）。关于双重意识、双重批判、另类思考、克里奥耳化和短暂性文化（cultures of transience）的理论都和自己的边界思考观念是相对等的。米尼奥罗关于外在性的理论和杜塞尔是相关的，但有一个不同的重心。米尼奥罗将现代的/殖民世界体系的"内部边界"（帝国主义之间的冲突，如西班牙和英国之间的战争）和"外部边界"（帝国同被殖民的文化之间的冲突，如在西班牙和伊斯兰世界之间、西班牙和阿兹台克人之间，或19世纪在英国和印度之间发生的冲突）进行了区分。只有从现代世界体系的普世历史的外部的视角来看，殖民差异才是清晰的。因此，也就有可能从作为认识论视角的欧洲中心主义中分离出来。没有了属下性知识所栖居的这种外在性，"唯一的替代性方案就只是反复阅读西方伟大的思想家的经典，以期望寻找到全新的想象未来的方式"（2000：302）。

根据米尼奥罗的理解，边界思考也就是"从另外一个地点进行思考，想象另外一种语言，以另外一种逻辑进行论辩（第313页）"。这是一种属下性知识，孕育于殖民的/现代的世界体系的边界，试图从欧洲中心主义的统治中挣脱出来。边界思考指的是"关于世界体系的想象出现裂缝的时刻"（2000：23），"一种关于并来源于边界的知识型"（第52页），一种不仅批判西方主义/欧洲中心主义，同时还对那些排他性传统本身进行批判的"双重批判"（卡提比）；这种能力源于其在边界地域的位置（Anzaldúa）。边界思考是一种从伦理角度进行思考的方式，因为，在 （转下页）

　　关于这一点，正是大多数欧洲或欧美理论家所不愿意去思考的，因此如果不是从殖民差异的角度，思考超越或克服现代性的可能性可谓是希望渺茫。对于解构主义及各色有着欧洲中心主义色彩的对欧洲中心主义进行的批判，在米尼奥罗和杜塞尔看来，存在着严重的局限性——简言之，这些思考使用的范畴仍无法跳脱欧洲中心主义的窠臼（如自由主义、马克思主义和后结构主义），并不是从殖民差异出发而进行的边界思考……简言之，已有的关于现代性的批判忽略了（知识型的和文化的）殖民差异，而这恰是现代性/殖民性关注的中心。

　　杜塞尔的"跨现代性"理念表明了一种可能性，那就是可以同他者性进行一种非欧洲中心主义的和批判性对话，该对话可以使得"否定的否定"完全成为可能，而作为属下的他者曾经则是臣属于此。并且，批判话语在这一对话中不会被认为在本质上是一种属于欧洲的事物。在这一智识努力中，非霸权性的和被消声了的反话语都必须予以恢复，当然还有作为现代性本身构成性要素的他异性。解放被否定的他者应以此为伦理性原则，为此，杜塞尔提出了"跨现代性"这一概念，这被视为一个超越现代性的智识工程，其方式是要通过那些被排除的他者的视角，透过其黑暗面来思考这一系列的问题，而并非只是简单地去对其进行否定。跨现代性这一工程是以未来作为自己的导向，人性的彻底解放是其追求的目的（1996：

（接上页）其边缘性之中不存在对种族文化进行灭绝的维度。其目标不是要去纠正谎言，说出真相，而是"以另一种方式进行思考"，以另一种逻辑为目标，总之，需要改变对话所使用的语汇，而不仅仅是其内容（第70页）。边界思考引发了全新的关于世界的多样性和他者性的观点，这样才不至于跌入文化主义（本质主义）修辞的陷阱之中，而是去强调差异的不可化简性，并且无法被纳入到从单一主题对现代性进行的批判之中（对西方逻各斯中心主义的激烈批判，这曾被理解为一种普世性范畴），也不会为了复仇而将差异视为对立面。边界思考同解构主义（以及其他所有关于现代性的批判话语）是相互补充的；它将去殖民化视为一种特定的解构方式，以一种破碎的、多元的规划为目标，而不是试图去复制现代性的那些抽象的普适性元素（包括民主和权利）。最终，边界思考试图超越欧洲中心主义，通过揭示植根于知识的地理政治之中的权力的殖民性——要想"解除知识的属下化，寻找超越西方思想范畴的思考方式"（第326页），这是必经之路。

14，第7章），"一个全球性的伦理解放工程，在这之中，作为现代性本身一部分的他异性，将能够成就其自身"（2000：473），"在这之中，现代性及被否定的他异性（受害者）在一个相互给予的过程中共同得以实现。"（1993：76）简言之，跨现代性无法在现代性内部生成，这需要属下阶层的齐心协力和团结一致，并且采取切实有效的行动。在其众多的特征中，现代性构成性暴力的目标植根于这种发展性谬误。跨现代性成为一种解放伦理的表达，而并非某种话语伦理理性的智识工程。

　　在这一点上，米尼奥罗的边界思考、边界知识型和多主题阐释学同样十分重要。这些表明了一种需要，需要"有这样的一种思考，可以以历史进程的多元性为目标"（Mignolo 2001：9）。当然，有一点必须肯定，即并不存在什么传统可供参考。然而，这不是要去复制西方的那些抽象的普世性思想，这种替代性思想方式是一种边界思考，可以"给予蕴含在西方知识型之中的殖民主义（不管这是来自左派，还是来自右派）迎头痛击，而这是以不同的知识性力量为视角的，这些都被贬斥为低劣的和属下性的（传统的、民间的、宗教的和感性的等）知识形式"（2001：11）。将安扎尔多瓦（Anzaldúa）关于边界的隐喻重新植入到殖民性这一领域之中，米尼奥罗从边界内部的外在性（interior exteriority）勾画出了"另类思考"的可能性。换言之，边界思考也就是要超越西方知识型创造和强加于人的那些范畴（第11页）。这样做不仅要去改变对话的内容，与此同时还必须要去改变那些被用来进行对话的语汇。同样，这并非仅仅是个要去替换已存在的知识型的问题，这些将继续存在，并且作为批判本身和用于批判的有效空间而存在。相反，他所要求的"是一种起源于边界的知识性空间，以致力于政治和伦理的转型为目的"（第11页）。最后，尽管米尼奥罗承认西方批判话语对现代性在单一主题的层面进行的批判仍然有效（从单一的、统一的空间进行的批判），但同时他也指出，这一批判必须同源自于殖民差异的批判对话，而正是后者构成了边界思考。这一结果就是"多主题阐释学"〔似乎是受到过潘尼卡（Pannikar）的跨主题阐释学（diatopic hermeneutics）的启发，米尼奥罗才造出了这一个词语〕，这也就为从不同的地域进行思考提供了可能性，欧洲中心主义因此也就不再是唯一的知识型视角，最终我们也就从这些局限性中获得解脱。不仅从殖民性的视角，同时还从现代的/殖民的世界体系的外部，由此对现代性进行了双重的批判。然而，必须得澄清，边界思考带来的"置换和离开"（2000：308），对关于真实的一种替代性秩序化的双重批判和积极肯定。总而言之，

> 边界思考指向的是一种不同的霸权，一种多元的霸权。作为一种普世性的工程，多样性使得想象普世主义的替代性方案成为可能（需要指出，根据这一种理念，普世主义的替代性方案并不是什么特殊主义，而是多元性）。亨廷顿关于"西方和世界上其余的地区"的论述，是需要我们去克服的一种模式，因为正是在"世界上其余的地区"这一地点，边界思考在其多样性之中开始浮现，"全球化"也正在此创造新的地方性历史，不断地重构和调整西方的全球化蓝图……同时也在改变孕育这些设计方案的那些地域的地方性（欧洲的）历史……"相互依靠"这个词，也许可被用来总结这一对总体性的背离，并且生成一种网络的概念，而这需要遵循我在本书之中称为"边界思考"和"边界知觉"（border gnosis）知识型原则，不妨对殖民差异重新进行表述，"作为普适性工程的多元性"意味着所有人和所有的共同体有权利成为不同，而原因则正是因为"我们人人平等"。（2000：310，311）

"这里不存在问题"，米尼奥罗写道，"奎加罗、杜塞尔和我不仅是在回应一种历史想象的强大力量，同时也还是在回应这一想象

在当下的现实情形。"(2000:59)做出这一推理,是因为应当从现代性/殖民性的视角重新进行叙述,以便"能够寻找到一种不同的逻辑"(第22页)。在这一工程看来,必须从地方性历史的角度来重新设计全球化,并且这一工作也应由地方性历史自己来做。从属下的视角来对属下的和霸权性知识进行重新对接,同时应以形成一种世界性文化为目标,重新图绘殖民差异——如在萨帕塔主义者(Zapatista)中就存在着一个边界思考的绝好样例,他们重新图绘了马克思主义、第三世界主义和本土主义,而并非单纯地对其中的任何一个顶礼膜拜。只要"在总体性之外一无所有……总体性总是从一个给定的地方性历史中被投射出来",就有可能去思考"其他的地方性历史",这样生产出来的不是替代性的总体性方案,就是超越总体性的别的替代性方案(第329页)。这些替代性方案不会局限于"全球化/文明"之类的语词,而这些语词和现代性/殖民性如影随形。相反,它们的基础是以地方性历史为中心的"全球化/文化"关系,殖民主义的全球化设计肯定会在此得以修正,而那些孕育这些方案的地方性历史同样也将会被改变。同那些有着欧洲中心主义色彩的全球化方案不同,这里所说的全球化方案想要强调的是那些多元的地方性历史,通过质疑之前的全球化设计方案(如新自由主义意义上的全球化),指向的是各种源于暂时性文化(cultures of transience)的全球性(globality)形式,这同上述设计所孕育的文化同一性是相对的。同之前以同质性为目标的全球化相反,这一全球化所推崇的是多样性,并且以多元的和多样性的社会秩序为目标。

简言之,关于现代性、全球化和发展等话题的讨论,现代性/殖民性的视角提供的是一种替代性的框架,这并不仅仅是去改变对事件的描述,而是视角领域的知识型变革。通过讨论殖民性差异,这一框架开始将权力维度带到前台,而在关于文化差异的相对主义讨论中这一点经常被忽略。更为晚近的关于文化间性(interculturality)

的讨论，如在厄瓜多尔当下政治和文化场景之中，将这之中的一些
洞见向前继续推进了一步（Walsh 2003）。简言之，现代性/殖民性
研究计划是从拉美的视角建构的框架，而这一区域无疑是处于现代
殖民性世界体系的边缘。这帮助解释了欧洲中心主义在建构现代性
之中的能动性，并试图超越。如果这一点揭示了现代性的黑暗面，
那它并非从内在于这一知识型的视角出发，就像那些欧洲批判话语
所做的那样，而是从现代世界所宣称的那些利益的接受者的视角。
现代性/殖民性同样还表明现代性的视角是有局限性的，并在其伪装
的普世性中被消耗殆尽。以同样的方式，它表明了替代性现代性话
语之中存在的缺陷，因为后者将所有的非现代工程一股脑儿地归入
到一个单一的筹划之中，这不仅忽略了属下群体的视角，还将它们
属下化，因为即使是在杂交化的状态下，属下的视角都并非仅仅是
现代的，而是关于异质性的、网络性的和多元化的。最后，在强调
发展主义的谬误时，现代性/殖民性并不是仅仅将我们的注意力重新
聚焦在发展的总体性事实上，而是提供了帮助我们解释发展和现代
性面临的各种挑战的语境，因为众多的智识工程都存在潜在的互补
性，而且可以相互增进。在拉美之外，可以按照米尼奥罗的说法
（2000，第 309 页），指出这一方式"无疑是一种源于，并且是关于
第三世界的理论，但并不仅仅适用于第三世界……来于第三世界的
理论同样也适用于第一世界，就如同批判理论一样，已经被吸纳到
全新的地理文化和认识型地域之中。"①

　　最后，对美国、欧洲和全球其他地区的拉美研究而言，这些学

---

　　①　在其他的地方，我已经解释过现代性的替代性方案的说法，这是指想象一个明确的超越
现代性/殖民性视角的文化政治方案——更明确地说，一种从殖民性差异的视角出发的关于世界构
造的替代性方案。替代性现代性方案可以弱化作为逻各斯中心主义的现代性，正如一些持现代性
终结论观点的哲学家所说的那样（如 Vattimo 1991），当然他们是从不同的立场出发。与此同时，
我们也应清楚这个概念不是什么：它并非以一个真实而纯洁的未来为目标，发展或现代性在那里
都不复存在；而是致力于直觉一种可能性，想象一个发展和现代性不再是社会生活的中心性组织
原则的年代——在这个时代，社会生活不再充斥着有着浓厚欧洲中心主义现代性色彩的经济、个
体、理性和秩序等方面的建构。现代性的替代性方案是一种对政治欲望的反思，是一种（转下页）

者的研究已产生了一些重大的影响。现代性/殖民性的视角不再将"拉美"作为单纯的研究客体（与之相关的，以美国为基础的拉美研究则是"认知的主体"），而是将拉美理解为一个地理历史位置，有着自身独特的批判性思想谱系，并受其影响。在现代性/殖民性研究计划看来，必须从地理历史和拉美批判思想谱系的视角来理解全球化。有鉴于这一点，现代性/殖民性理论提供了一套替代现代社会科学谱系的方案，而这些知识仍然是美国拉美研究的基础。以这一种方式，北美和欧洲的拉美研究，以及拉美的批判性社会思想（这是现代性/殖民性研究小组的知识型基础），以两种互补但又相互独立的范式出现。[①]这同样还意味着，作为一种知识型视角，现代性/殖民性研究计划并不是局限于特定民族或地域。在现代性/殖民性这一智识工程中，要想进行言说，并不是非得是拉美人或必须住在这片大陆。"拉美"本身只是一种视角，可以从众多不同的地点来对之进行实践，只要是以一种反霸权的视角来从事这一工作，并且挑战那些将拉美视为完全被建构的研究客体的种种假设，因为它不仅外在于，并且在建构它的帝国话语之前就已经存在。

二　趋势、开放性问题和今后的任务

至此，对于被我称为现代性/殖民性研究计划这一松散组织，我已勾画了其主要的研究思路和概念。这一学术群体的那些得到公认的主要理论渊源——这里主要有杜塞尔、阿尼巴尔·奎加罗和瓦尔

（接上页）批判性乌托邦想象的欲望，而不是关于真实、当下或将来的陈述。在现代性/殖民性的裂缝中运作，对于在"阿雷格里全球社会论坛"（Porto Alegre Global Social Forum）上提出的"另一种世界是可能的"这一口号，它为其赋予实质性的内容。另类的发展，另类的现代性，以及现代性的替代性方案，它们在部分上是相互冲突的，但是从潜在的意义上来讲，却相互补充。这最终将为他者创造条件。

　①　在"安第斯山研究小组：发展、现代性和殖民性"（Andean Studies Working Group：Development, Modernity and Coloniality）之中，这是其中心性视角，由瓦尔特·米尼奥罗和我在北卡州立大学和杜克大学拉美研究联盟中共同推动。

特·米尼奥罗，前面也已有过集中的论述。目的就是试图提供一个概述，简要地介绍形成这一群体思想的那些共同基础。当然这里也无法做到面面俱到，还有不少该计划所关注的话题都被遗漏在外，这不仅包括一些其他的团体成员宝贵的思想贡献，还包括合作性研究当下阶段中最具集体性的层面。当然，分歧和紧张也存在于该群体的内部，并且已经激发极具活力的交流和论争，但关于这一"论争共同体" ［community of argumentation，借用巴西人类学家古斯塔夫·林司·里贝罗 （Gustavo Lins Ribeiro 的概念）］的"人类学"，无疑在此无法完成，这里只是试图对该群体特征进一步进行简要描述。下面将对一些开放性问题、趋势和极具价值的分歧进行介绍，当然，这同样只是简要的勾勒。

现代性/殖民性小组。我们可以试着选取以下几个方面，来描述现代性/殖民性研究计划（注意：这一描述更多的是一种简明易懂的知识社会学，而不是对现代性/殖民性所图绘的话语构型的分析）：

1. 在很大程度上，这一研究是位于各学科之间的 （interdisciplinary），或者说是跨学科的 （transdisciplinary）。尽管哲学、政治经济学和文学理论一直都占据着显赫的位置，但历史、社会学和人类学等学科的重要性也在与日俱增。还有一些其他的领域，如女权主义理论和政治生态学也开始不断地介入这一领域。之所以说是跨学科的，是因为学科内的讨论都在同其他学科之中的论争进行着对话，有时同一位作者还会在自己的作品中开展此类对话，从而导向全新的探讨形式。很明显存在着一种尝试，那就是对社会科学进行去学科化 （un-disciplining，参见 Walsh 等的著作，2002），从而建立一种不属于任何学科的理论 （Castro-Gómez & Mendieta，1998）。

2. 尽管深深地植根于"拉美"，但不能就此认为这一研究群体在地理上仅仅就局限于拉美，它由众多的地点形成的一个网络。当然，相对于其他的地点，这其中有些地方由于经常举办相关学术活动而成为该研究群体比较稳固的根据地（例如，基多、波哥大、达勒姆的教堂山、墨西哥城，以及晚近加入的伯克利）。提出这一点是试图说明，拉美更应更多地被理解为一种视角或知识型空间，而并非一个地理上的区域。尽管这一思考路径主要植根于拉美经验，但却可以在全球范围内找到供养。因此，对于众多的批判理论，尤其是那些同样来源于相似的臣属性知识型地点的批判理论，这将其同早期的"拉美范式"明显地区分开来，例如依附理论和解放神学（即使这些同样具有跨国性的维度）。

3. 这一群体可以被视为一个论争共同体，集体致力于对一些概念和策略进行研究。在某种程度上，它一直都是在实践自己所倡导的批判性边界思考，因此，他们一向就非常重视知识的问题。换言之，尽管是围绕着一系列仍在形成之中的概念，但是在观念方面，明显存在着一个集体层面的维度，并且这一观念体系在很大程度上是开放性的。由于对这一智识工程激进潜能的感知，这种集体性感觉在不断增强——极为重要的一个事实就是，"不仅要改变谈话的内容，同时还得改变谈话中运用的语汇"。（Mignolo）其目的是要形成全新的分析形式，而不是去为那些已经确立的（欧洲中心主义的）思维体系添砖加瓦，无论这些思想的批判性如何强大。在"世界社会论坛"上，博温托·迪·苏萨·桑托斯（Boaventura de Sousa Santos）曾提出"南方知识认识型"的概念，而这一点正好与此相关。

4. 该群体成员有一个共同的政治立场，这似乎与这一激进性重心是一致的，即使他们的实践仍然是以学院为主要的（如果不是排他性的话）阵地（参见下面的论述）。在这一个层面上，激进变革场域和主体主要来自以下的三个方面：来自属下阶层的社会行动者和运动（在这一程度上，这一群体成员的政治实践同属下行动者的立场相一致）；知识分子之中的激进主义者，他们的身影出现在非政府组织和国家机关等庞杂的机构之中；当然还有大学本身，就目前而言，完全可以从逻辑上得出这样的结论，现代性/殖民性这一思考路径必定会对规范性的学术实践和典籍形成挑战。

开放性的问题以及存在着分歧的场域。最后，我想简要地勾勒三个领域，它们的重要性大多并不体现在我们这一智识工程之内，但却和这一工程所试图理论化的那些经验紧密相关。首先，并且也许最为紧迫的是性别问题；其次是自然和环境问题；最后则是建构新的经济想象的需要，为反对新自由主义的现实斗争和替代性经济设计提供动力。如果该群体的努力仍被认为主要局限在学术领域（或者说是在大学和知识分子之中），并且到目前为止还主要停留在没有实体形态的抽象话语层面，那么，这一些维度极有可能会为这一知识工程带来"血和肉"（例如，女性身体的血和肉、自然和建立在具体地域之上的经济），并且帮助其避免逻各斯中心主义的风险。对于将这些作品播散到特定的政治领域之中，这将会产生一定的影响。① 换言之，有了女性主义和环保主义的介入，就思考社会行动的非话语层面而言，必将大有裨益（Florez 2003）。还有些概念对该学术群体和对女性主义理论都很重要，如知识型、权力、主观性、主体性和日常生活等，对它们进行理论化同等重要。

最后还有一个潜在的可以有所作为的领域，也就是从人种学角度来研究现代性/殖民性。如果以这里所论述的理论框架为基础，人种学将可以避免现代性研究中的认识论陷阱，文中的第一部分已对此进行过回顾。对于彻底地评估殖民差异的具体事例和边界思考，它们将能够发挥极大的作用，例如，可以帮助我们讨论下面将会提到的关于性别、生态和经济领域的差异问题。然而，这些是知识型和方法论上的问题，这里将不再对此进行更深入的论述。

现代性/殖民性的性别化。很明显的是，迄今为止，现代性/殖

---

① 关于这一点，以及下面关于知识社会学和女权主义理论对社会心理学贡献的一些评论，尤其是马戈特·普加（Margot Pujal）的著述，我必须应该感谢朱莉安娜·弗洛雷［巴塞罗那自治大学（Universitat Autonoma de Barcelona）社会心理学习；2003 年春天在北卡州立大学教堂山分校访学］。这之中的有些观点也来自同该群体成员在 2000 年 2 月在教堂山和杜克大学的一次会议之中的讨论，尤其是拉美研究学会在 2003 年 3 月在达拉斯所举行的会议期间，受到弗雷亚·施韦的发言、关于解放神学的讨论以及期间的其他讨论的启发。

民性研究小组在对待性别这一问题上，即使在最好的情况下，这些努力也还是不够的。在极少的讨论过女性问题的男性拉美思想家之中，杜塞尔是其中的一个，他很早就对女性问题有过比较翔实的论述，将她们作为被排斥的他者之中的一个重要类型。对墨西哥裔美国人中的一些女权主义者的作品，米尼奥罗也曾有过一些论述，特别涉及边界地域的问题。然而，对于女权主义理论可以为现代性/殖民性理论所能够做出的潜在贡献，这些作品还远远没能清楚地说明问题。对于这一沉默，芬兰神学家和女性主义理论家艾莉娜·付欧娜（Elina Vuola）最早提到过这一点，为此，她特别提到杜塞尔这位解放神学学者的作品以及其他的解放神学理论（Vuola 2000，2002，2003）。杜塞尔将解放的客体定义为"他者"（而不仅仅是穷人，因此超越了简单的阶级范畴），付欧娜（2002）对此赞赏有加，但让她觉得有些沮丧的是，这些神学家们在自己的理论建构之中无法明确种族和性别的地位，同样也无法应对当客体自身成为主体时所带来的挑战。换言之，他者被纳入一种全新的总体性之中，一个以男性为中心的总体性，因此否认以他性和差异的形式存在的女性。

在更晚近的文本中，援引后殖民主义和女性主义理论，付欧娜（2003）再次呼吁应认真对待关于解放主体的异质性和多样性（神学和哲学），也就是"穷苦的人"，——并且，还可以再补充一点的是，现代性/殖民性研究中提到的属下阶层。换言之，她呼吁的是一种全新的关于穷人和属下阶层的表征政治，以便充分说明这一多样性。就女性而言，这意味着必须去直面那些在讨论中缺席的话题，如对女性的暴力、繁衍的权利和性，并赋予女性主动性以充分的可见性。换言之，殖民差异的主体并非一种未经区分的、中性的主体（或只是从种族和阶级的角度来区分）；属下群体成为权力的客体和具有主动性的主体，在方式上是存在差异的。这里也许可以稍微改变一下米尼奥罗的话以便说明这一点，承认这一点不仅可以改变对话的内容，同样还可以改变对话所用的语汇。相对于男性，女性是他者——并且在为菲勒斯中心主义所主导的社会和人类科学之中，她们也的确遭到了如此的对待——对于一种正好是以外在性和差异为中心的视角而言，这肯定会引发一些后果。付欧娜是想要指出这样的一个事实，那就是在很多方面，现代性/殖民性研究小组（现在仍大多都是男性）的理论构想都具有很强的启示意义和激进性，正因如此，这些话语也得到女权主义者们的认真对待，而它们在很大程度上却将女性和女性的理论和政治关怀排除在外。因此涉及女性而言，话语和实践间看起来存在着一个矛盾。最后，女性主义者解构了宗教原教旨主义，这一点在女权主义社会科学和现代性/殖民性研究中都不为人所知，但这和现代性/殖民性研究的性别化也是相关的。作为一场涉及范围广泛的政治运动，跨族性女权主义正设定全新的方式，来制定关于人权，尤其是女性权利的跨文化标准，以及深入分析作为此类标准基础的那些关于真理的宣称（Vuola 2002）。在跨族性女权主义领域很多新作品中，它们论述种族、性别和文化问题的方式，和现代性/殖民性研究的关注点存在一致之处（例如可参见 Shohat 1998，Bahavani 等，2003）。

事实上，在女权主义和现代性/殖民性理论之间，有着众多现实的或潜在的汇合点（这里当然无法穷尽所有的方面，但可以选取一些可能存在联系之处进行说明）。首先，对那些普世主义的话语，它们都存有一种激进的怀疑，在这一层面上，需要清楚的是，现代话语同样是一种男性主义的话语，正如自 19 世纪 80 年代后期以来，女权主义哲学家和政治理论家一直试图表明的那样（如可参见 Nicholson 的文集，该文集已在学界产生一定的影响）。此外，在关于所有的知识都是"情境性的"这一理解上，二者也是不谋而合。然而，在女权主义理论中（如 Haraway 在 1988 年的那一篇著名的文章），只有认识到所有视角都是片面的这一特征，才能明白情境性知识的含义——现代性/殖民性研究也不例外。换言之，现代性/殖民性学者的批判性主体地位同样无法脱离其本人的性别局限。一旦拒绝将自己置身于女权主义之中，那就你也就失去了去接触一种他者的思想、另一种主体性或另类主体性的机会。这里可以引申拉纳吉特·古哈（Ranajit Guha）的一句话来澄清该问题，这样做也就将女性的主体性化简到有着另一（男性）主体的另一种历史之中，他因此也就和那些反对对抗的话语形成共谋。正如付欧娜所言，在说到瓦尔特·米尼奥罗的多元主题阐释学和多世性可以成为应被追求的目标时，她指出，"不难看出，从一开始，这一筹划就内在于解放神学之中……然而，还不明白的是，解放神学家怎样才能对其进行概念化和区分，并且由此……大家都会以他者的批判性眼光，来审视自己的真理声称和立场"（2003：7）。在解放神学之外，这一"女性转向"会给现代性/殖民性研究带来什么？当然，需要明白的是，论述女性只是这众多任务之中的一部分。以性别为视角，需要将这一讨论放置到权力的语境中，尤其是男性和女性之间的权力关系，包括学术体制中的权力关系。鉴于性别之间的关系性，必须认识到殖民差异的主体并非自治的，而是关系性的。这不仅关系到女性，同样也关系到男性。

　　这里最关键的是，存在着深化现代性/殖民性研究对知识型进行关注的可能性，通过介入到关于女权主义认识型和定位的那些复杂的政治性讨论（如 Alcoff 1988，1991）。女性的定位这一理念是要说明女性运用她们的主体地位来进行意义的建构，而其方式则无法从其他任何视角得到完全理解。对知识型和定位的强调，当然是和对性别不平等的思考相关——同样，这一方面同现代性/殖民性研究也相契合。女权主义人种学已将这些挑战导向一个有趣的方向，通过将对女性的赋权/失权分析，同发声、书写和表征策略连接起来（如参见 Behar & Gordon 1995）。在已确立的学术书写方式外（这些必然会同逻各斯中心主义实践相关联？），能否以不同的方式来书写这些主体，以便将这些非欧洲中心主义的视角带入视野之中？社会实践每天都在重构这些殖民差异，在相同的社会空间中，如何才能让我们的观点不断地传播？在这样做的过程中，女权主义人种学从后结构主义，以及美国和其他地区的有色女性写作中获得过灵感，尤其是格洛莉娅·安扎尔多瓦（Gloria Anzaldúa）和切丽·莫拉加（Cherrie Moraga）的作品。《被我们称为家的那座桥》（*This Bridge We Call Home*）是这一传统中最新的一部著述（Anzaldua & Keating 2003），对女权主义理论和现代性/殖民性研究都形成了新的挑战。从受害者到主体，认识到在中间性地带（entremundos）生存的这一状况的持续性（因此需要架设进行沟通的桥梁，这同时也是家园的建设和共同体的建设），这一卷之中的尼盘特拉斯人（nepantleras）①是一些边界思想家，为社会的变革而创造关联，他们通过意志的行为和爱的行为来从事这一工作，并且是"作为一种承诺，去切身地感受他者的痛苦，但又不会让自己迷失于其中"（Anzaldua 2003：4）。他们的"跨越的技术"（technologies of crossing）是认识权力和超越的技术，是转向其他模式的意识和存在的技术，是新的爱的阐释学的技术（Sandoval 2003）。现在这一国际性女权主义筹划是以主体性，联系和社会、文化和自然世界的再/建构为中心，因此知识、写作和表征的策略再一次成为其中心。②

除了权力和知识型这些问题，女权主义理论对主体性和身份的关注也将成为这一战斗的关键领域。就对这些概念的激进化而言，当下没有任何理论可以同怪异理论相比，这一理论非常有信服力地表明，性别和性身份的构成要素从来就不是整齐划一的，而更多是各种设计、重叠、不和谐、阻隔和可能性的结果。"怪异"是关于对标准的激进性挑战的命名——在这里我所指的是异性恋、父权制、现代性和殖民性所设定的标准。可以这样说，"怪异"代表的是一种

---

① 这个词在这里指的是那些生活在中间状态之中的人，该词来自"nepantla"（指的是一种处于中间状态之中的自然世界。——译者注）

② 我必须感谢内尔森·马尔多纳多将这本重要的著作带入我们的视野，并且最近我们在北卡州立大学教堂山分校和杜克大学见面时，热情地向我们介绍了该书。

无本质的身份，它因此成为一个进行历史分析和想象未来的场所。如果并不总是处在一个颠覆性外部的位置，怪异主体表明边界（这里是指异性恋规范）能不断得到重构，因此也就可以想象另类的身份和知识（如 Halperin 在 1995 年的论述）。身份的这种去本质化意味着严肃地对待各种身份形式。女权主义所说的各种身份形式，正如一些理论家所强调的那样，同样是通过愉悦和欲望而得以建构的，这里存在批判"现代人"（Man the Modern）的另一种可能性，这一概念是援引自唐娜·哈拉维（Donna Haraway），这是一个令人愉悦的（也是具有毁灭性的）表达方式——人同时将自己建构为所有知识的客体和主体。不存在自足的知识主体，所有的知识都存在一个理性的维度和一种物质性。谁是知识的主体，他或她是如何在自己日常性中成为自身的？谁能够成为"一位批判性边界思想家，怎么去做？谁能够有能力占据一个边界以及抵抗的位置，哪一种性别的和政治经济学会为这一特权授权？最后，研究者同样是欲望的主体，这同样需要得到承认（Florez 2003）。"①

在拉美社会中，性别歧视仍然是最为广泛存在的问题之一，并且看上去好像已经是积习难返，这一事实应成为这些地区认真对待女权主义的充足理由。拉美女权主义者已经讨论过这一问题，那就是女性也是现代性的他者。在这一对劳动力和认识型进行区分的讨论之外，这对分析殖民性的关键过程也产生了明显的后果，这包括民族的形成、种族和有欧洲中心主义色彩的父权制构型（例如参见Rojas 2001）。最后以简单提及总指挥艾斯特（Commandante Ester）的演讲来结束这一部分也许是个不错的主意。在 2001 年 3 月的一次名为"地球颜色之旅"（*La Marcha del Color de la Tierra*）的游行结束时，他在墨西哥城市议会发表了这次演讲。原来以为，副总指挥马科斯（Marcos）将进行演讲，最后出现的却是一位印度女性，

---

① 在涉及社会心理学之中的女权主义理论时，这些问题同样出现在同朱莉安娜·弗洛雷的对话之中（教堂山，2003 年 4 月）。

也就是总指挥艾斯特。关于整合女性的各种不同的声音和要求，由于最初的众多犹豫和困难，以至于女性仍然被建构为一种附属品（Belaustiguigoita 1998），看起来萨帕塔（Zapatista）最后终于意识到土著女性在社会和斗争中的中心地位。几天前，在胡奇坦（Juchitan），总指挥艾斯特已提到过印度女性所面临的三重歧视——作为印度人、女人和穷人。她在墨西哥城的演讲主要从两个方面进行了批判，总指挥艾斯特讨论了《女人的革命》（*Leyes Revolutionarias de la Mujer*），希望能够消除所有的歧视，不管这种歧视来自何方。她重点提到了日常生活中出现的对女性的歧视，这些歧视不仅来自共同体和民族，同样还源于那些亟待保护的本土性文化实践。以这一种方式"这一征程使得不可见的可见，不可表征的能够得以表征：印度女性（在法律面前）进行言说和吁请……法律是否有可能听见她们的声音？必须使用哪一种语言，通过哪一种话语她们才能将自己所想要的说清楚明白：作为印度人、女人和墨西哥人"？（Belaustiguigoita 2002：52）。再次，对现代性/殖民性研究而言，这里的吁请之中存在着明显的暗示。关键的问题在于，属下阶层女性能够通过现代性/殖民性的话语进行言说？如果答案是否定的，沉默的代价是什么？什么类型的翻译和中介处于危险之中？

这里所指出的这些问题，也可以很容易地出现在现代性/殖民性的理论框架中。在这一程度上十分重要的一点是，现代性/殖民性研究对性别和差异的理论化能够有什么贡献，女权主义者应当予以思考。事实就是，由于非白人女性和第三世界女性在 20 世纪 80 年代的激烈批判，在涉及性别的问题上，宣称普世性的女权主义现在也更为关注种族和文化维度。然而，在一系列女权主义立场之中，仍然充斥着各种版本的欧洲中心主义思想。在"殖民差异"话语中，这一问题走向了前台。例如，一系列关于性别的设想都由此而变得更为复杂，而这些观念仍然受到有欧洲中心主义色彩的解放和平等理念的影响，这也可以帮助解释当下属下阶层的状况，他们缘何没有坚持性别的要求或遵循女性团结起来的逻辑（除阶级和种族团结之外）。展望未来，可以说现代性/殖民性研究将为在阶级、性别和拉美的各个种族/族性之间形成对话做出贡献，对那些并不是从这一立场看问题的女权主义者而言，这也会是一个非常有意义的问题。在现代性/殖民性研究领域，从这一视角来研究问题，目前已经取得的一些成果，这些成果也正好体现了这种承诺［弗雷亚·施韦（Freya Schiwy）关于玻利维亚种族和性别的著述，就是这方面的一个范例］，这同样也体现在一些女权主义者的吁求之中，这前面已对这其中的部分人做出过评论。

自然和殖民差异。同女权主义一样，生态学和环境主义在为现代性/殖民性研究带来挑战的同时，也带来了新的可能性。生态学和环境主义意味着不同的思考方式（必定是关系主义的、情境性的和历史的）；不同的解读现代性的方式，对知识型（特别是对化简主义的科学和逻各斯中心主义话语的批判）的强烈关注；以及关于差异的问题的表述（生态学和文化层面上的差异），可轻易地同殖民性关联起来，反之亦然。这些都是同现代性/殖民性研究潜在的汇合点，该群体的一些成员已经开始涉足这些问题（如 Coronil 1997，Escobar 1999，Lander 2002）。在社会运动方面的取向上，也可以被视为是环保主义和殖民性/现代性研究相共享的一个方面。然而，还有众多事情有待完成。

事实上，人们始终都在努力在拉美建构一种政治生态学框架，同样致力于去形成一个独特的关于自然问题的地理政治学视角，下面的简短评论就是有意地从这一个视角来看问题。① 最开始，政治生态学强调了当下环境危机之中的文明属性。大致来讲，这一危机也

---

① 我指的是生态政治研究小组（Grupo de Trabajo de Ecología Política）这一群体的作品，该组织由拉美社会科学研究学会（CLACSO）所设立，由赫克托·阿里蒙达（Hector Alimonda）负责具体事务。尤其有意思的是其《宣言书：可持续发展伦理》（Manisfesto：Por Una Etica de la Sustentabilidad，PNUMA，2002），参见网站 www.rolac.unep.mx，以及最近由昂力克·杰夫（Enrique Leff，2003）起草的讨论稿。仍需提及的是，这一重要研究同样仍需要被"性别化"。

就是现代性的危机，因为现代性已无法使这个世界可持续性地发展。这也是思想上的一次危机，因为逻各斯中心主义思想已引发了各种各样能够带来生态灾难的现代性实践（Leff 2000，Boff 2002）。（正如一些女权主义者令人信服地指出，对女性和自然的统治是现代父权制得以形成的基础，而这则由菲勒斯中心主义所引发。）要想让人们意识到今天的环境危机不仅是总体性危机，同样可能也是当下最主要的矛盾和对资本最主要的限制，对那些还未习惯用生态语汇来思考的人而言，这并不容易。也许以下观点更容易被接受，现代性的建构以自然和文化的分离为结构，即使人们很少认识到，这一分离不仅对现代性，同时对文明/他者（我们/他们）此类的二元对立也一样具有构成性作用。之后，自然在殖民差异的另一侧出现，有一些特定的自然（殖民的/第三世界之类的自然、女性的身体、黑皮肤的身体）位于男性欧洲中心主义世界这一总体性的外围。因此，这一环境领域的危机表明的是现代的、工具理性的局限。这同样揭示出其无法将生态学和历史联系起来，除非将自然和劳动力资本化。一种资本主义的自然体制也就随之出现，其他所有的关于生态学和历史、自然和社会关联的表述也就全部被属下化，尤其那些能够通过其地方性模式和关于自然的实践——在自然、人类和超自然世界之间确立一种文化性地延续性（和这些因素之间的分离相对立）。这些关于自然的地方性模式是当下环境斗争的基础。以这一种方式，这些斗争应该被视为是保护这些文化的、生态的和经济领域的差异而进行的斗争（Leff 2000，Escobar 1999）。在这一点上，人种学的生态社会运动立场非常明确。此外，还有另一种批判性边界思考也需要考虑。

　　以一种更多是着眼于未来的方式，拉美政治生态学正致力于建构一种可持续性的伦理和文化，这需要重新思考生的问题，以适应一种全新的环境理性，这还需要在各种知识形式之间进行对话，而目的则是建构全新的环境理性。这种关于自然、生命和整个星球的生态伦理的视角需要对现代性和发展进行质疑，这也是对发展谬误的无可辩驳的控诉。通过大力推崇位于属下低位的关于自然的知识，这一政治生态学以独特的方式论述了多样性、差异和跨文化性（inter-culturality）的问题。当然，自然在这之中的角色是行动者和主体。这里最为关键的是一种差异的文化政治，这超越了单纯的对人类逻各斯中心主义的解构，其目的是通过类似于在社会运动中所采取的各种政治策略，从文化上对自然重新进行呈现。根据这一个群体，以本土的、农民群体的、伦理的和其他属下群体的斗争和知识为基础，全新的环保主义思想正在拉美崛起，试图对其他的生存方式进行展望，让各种有生命的和无生命的存在，以及人类等都和谐共处。尊重以地域为基础的文化和不同人群的独特性，目标则是要以更为可持续性的方式去思考对本土性的和区域性世界的建构和再建构。

现实经济的重新思考。现代性和殖民性的交织缠绕，这实际上是一个庞大的工程，致力于世界范围内人类和生物物理生态学的激进性恢复。你可以说这是一个系统性工程，沿着欧洲中心主义的路线致力于文化的、生态的、经济的复原。另外，我们可以考虑以文化的、生态的和经济的差异实践为基础，致力于促成世界转换的现实工程——形成另类的知识和世界。这是殖民差异和全球性殖民性的血和肉。虽然这些进程需要同时展开，但提出全新的经济想象是当下最为紧迫的任务，对于那些表面上强大的由新自由主义全球化所核准的关于市场的想象［辛克勒默特（Hinkelamert）所说的全面市场化时代］，这些新的经济想象将会引发有效的和切实的抵制。从人种学而言，我们可以跟随生态人类学家们的步伐，记录那些生态差异方面的实践，这些同那些社会运动的政治和智识策略一道，将为替代性的生态文化设计和世界建构现实工程提供灵感。理论上，我们还没有为完成这一任务做好准备。部分上是因为以下这一事实，由于这些话语之中的总体性和资本中心主义

（capitalocentric）的倾向，政治经济分析使得我们无法看见那些经济差异方面的实践。简言之，这些分析倾向于以同样的语汇来对这所有的经济形式进行化简，即资本本身（Gibson-Graham 1996）。

生态学和身体都不可避免地和特定地点（即使并非完全局限于这一地点）联系在一起，这一观点看上去比较容易接受。但还不太清楚的是，关于经济差异和替代性经济想象的思考是否也应当存在着以特定地点为基础的维度。我们可以看一看这其中的缘由，这一方式将帮助我们在权力的殖民性和殖民差异之中引入以地理为基础的维度。总之，地点在这里是指最具代表性的属下阶层居处的场所，在现代性对空间、普适性和运动之类问题的关注中，这是被排斥的维度。将现代性/殖民性研究这一智识工程"地域化"（emplace）不无道理，当然这么做不能只停留在隐喻的层面。有一个涉及女性和地域政治的智识工程将性别、生态学和经济都纳入同一个理论政治框架之中，这一点在其中也得到了非常清楚的说明。① 在这一智识工程的相关著述中，建立在第二波女权主义去中心化的和去组织化的（但却是全球地域化的）政治想象这一基础上，朱莉·格雷汉姆（Julie Graham）和凯瑟琳·吉布森（Katherine Gibson）引入了关于经济差异理念和地域化的概念，具体方式如下：

> 女性和地域政治（Harcourt & Escobar 2002）建立该基础（女权主义政治）之上，通过强调其本体性基础来拓展无所不在的政治理念：一系列众多的互不相连的"地点"——家庭、社会共同体、生态系统、工作场所，组织、身体、公共领域、城市空间、流散、区域、职业——以相似的、而非有机的方式发生关系，并且通过众多的表意网络相互连接。如果说女性无

---

① 参见女性和地域政治研究项目，网站为 www. sidint. org，以及《发展》（Development）杂志关于这一研究的专辑（2002 年 3 月第 45 卷第一期）。由我和来自国际发展学会的温迪·哈库特（Wendy Harcourt）合作完成。同样还可参见朱莉·格雷汉姆和凯瑟琳·吉布森涉及该领域研究的网页 www. communityeconomies. org。

处不在，但每一位具体的女性总是在某个具体地点，这些具体的地点正是该项目兴趣之所在：地理位置不断地被女性制造出来、强化、维护、扩充和转变。好像女性这一身份范畴必须通过语境化或地缘化来进行分析，而女权主义关注的问题也已变为"什么才是地域化政治？"这并非关于范畴或者关于身份本身的政治，而是一种关于生产主体和地理位置的政治。在具体地点中生成的政治（a politics of becoming）。（Gibson-Graham 2003）

从现代性/殖民性的视角，可以说"地点"只是一种知识型视角，众多的主体都可以由此来观察这个世界。女性和地域政治研究的目的是要去维护一种差异的逻辑以及反对由全球化和政治经济所引发的同质性倾向。它的目的是让文化的、生态的和经济差异的图景变得明晰，到目前为止，可以看出在女权主义、生态学和替代性经济形式间存在着汇合之处，这种汇合围绕着地域政治而被连接在一起。当然，我并不是要说这是关于女权主义、经济和生态主义未来的唯一汇合空间，而是要说明在现代性/殖民性研究和这一部分中提到的其他形式的研究之间可以进行对话。以地域为基础的（当然仍需再次强调，这并非完全局限于地域性）身份、自然和经济实践可以帮助我们超越既往的观点，认为那些属下的地理空间只能隶属于全球化的逻辑，或者只是全球化网络中的一个点，无法承载任何有意义的抵抗，更不消说什么替代性的建构。就经济的层面而言，不难意识到地理空间并不完全是资本主义的，而是栖居着有差异的各种经济形式，并具备成为他者性经济或另类事物的潜能。这意味着从经济的视角来重新思考差异，从差异的视角来重新思考经济。通过将现代性/殖民性研究地域化，全球化的殖民性也就可以同那些有着现实的和真正变革潜能的知识工程相关联。这可以同社会运动同时发生。在没有相信地方性的行动的时期，当下的这一对地方性政治的重新评估，可能是我们能够做出的最为重要的贡献之一。

结 论

在《拉美理性批判》（*Crítica de la Razón Latinoamericana*）中，对拉美从 19 世纪末到当下的哲学和社会科学中有关身份的批判话语，圣地亚哥·卡斯特·格玫（Santiago Castro-Gomez，1996）在回顾后总结道，从阿尔伯蒂（Alberdi）到马蒂（Martí）和罗德（Rodó），再到梓义（Zea）和罗伊格（Roig）的所有关于身份的话语，全部都同现代主义的他者化逻辑形成共谋，最好的情况也不过是一些关于反现代主义的提议而已。换言之，在哲学和其他领域的解放话语中，大多关于身份的描述都一直依赖于事先假定的一种基础主义的他者性和一个超验的主体，相对于一个同样同质化的现代的/欧洲的/北美的他者，这将形成一个激进主义的替代性方案。不管是否诉诸拉美本土性的、混血的、天主教的、原始主义的、反帝国主义的或活力论的等各种身份——相对于白人的、新教的和工具理性的、被去魅的、个体主义的、父权制的等欧洲的/美国的身份——在卡斯特·格玫的考古学分析中的这些他者化的策略注定无法成功。认识到一起的身份都只可能是片面的、历史性的和异质性，是纠正这一缺陷的开端，也由此开始接受一种源于后启蒙时代知识型（*episteme posilustrada*）的全新身份观。对于反现代性的他者化逻辑，卡斯特·格玫反对差异的历史性生产逻辑。

对于卡斯特·格玫深入分析过的他者化的现代性逻辑在现代化/殖民化研究之中能否被彻底超越，目前仍然还不清楚。作为一种知识型的去殖民化，这一研究看上去的确可以超越过去的那种表征政治，其基础是确立一个排他性的"自我的"表达空间，并且完全忽略其自身的建构性；它同样也避免了那种无所不包的声称，将一切都放在一个涵盖性术语之下（全部都是"拉美人"），它同样还可以抵制另一种观念，认为那些被包括进来的完全在殖民主义的总体性之外。此类梦想正被弃之脑后。看上去，对于反对之前过时的逻辑，边界思考观念（或如凯萨琳·沃尔施最近所说的那种"批判性边界定位"，2003）自身就已经提供了这种保证。正如我们所看到的，研究性别、环境和经济能够提供更多的保证，避免这一群体的重要洞见不会跌入卡斯特·格玫提及的陷阱之中。不再是现代性的"绝对的他者"，因此不会再落入奥他维奥·帕斯（Octavio Paz）和加西亚·马尔克斯（García Márquez）所一直倾心的那种长久的孤寂之中。前面文字中简要描述过的拉美，已经开始在这一智识工程之中浮现出来，正是由于新近已意识到栖居于其中的构成性差异以及生产它的历史过程，它将继续推行差异的政治。另一种拉美成为可能，兴许并非空中楼阁。

参考书目:

Alcoff, Linda(1991), "The Problem of Speaking for Others", *Critical Inquiry*, Vol. 20, pp. 5 – 32.

——(1988), "Cultural Feminism versus Poststructuralism: The Identity Crisis in Feminist Theory", *Signs*, Vol. 13, pp. 405 – 36.

Alcoff, Linda & Mendieta, Eduardo, eds. (2000), *Thinking from the Underside of History. Enrique Dussel's Philosophy of Liberation*. Lanham: Rowman and Littelfield.

Anzaldua, Gloria & Analouise Keating, eds. (2003), *This Bridge We Call Home: Radical Visions for Social Transformation*. New York: Routledge.

Anzaldua, Gloria(2003), "Preface. (Un)natural bridges, (Un)safe spaces", in *This Bridge We Call Home. Radical Visions for Social Transformation*, eds G. Anzaldua and A. Keating, New York: Routledge, pp. 1 – 5.

Appadurai, Arjun(1996), *Modernity at Large*. Minneapolis: University of Minnesota Press.

Arce, Alberto & Long, Norman, eds. (2000), *Anthropology, Development, and Modernities*. London: Routledge.

Behar, Ruth, & Gordon, Deborah, eds. (1995), *Women Writing Culture*. Berkeley: University of

California Press.

Belausteguigoitia, Marisa (2002) , " The Color of the Earth: Indigenous Women ' Before the Law ' " , *Development*, vol. 45, no. 1, pp. 47 – 53.

——(1998) , " Visualizing Places: ' She Looks, therefore. . . Who Is?' " , *Development*, vol. 41, no. 2, pp. 44 – 52.

Beverly, John & Oviedo, Jose, eds. (1993) , *The Postmodernism Debate in Latin America*. Durham: Duke University Press.

Bhavani, Kum-Kum, Foran, John & Kurian, Priya, eds. (2003) , *Feminist Futures: Re-Imagining Women*, Culture and Development. London: Zed Books.

Boff, Leonardo(2002) , *El Cuidado Esencial*. Madrid: Editorial Trotta.

Castro-Gómez, Santiago(1996) , *Critica de la razon latinoamericana*. Barcelona: Puvill Libros.

——ed. (2002) , *La reestructuracion de las ciencias sociales en America Latina*. Bogota: Universidad Javeriana.

Castro-Gómez, Santiago, & Mendieta, Eduardo, eds. (1998) , *Teorias sin disciplina, latinoamericanismo, poscolonialidad y globalizacion en debate*. Mexico, DF: Miguel Angel Porrua/University of San Francisco.

Coronil, Fernando (1997) , *The Magical State: Nature, Money and Modernity in Venezuela*. Chicago: University of Chicago Press.

——(1996) , " Beyond Occidentalism: Toward Nonimperial Geohistorical Categories" , *Cultural Anthropology*, vol. 11, no. 1, pp. 52 – 87.

Dussel, Enrique (2000) , " Europe, Modernity, and Eurocentrism " , *Nepantla*, vol. 1, no. 3, pp. 465 – 478.

——(1996) , *The Underside of Modernity*. Atlantic Highlands, NJ: Humanities Press.

——(1993) , "Eurocentrism and Modernity", in *The Postmodernism Debate in Latin America*, eds J. Beverly and J. Oviedo, Durham: Duke University Press, pp. 65 – 76.

——(1992) , 1492. *El encubrimiento del Otro*. Bogota: Antropos.

——(1983) [1975] , *Introduccion a la Filosofia de la Liberacion* (2a. Edicion) . Bogota: Editorial Nueva America.

——(1976) , *Filosofia de la Liberacion*. Mexico: Editorial Edicol.

Englund, Harri & Leach, James(2000) , "Ethnography and the Meta-Narratives of Modernity", *Current Anthropology*, vol. 41, no. 2, pp. 225 – 248.

Escobar, Arturo(1999) , " After Nature: Steps to an Anti-essentialist Political Ecology", *Current*

Anthropology, vol. 40, no. 1, pp. 1 – 30.

Florez, Juliana(2003), " Notas sobre teoria feminista y modernidad/colonialidad". Documento de trabajo sin publicar, University of North Carolina, Chapel Hill, April.

Foucault, Michel(1979), *Discipline and Punish*. New York: Vintage Books.

——(1973), *The Order of Things*. New York: Vintage Books.

Gaonkar, Dilip P. , ed. (2001), *Alternative Modernities*. Durham: Duke University Press.

Gibson-Graham, J. K. (2003), " Politics of Empire, Politics of Place". Unpublished manuscript.

——(1996), *The End of Capitalism(As We Knew It)*. Oxford: Blackwell.

Giddens, Anthony(1990), *The Consequences of Modernity*. Stanford: Stanford University Press.

Gupta, Akhil(1998), *Postcolonial Developments*. Durham: Duke University Press.

Habermas, Jurgen(1987), *The Philosophical Discourse of Modernity*. Cambridge: MIT Press.

——(1973), *Legitimation Crisis*. Boston: Beacon Press.

Halperin, David (1995), *Saint Foucault: Toward a Gay Hagiography*. New York: Oxford University Press.

Haraway, Donna (1988), " Situated Knowledges: The Science Question in Feminism and the Privilege of Partial Perspective", *Feminist Studies*, vol. 14, no. 3, pp. 575 – 599.

Harcourt, Wendy & Escobar, Arturo(2002), " Lead Article: Women and the Politics of Place", *Development*, vol. 45, no. 2, pp. 7 – 14.

Hardt, Michael & Negri, Antonio(2000), *Empire*. Cambridge: Harvard University Press.

Heidegger, Martin (1977), " The Age of the World Picture", in *The Question Concerning Technology*, ed. M. Heidegger, New York: Harper and Row, pp. 115 – 154.

Kahn, Joel (2001), " Anthropology and Modernity", *Current Anthropology*, vol. 42, no. 5, pp. 651 – 680.

Lander, Eduardo(2002), " Los derechos de propiedad intelectual en la geopolitica del saber de la sociedad global ", in *Interdisciplinar las ciencias sociales*, eds C. Walsh, F. Schiwy and S. Castro-Gómez. , Quito: Universidad Andina/Abya Yala, pp. 73 – 102.

——ed. (2000), *La colonialidad del saber: eurocentrismo y ciencias sociales*. Buenos Aires: CLACSO.

Latour, Bruno(1993), *We Have Never Been Modern*. Cambridge: Harvard University Press.

Leff, Enrique (2003), " La Ecologia Politica en America Latina: Un Campo en Construccion (Borrador para discusion) ". CLACSO Grupo de Trabajo en Ecologia Politica. Manuscrito sin publicar.

——(2000) , *Saber Ambiental*. Mexico：Siglo XXI.

Maldonado-Torres, Nelson (2003) , " Imperio y colonialidad del ser" . Presented at the XXIV International Congress, Latin American Studies Association, LASA, Dallas, March 27 – 29.

Mignolo, Walter (2001a) , " Local Histories and Global Designs： An Interview with Walter Mignolo" , *Discourse*, vol. 22 , no. 3 , pp. 7 – 33.

——(2000) , *Local Histories/Global Designs*. Princeton：Princeton University Press.

——ed. (2001b) , *Capitalismo y geopolitica del conocimiento*. Buenos Aires： Ediciones del Signo.

Nicholson, Linda, ed. (1999) , *Feminism/Postmodernims*. New York：Routledge.

Panikkar, Raimon(1993) , *The Cosmotheandric Experience*. New York：Orbis Books.

Pred, Alan & Watts, Michael(1992) , *Reworking Modernity*. New Brunswick：Rutgers University Press.

Quijano, Anibal(2000) , " Coloniality of Power, Ethnocentrism, and Latin America" , *Nepantla*, vol. 1 , no. 3 , pp. 533 – 580.

——(1993) , " Modernity, Identity, and Utopia in Latin America" , in *The Postmodernism Debate in Latin America*, eds J. Beverly and J. Oviedo. , Durham： Duke University Press, pp. 140 – 155.

——(1988) , *Modernidad, Identidad y Utopia en America Latina*. Lima： Sociedad y Politica Ediciones.

Quijano, Anibal & Wallerstein, Immanuel(1992) , " Americanity as a Concept, or the Americas in the Modern World-System" , *International Social Science Journal*, vol. 134 , pp. 459 – 559.

Rojas, Cristina (2001) , *Civilization and Violence, Regimes of Representation in Nineteenth Century Colombia*. Minneapolis：University of Minnesota Press.

Sandoval, Chela (2003) , Foreword： AfterBridge：Technologies of Crossing, in *This Bridge We Call Home：Radical Visions for Social Transformation*, eds G. Anzaldua and A. Keating, New York：Routledge, pp. 21 – 26.

Santos, Boaventura de Sousa(2003) , " The World Social Forum：Toward a Counter-Hegemonic Globalization" . Presented at the XXIV International Congress, Latin American Studies Association, LASA, Dallas, March 27 – 29. See also at： http://www. ces. fe. uc. pt/ bss/fsm. php.

Shohat, Ella, ed. (1998) , *Talking Visions. Multicultural Feminism in a Transnational Age*. Cambridge：MIT Press.

Sivaramakrishnan, K. & Agrawal, Arun, eds. (2003), *Regional modernities: the cultural politics of development in India.* Stanford: Stanford University Press.

Tomlinson, John(1999), *Globalization and Culture.* Chicago: University of Chicago Press.

Vattimo, Gianni(1991), *The End of Modernity.* Baltimore: Johns Hopkins University Press.

Virilio, Paul(1999), *Politics of the Very Worst.* New York: Semitext(e).

Vuola, Elina(In press), " Option for the Poor and the Exclusion of Women: The Challenge of Postmodernism and Feminism to Liberation Theology", in *Opting for the Margins. Theological and Other Challenges in Posmodern and Postcolonial Worlds,* ed. Joerg Rieger, Oxford: Oxford University Press.

——(2003), " Radical Eurocentrism. The Crisis and Death of Latin American Liberation Theology and Recipes for its Improvement", in *Interpreting the Postmodern: Responses to Radical Orthodoxy,* eds Rosemary Ruether & Marion Grau, New York: T & T Clark International, pp. 57 – 75.

——(2002), " Remaking Universals? Transnational Feminism(s) Challenging Fundamentalist Ecumenism", *Theory, Culture, Society,* vol. 19, no. 1 – 2, pp. 175 – 195.

——(2000), " Thinking Otherwise: Dussel, Liberation Theology, and Feminism", in *Thinking from the Underside of History,* eds. L. Alcoff and E. Mendieta, Lanham: Rowman and Littlefield, pp. 149 – 180.

Wallerstein, Immanuel(2000), " Globalization, or the Age of Transition? A long-Term View of the Trajectory of the World System", *International Sociology,* vol. 15, no. 2, pp. 249 – 265.

Walsh, Catherine(2003), " Ecuador 2003: Promises and Challenges". Presented at the UNC-Duke Latin American Studies " Burning Issues" Series, April 25.

Walsh, Catherine, Schiwy, Freya, and Castro-Gomez, Santiago, eds. (2002), *Interdisciplinar las ciencias sociales.* Quito: Universidad Andina/ Abya Yala.

方幸福、何卫华　译

（译者单位：华中师范大学外国语学院）

第二部分

种族、性别、存在和
（去）殖民性

存在的殖民性：一个概念的发展[*]

尼尔森·马尔多纳多·托雷斯

（Nelson Maldonado – Torres）

　　存在的殖民性这一概念缘起于一群从事殖民性和去殖民化研究学者之间的讨论，尽管这一个群体之中学者们的学术背景大相殊异。[①] 具体来说，我们认为这一概念来源于瓦尔特·米尼奥罗，他早在 1995 年的著述中就对此有所阐述。[②] 虽然我不能确切地记得何时第一次听到或读到这一术语——我相信应该是 2000 年米尼奥罗在波士顿学院的一次演讲中——但是我知道自从我听到它，它就以一种非同寻常的方式吸引了我的注意。[③] 原因在于，当我听说它时，我已

　　* 这篇文章中的部分章节曾分别于 2003 年 11 月 5 日在杜克大学的约翰·霍普·富兰克林研究中心（John Hope Franklin Center at Duke University）的一次演讲中，2004 年 5 月 30 日在杜克大学和北卡罗来纳大学教堂山分校（the University of North Carolina, Chapel Hill）召开的"批判理论与去殖民化学术研讨会"上进行过宣读。

　　① 参与讨论的理论家包括费尔南多·科罗尼尔、圣地亚哥·卡斯特·格玫、奥斯卡·瓜迪奥拉（Oscar Guardiola）、埃德加多·兰德、瓦尔特·米尼奥罗、阿尼巴尔·奎杰罗、弗雷亚·施韦、凯萨琳·沃尔施等。

　　② 参见 Walter Mignolo（1995），更新的资源可参见 Walter Mignolo（2003），这个概念也出现在 Sylvia Wynter（2003）最近发表的文章中。

　　③ 米尼奥罗似乎于 2000 年在不同地方发表了这一思想。2000 年 3 月 30 日在加拿大英属哥伦比亚大学（the University of British Columbia）的琼·卡莱尔-欧文讲座（Joan Carlisle-Irving Lectures）中他做了题为"思考可能的未来：网络社会与存在的殖民性"（Thinking Possible Future：The Network Society and the Coloniality of Being）的演讲。可惜的是，这篇演讲的文稿已经无法找到。

经花费了许多时间研究马丁·海德格尔和一些海德格尔批评家的思想，这些批评家被海德格尔著作中有关种族和殖民经验问题的观点所吸引。许多人把海德格尔看作 20 世纪两个最具原创性的欧洲哲学家之一（另一个是路德维希·维特根斯坦）。海德格尔通过对被他看作基本的本体论问题的详细阐释而延续了尼采对现代性和以认识论为中心的哲学的正面攻击，从而在欧洲哲学中留下了不可磨灭的印记。海德格尔为哲学建立一个新起点的构想包含在他对存在问题的重新表述之中，这一问题影响了之后的许多其他知识分子，其中最有名的应该就是法裔阿尔及利亚哲学家雅克·德里达。

我是从琼·斯坦堡（Joan Stambaugh）那里了解到海德格尔的，她曾与海德格尔在德国共事过一段时间。她将海德格尔的多部著作译成英文，其中包括其代表作《存在与时间》。① 当我从她那里阅读了海德格尔的著作之后，便开始从事现象学传统，特别是让·保罗·萨特、埃德蒙德·胡塞尔和雅克·德里达的著作的研究。至少在一个年轻学者所能做到的程度上，我逐渐意识到居于这些或其他从现象学汲取营养的哲学家思想的中心位置的不同侧重点、原创性方法以及他们所思考的不同问题。但是直到我读了立陶宛犹太思想家伊曼纽尔·列维纳斯的著作之后，我才从我的"现象学和本体论的沉睡状态"（phenomenological and ontological slumber）中清醒过来。列维纳斯的著作不仅仅是欧洲哲学或现象学主题的一种变体，在他的著作中我发现了一种对西方哲学更为彻底的颠覆。他的思想来源不只是希腊和欧洲，也包括犹太资源。在这一哲学府库中的一些关键部分，犹太人的观念和思想取代了希腊和基督教观念。这一颠覆为他描绘出了一幅不同的哲学图景和人类职业的不同构想：不是思考行为或人类与自然之间的相遇，而是伦理学和面对面（主体——他者）的相遇，这种相遇成为他哲学的起点。他的著作也明显参考了犹太思想，并阐明了与那些在某种程度上被西方边缘化了

---

① 参见 Martin Heidegger（1996）。

的思想资源之间的差异。这令我着迷和惊讶。当我详细阅读了一些怀疑论大师（马克思、尼采和弗洛伊德）的核心著作之后，我的概念可能性的视野（my horizon of conceptual possibilities）不再包含像他那样的关于断裂的思想。我想对列维纳斯有更多了解，但是我的主要兴趣并不是成为列维纳斯著作的研究专家，而是在某种程度上更多地关注他的方法和思路。我确信他为自己开辟的这条道路跟他所讨论的那些欧洲基督徒和欧洲世俗的传统一样丰富和多产，也有必要通过发现新的主题和其他制造类似异端干预的思想家来拓宽这条道路。

　　除了列维纳斯的异端姿态之外，在他的计划中还有其他因素与我对他的兴趣产生共鸣。列维纳斯是犹太人大屠杀中的幸存者，这一事件也成为他所有思想的标志。不同之处在于，海德格尔却是纳粹政权的支持者，并目睹了元首将人民带上民族本真性（national authenticity）道路的全过程。[1] 虽然海德格尔皈依纳粹政权的时间并不长，但却确凿无疑且影响深远。虽然他与纳粹的联盟显而易见并没有延续到犹太人大屠杀的年代，但是他从来没有为他对纳粹的支持向犹太人道歉，而他支持的这个人很明显从一开始就是一位反犹领袖。[2] 20 世纪 20 年代，在弗莱堡待的那一年里，列维纳斯迷上了海德格尔的思想，后来他却可能成为海德格尔主义最激进的反对者。他认为海德格尔对纳粹政权的臣服并不仅仅是一种个人偏好，而且在某种程度上也涉及他的哲学事业。对列维纳斯来说，海德格尔的本体论计划被一片乌云所笼罩。在他看来，本体论变得与权力哲学相等同。[3] 也就是说，在列维纳斯眼里，作为第一哲学的本体论最终变成了暴力的同谋。相反，哲学的新起点应该在于想方设法让人们确信哲学不应引导、谋划或激发关于非人化和苦难的无知。这就是

---

　　① 对海德格尔与纳粹之间关系的讨论中包含一些一手材料，可参见 Wolin（1991）。
　　② 列维纳斯对海德格尔的评价是非常消极的，因为他没有向犹太人道歉。参见 Levinas（1989）。
　　③ 参见 Emmanuel Lévinas（1969）。

为什么伦理学和主客体之间的关系占据了列维纳斯思想的中心位置的另一原因。

在那时，我完全不知道，由于恩里克·杜塞尔、胡安·卡洛斯·斯坎诺内（Juan Carlos Scannone）以及其他的一些年轻的阿根廷学者所建构的解放神学的背后，有着一个同列维纳斯类似的相遇。列维纳斯也将恩里克·杜塞尔从他的本体论沉睡状态唤醒，并激励他去阐明一种作为总体性的存在的批判哲学，这种哲学不仅对反犹主义和犹太人大屠杀的经历，而且对世界其他地区，尤其是拉丁美洲的殖民地人民的经历进行研究。如果说列维纳斯把本体论和权力相连接，杜塞尔在存在和殖民事业之间建立了联系，那么这已经接近了存在的殖民性的门槛。然而，如前所述，是另一个阿根廷人（即米尼奥罗）在几年之后第一次提出了这一概念。存在的殖民性这一概念是在一次谈话中诞生的，这次谈话主要讨论的是社会的不同领域中的权力的殖民性的内涵问题。① 这一概念是说权力的殖民关系不仅仅在权威、性别、知识和经济领域，而且也在对存在的通常理解中留下了深刻的印记。② 如果说权力的殖民性指的是剥削的现代形式与控制（权力）之间的相互关系，知识的殖民性指的是殖民化对知识生产的不同领域产生的影响，那么存在的殖民性的基本指向就是殖民化的生活经验及其对语言的影响。米尼奥罗对此有清晰的表述：

> "科学"（知识和智慧）与语言无法分离；语言不只是人们从中发现他们的"身份"的"文化"现象；他们也是知识得以铭刻的处所。并且，因为语言并不是人类所拥有的东西，而是人类之所是之事物，所以权力和知识的殖民性就孕育了存在的殖民性。③

① 关于"权力的殖民性"，参见 Quijano（2000，1991，1992）。
② 知识的殖民性思想是厄加多·兰德著作的精心组织的主题，参见 Edgardo Lander（2000）。
③ Mignolo（2003），第 669 页。

　　"存在的殖民性"这一概念的出现满足了将心灵和生活经验中的殖民性的影响问题提到首位的需要。在这一点上，存在的殖民性引发了我的强烈共鸣，这时我正在研究现象学哲学和存在哲学，并用种族的和殖民的"亚他性"（sub-alterity）的观点对这些方法进行批判。当我们把"存在的殖民性"这一术语置于列维纳斯和杜塞尔与海德格尔之间的论争的语境中加以思考的时候，它为我们弄清楚海德格尔所说的存在和殖民问题之间的具体联系提供了重要的线索。

　　还有一个我一直在研究的重要人物尚未提及，他的著作要求将殖民性与生活经验和语言问题联系起来进行阐释，这个人就是弗朗茨·法侬。[①] 法侬在《黑皮肤、白面具》中对黑格尔的本体论的批判不仅为从不同角度描述主/奴辩证法提供了基础，而且有助于从殖民性的角度对本体论进行更普遍的反思，以及对去殖民化的研究。如果说是杜塞尔勾勒出了存在的殖民性的历史维度，那么法侬则在种族和（在某种程度上也包括）性别维度展开了关于殖民经验的殖民性的存在主义表述。如果说列维纳斯的出发点是遭遇他者过程中的主体性建构的无政府主义时刻，那么法侬则将自己的注意力集中于遭遇帝国的和种族主义的他者时的创伤。"瞧一个黑人！"这就是法侬开始详细阐明存在的殖民性的"主体"的存在性（existentialia）的出发点。他在这个方向上始终如一的努力将导向一种对语言、历史和存在的探索。存在的殖民性提出了将遗传的、存在的和历史的维度相连接的挑战，在这些维度中存在最明显地展示了它的殖民的一面及其破裂。[②] 在这个方向上我找到了研究的步骤，这也令我对研究的前途充满希望。这篇文章分为四个主要部分，其中每个部分集

---

　　① 在阐释他自己的存在的殖民性思想时，米尼奥罗把法侬作为主要的理论资源，参见 Mignolo（2003），第669页。
　　② 对分析的遗传的、存在主义的层面和系谱的/历史的层面之间关系的研究参见尼尔森·马尔多纳多—托雷斯即将出版的著作。在这部著作中，笔者以列维纳斯、法侬和杜塞尔的著作为基础，从遗传的、存在主义的和系谱的/历史的层面阐述了对现代性的反思。这篇文章表现了在《反对战争》与一本初步拟名为《法侬的思考》的新书写作计划之间的过渡。

中回答一个问题。第一个是什么是殖民性？第二个是什么是存在？第三个是什么是存在的殖民性？最后一个是什么是存在的去殖民化和"存在的堕落"？

什么是殖民性？

殖民性与殖民主义不同。殖民主义指的是一种政治和经济关系，其中一个国家或一个人的主权取决于另一个国家的权力，从而使这个国家变成一个帝国。相反，殖民性指的是一种作为殖民主义之结果而出现的权力的长久模式，它远远超出了殖民统治的严格限制来界定文化、劳动、主体间的关系和知识生产。[①] 因此，殖民性使殖民主义得以存活。它鲜活地存在于书本、学术成就的标准、文化模式、常识、人们的自我形象、自我的志向，以及我们现代经验的许多方面。在某种程度上，作为现代主体，我们无时无刻不在殖民性的空气中呼吸。

殖民性不单是殖民关系的任何既定形式的余续或残余形式。殖民性出现于一个特定的社会历史环境，即美洲的发现和征服。[②] 在这一规模宏大的殖民事业的语境中，即人类有史以来更具扩张性和野心的历史阶段，资本主义（经济关系的一种已有形式）变得与统治和隶属的形式相关联，这种形式仍在延续着首次在美洲继而在其他地方建立起来的殖民控制。首先，殖民性指的是权力的两轴，这两个轴正在发挥效力，并定义了我们称之为美洲的时空矩阵。按照阿尼巴尔·奎杰罗的说法，这两个轴指的是：

> 对征服者和被征服者之间的差异从"种族"的角度进行编撰，在这一所谓的存在着差异的生物性结构之中，一些人被认

---

① 参见 Aníbal Quijano（2001）。
② 参见 Aníbal Quijano & Immanuel Wallerstein（1992）。

为在自然属性上就低劣于另外一些人。征服者认为这一理念是统治关系之中的构成性的、奠基性的成分，由征服所强加……另外的一个过程则是完全围绕资本和世界市场以及以其为基础，建构一种新型的控制结构，以便对劳动力、资源、奴隶制度、农奴制、小型的独立商品生产和互惠进行操控。[1]

在美洲进行殖民的意义不只是地方性的。恰恰相反，事实上，它已经变成了一种权力样式，或者成了随后正在形成的现代身份的基础，这种现代身份不可避免地由世界资本主义和围绕种族观念的控制系统构造而成。这种权力样式是现代经验的核心。通常认为现代性是欧洲文艺复兴或欧洲启蒙运动的产物。现代性也具有作为其组成要素的阴暗的一面。[2] 作为一种话语和实践，现代性中不可能缺少殖民性，殖民性也将作为现代话语的必然结果而继续存在。

权力的殖民性是如何出现的呢？奎杰罗将这个问题置于对印第安人是否具有灵魂的讨论之中。一些新的身份在欧洲殖民化过程中被创造出来，比如欧洲人、白人、印第安人、黑人和混血儿。[3] 这种社会等级模式的特点在于主体之间的关系不是水平而是垂直的。也就是说，有些身份优越于其他身份。这种优越性的前提条件是这些身份的人性（humanity）程度。一个人的肤色越"浅"，其人性就越接近完美，反之亦然。[4] 当征服者们扮演起世界图景的绘制者的角色时，他们仍然继续再生产着这种看待事物的视角。整个世界都是根据这一逻辑被看待的。这就是"全球殖民性"的开端。[5]

1537 年罗马教皇声明爱斯基摩人是人类的一部分。但是，正如奎杰罗所言："从那时候起，一种观念在主体之间的关系和权力的社

---

[1]　Quijano（2000），第 533 页。

[2]　参见 Walter Mignolo（2003）。

[3]　参见 Quijano（1992），无页码。

[4]　参见 Gordon（1995，2000），Nelson Maldonado-Torres（2006）和 Wynter（1995）。

[5]　关于"全球殖民性"的论述，参见 Georas（1997），Grosfoguel（2003）& Mignolo（2002，2000）。

会实践方面打上了烙印，这种观念就是非欧洲人具有一种不仅不同于，而且次于欧洲人的生物学结构。"① 显而易见，在几个世纪里种族的意思已经发生了变化。"种族"在 20 世纪 60 年代所指的并不是 90 年代生物学革命的高潮时期所指的意思，20 世纪 90 年代已经以种族的正式的生物种类来确立分类标准。但是，在 19 世纪的种族主义与殖民者关于人性的程度差异的态度之间存在着共性。某种程度上，在 16 世纪的美洲和非洲，科学的种族主义和种族的特定观念是对有关被殖民的和被奴役的主体的人性（humanity）的普遍的和一般的态度的最明确表达。我认为 16 世纪的种族概念要比它首次出现时更普遍，也更精妙：它是一种态度，其特点就是永久性的怀疑。恩里克·杜塞尔认为是赫尔南·科尔特斯（Hernan Cortes）提出了主体性的理想，即征服者的自我（ego conquiro），这早于笛卡尔的"思的自我"（ego cogito）。② 这就意味着，对于现代欧洲人的身份来说，笛卡尔哲学的"思"（cogito）的意义不得不被理解为与被称为"征服者的自我"的一种毋庸置疑的理想的背景相对立。对作为征服者的自我及其任务和使命的确定性（certainty）先于笛卡尔对作为思考者的自我的肯定，并提供了解释它的途径。我认为，根据他们的确定性，作为实践的征服者的自我与作为理论的思考者的自我是平行的。与其说"征服者的自我"是毋庸置疑的，不如说它为阐明"思的自我"奠定了基础。正如杜塞尔所言，"'野蛮人'是反思主体性、理性和'思'的必要语境"。③ 但是，真正的语境并不仅仅以野蛮人或其他人的存在为标志，在现代性视域中野蛮人已经具有了新的内涵。野蛮人是一种种族化的自我，而种族化的特点在于对我们所讨论的自我的人性的彻底质疑或永久怀疑。因此，就像笛卡尔

---

① 这段话的原文是 "desde entonces, en las relaciones intersubjetivas y en las prácticas sociales del poder, quedó formada, de una parte la idea de que los no-europeos tienen una estructura biológica no solamente diferente a la de los europeos; sino, sobre todo, perteneciente a un tipo o a un nivel 'inferior'." 参见 Quijano（1992），无页码。

② Dussel（1996），第 133 页。

③ 同上。

对"思"的肯定一样，关于殖民化的"确定性"和"征服者的自我"的基础建立在疑惑或怀疑主义的基础之上。怀疑主义变成了达到肯定并为自我提供一个坚实基础的途径。怀疑主义对欧洲现代性起到了关键作用。正如征服者的自我先于思的自我，对被奴役和殖民化的潜在他者的人性的这种怀疑主义构成了笛卡尔哲学（Cartesian）的肯定性及其方法上的怀疑（methodic doubt）的背景。在笛卡尔哲学的方法上的怀疑主义成为对自我和世界的现代理解的中心之前，在现代性之中还存在着另外一种怀疑主义，并成为现代性的组成要素。不是这种方法上的态度导致了"思的自我"，而是这种怀疑主义的形式规定了支撑"征服者的自我"的态度。我把这种态度的特点总结为种族主义者／帝国的摩尼教徒的愤世嫉俗的怀疑主义（Manichean misanthropic skepticism）。也可以称为"帝国态度"（imperial attitude），我们用它来定义现代的帝国人。①

与笛卡尔的方法上的怀疑不同，摩尼教的愤世嫉俗的怀疑主义并不是对世界的存在或逻辑和数学的规范状态的怀疑。宁可说它是质疑被殖民的人民的特有人性的一种形式。笛卡尔区分了"res cogitans"和"res extensa"（意识和物质），也可以译为心灵和身体或人类和自然的区分。笛卡尔的这一思想先于自我征服者（ego conquistador）和自我征服（ego conquistado）之间的人类学的殖民差异，甚至在某种程度上，人们更喜欢说前者就建立在后者的基础之上。殖民者与被殖民者之间的特定关系为理解灵魂或心灵与身体之间的关系提供了新的模型。同理，作为一种模型，对心灵／身体关系的现代阐释被用来构想殖民者／被殖民者的关系，以及男人和女人，尤其是有色女人之间的关系。② 这种差异也可转译为欧洲人与非欧洲人、肤色较浅的人和肤色较深的人［或者杜波依斯所说的肤色界线

① 用帝国人这一术语所指称的存在的典型或范式还有很多具体表现：欧洲人或美国人。我用帝国人的"死亡"来指称对自我模式的这些克服。参见 Maldonado-Torres（2005，2002）。
② 奎杰罗对现代二元论的评论，参见 Quijano（2000），第554—556页。

（color-line）〕之间的差异。① 如果征服者的自我在某种程度上期望主体的转向和"思的自我"的唯我论，那么在某种程度上摩尼教的怀疑主义则打开大门并接受了对笛卡尔怀疑主义。这种观点也会导致一种观念，即如果不参照笛卡尔世界观的有限性，也不参照摩尼教愤世嫉俗的怀疑主义及其帝国意识，就不可能提出一种对现代欧洲危机的充分解释。

愤世嫉俗的怀疑主义在某种程度上对最显而易见的东西进行质疑。像"你是一个人"这样的陈述采用了讽刺的修辞化的问题形式：你是完整的人吗？"你拥有权利"变成了"为什么你认为自己拥有权利？"同样，"你是一个有理性的人"采用"你真的是理性的吗？"这样的问题形式。愤世嫉俗的怀疑主义就像现代性心脏中的一条蠕虫。"思的自我"的成就和工具理性在愤世嫉俗的怀疑主义所帮助建立的逻辑之中运作。这就是为什么进步观念在现代性中总是意味着一些人的进步，以及为什么人权并不能平等地运用于所有人，这一矛盾只是许多其他诸如此类明显矛盾中的一个。愤世嫉俗的怀疑主义为征服者的自我的优先选择奠定了基础，这种优先选择解释了为什么对某些人来说安全的获得可以令人信服地以他人的生命为代价。② "帝国态度"激发了一种关于殖民化和种族化的人们的根本性的种族灭绝的态度。通过这一点，殖民的和种族的主体显得可有可无。

有关战争、征服和大屠杀的思想在此引出了殖民性的另一个基本方面。③ 美洲的原住民是否具有灵魂这一问题与战争问题密切相关。在 16 世纪巴利亚多利德所发生的那些论争中，塞普尔维达（Sepúlveda）反对拉斯·卡萨斯（Las Casas），认为西班牙有责任

---

① 杜波依斯关于 20 世纪的话是："20 世纪的问题是肤色界线问题，即亚洲、非洲和那些海洋岛国上的肤色较浅的种族与肤色较深的种族之间的关系问题。"参见 Du Bois（1999），第 17 页。

② 对征服者的自我的优先选择不久将受到解放神学的质疑，后者强调穷人和无产者的优先选择。关于穷人的优先选择和解放神学的其他核心思想，参见 Ellacuría & Sobrino（1993）。

③ 关于这一章的剩余部分所谈论的问题我在即将出版的著作的第六章有更为深入的分析。

加入那场反对低等人的战争，这些人不愿意接受高等的基督教和文化。[①] 再举一个例子，就像在关于所谓的爱斯基摩人的人性问题上所发生的那样，讨论的结果并不比问题本身更重要。对美洲的"发现"和征服并不亚于一个拥有多重内涵的本体论事件，其中最具戏剧性的内涵就是由产生于这一语境的态度和问题所建立。当加入反对爱斯基摩人的战争问题得以解答的时候，征服者们就已经建立了处理与被征服者的关系的特定方式。他们处理这些关系的方式并不符合他们本国的道德标准。的确，正如塞尔维亚·温特（Sylvia Wynter）所认为的，哥伦布将新大陆的用途重新定义为"为我们"而存在，在这里"为我们"指的是为那些属于人（Man）的王国的人，而不是那些被排除在人类世界（human oecumene）之外的人。这一定义已经引出了一个例外情况，即道德标准将要运用于这个新世界。[②] 如我们所知，这种例外情况在现代世界逐渐失去了其特殊性并变得规范化。但是，在这种情况被普遍接受并变成新的盛行的知识规范之前，这种例外已经以某种方式显现出来了，其中殖民者能够在与土著民和黑人奴隶的关系中安排自己的行为。与符合欧洲基督徒的道德标准的行为相比，这种行为更像战争中的行为。

在征服者们到达美洲之前，他们并不遵循那些规范本国民众行为的道德标准行事。[③] 他们的行为遵循的是战争的伦理标准，或者干脆说就是非伦理。人们无法忘记，在罗马帝国，早期的基督徒对奴隶百般挑剔，而后来的基督徒则认为战争中的俘虏可以合法地变成奴隶。[④] 的确，在古代社会和中世纪的大部分时期，把一些人变成奴隶是合法的，尤其是犯人或俘虏。在美洲所发生的是对"战争的非伦理"（non-ethics of war）的转型和自然化，这不仅构成了一种对

---

① 与瓦拉杜利德（Valladolid）的讨论，参见 Lewis Hanke（1974）。
② Wynter（1995），第5—57页。
③ 参见 Todorov（1992），第144—145页。
④ 关于早期基督徒的奴隶观念及他们与罗马帝国的关系，参见 Horsley（1997）。

规范基督教国家之中日常行为的伦理标准的一种例外，同时也是那种更稳定长久的"地狱般"（damnation）现实状况的例外。地狱生活在此指的是殖民主义的现代形式，它通过把奴隶制度变得天经地义而使战争显得自然而然，现在，它也被依据人的身体的和本体论观念的构成，即根据"种族"而不是他们的信仰或信念，进行了正当化。① 将战争中被征服的人变成奴隶的历史经验在美洲转变成了一种怀疑，即从身体构造上来说，被征服的人通常指非欧洲人，他们是劣等的，因此他们就应该处于奴隶或农奴的地位。塞普尔维达引用亚里士多德来证明这种地位是正当的，但是这只不过是将已有的常识变成分类思想。后来这种思想在对待非洲奴隶的过程中被固定化，并且在种族主义的不同形式的悲惨现实下变得更加稳固。

在此，我们可以将殖民性理解为战争的非伦理的激进化和自然化。这种非伦理包括对比如土著和黑人，进行消灭和奴役的实践，这种实践被看作殖民化事业的一部分。夸张地说，殖民性也包括大屠杀，这是"思的自我"的突发状态，也是只有思的自我存在的世界。然而，战争并不只是杀戮和奴役，战争也包括对性行为和女性的特殊对待，即强奸。殖民性就是一种事物的秩序，该秩序将有色人种放到一个警惕的自我充满杀戮和强奸欲望的视野之下。强奸的首要目标是女性。但是有色男性也通过这种眼光来看待世界。有色男性被女性化了，对征服者的自我而言，他们从根本上变成了可被穿透的主体（penetrable subjects）。② 在后边分析存在的殖民性的存在性方面的时候，我将从几个维度对杀戮和强奸进行进一步的拓展。我在这里想说的是，种族化是通过性别和性来运作的，征服者的自

---

① 我关于地狱的观念来自法侬，参见 Fanon（1991）。

② 关于这个问题的讨论见法侬的著作（Fanon，1968，第141—209页）中的章节"黑人与精神病理学"，也可参见戈登的著作《反黑人世界中的性、种族和欲望矩阵》（Gordon，1997，第73—88页）。

我从根本上来说也是一种生殖器的自我（phallic ego）。[①] 恩里克·杜塞尔（关于思的自我的生殖器特点这篇文章的作者）也将其与战争的现实联系起来，虽然这种联系是间接的。

> 在现代性的开端，笛卡尔发现……欧洲令人恐惧的人类学上的二元论之前，西班牙侵略者已经来到了美洲。现在，被征服的印第安人的服从形式上又增加了欧洲中世纪的生殖器概念。"男性"，巴托洛梅·德拉斯·卡萨斯（Bartolomé de las Casas）认为，遭到了"最无情、最可怕和最严酷的农奴制度"的无情折磨；但是，这种情况只发生在那些仍然活着的人中间，因为他们中间的很多人已经死去。然而，战争中活下来的都是些年轻的男人和女人。[②]

通过将征服描绘成战时对妇女的强奸和剥削的拓展，哥尔德斯坦恩（Joshua Goldstein）来对这一解释进行补充。[③] 他认为要理解征服者就要考察这几点：（1）作为侵略的原因的男性；（2）作为象征性控制的敌人的女性化；（3）对剥削女性劳动的依赖。愤世嫉俗的怀疑主义的目标是种族化和性别化的主体。一旦被征服，他们就自然变成了仆人，他们的身体也就变成了性虐待、剥削和控制的经济的一部分。征服者的自我的伦理学就不再是战争时期的行为的特有符号，而是凭借愤世嫉俗的怀疑主义、种族观念和权力的殖民性，在美洲并逐渐发展到现代世界，变成反映事物是其所是的方式的行为标准，这些事物的自然化在 19 世纪自然科学的推动下达到高峰，

---

① 在这个方面，杜塞尔写道："El sujeto europeo que comienza por ser un 'yo conquisto' y culmina en la 'voluntad de poder' es un sujeto masculino. Elego cogito es el ego de un varo'n"。（欧洲的主体是一种男性主体，他们开始于"我征服"模式并达到了"争取权力的意愿"顶峰。思的自我是一个男性自我。）参见 Dussel 1977，第 50 页。在这篇文章中杜塞尔也就被殖民的男性主体对被殖民的女性所做的不断重复的相同行为进行了评论。

② Dussel（1977），第 99 页。

③ Goldstein（2001），第 332 页。

从而验证了种族主义。我们所构想的事物是其所是的方式来自一种思想和行为符号，这种思想就是世界是如何在战争条件下被构想的，这种行为符号则是事物的一部分。这种世界观和行为符号通过种族思想在现代性中变得自然化了。因此，在战争条件下被看作合法的对待被征服者的方式在战后很长一段时间之后就不再继续了。自此，不再是他们的侵略和敌对，而是他们的"种族"为继续存在的农奴、奴隶和强奸提供了合法性。这代表了与中世纪传统及其伦理学法典的一种断裂。在对非洲的剥削和对美洲的殖民的起始阶段，新兴的现代性所采用的战争范式被建立起来了。①

　　在这个部分，通过对杜塞尔、戈登（Lewis Gordon）、奎杰罗和温特著作的分析，我阐明了理解殖民性和种族问题的三个方面：（1）把种族问题理解为愤世嫉俗的怀疑主义；（2）种族和性别之间的相互关系；（3）在现代性的视域中把种族和性别概念看作战争伦理的自然化的结果。通过对愤世嫉俗的怀疑主义的分析，以及与暴力和死亡的不断遭遇，种族化的人民的生活经验得到了深入探讨。通过把世界理解为一种战场，他们所使用的语言也已经被建构起来，而在这个战场上他们被长期征服了。由于我们已经具有了对现代世界的殖民部分或肤色界限（color-line）的阴暗面中的生活的基本条件的理解，那么我们就可以找到一种对他们的经验更加准确的哲学阐释，从而提出关于存在的殖民性话语的基本原理。但是，虽然我们在某种程度上已经对殖民性思想的意思进行了探索，但是我们尚未对"存在"思想进行类似的研究。这就是我们在下一部分所要做的工作。

什么是存在？

　　如前所述，海德格尔的本体论已经包含了存在这一概念，我在

---

　　①　这一思想是笔者即将出版的著作的基础。

此将对这一概念进行详细阐述。虽然他 1927 年的著作《存在与时间》并不是我们思考存在的殖民性的出发点，但是，至少当我们在现象学传统及其异端表达的语境中阐明这一概念的时候，这本著作是一个不可避免的参照。我并不认为海德格尔的本体论概念和他给予存在问题的首要地位为我们理解殖民性和去殖民化提供了最好的基础，但是他对存在于世界中的分析却是我们理解存在主义思想的某些核心要素的出发点。存在主义思想作为一个传统为我们研究被殖民化和种族化的人民的生活经验提供了重要的洞见。① 回归海德格尔能够为我们阐明世界和生活经验的殖民方面提供一条新的思路。

海德格尔的本体论的特点在于一种思想，即存在（Being）并不是一个存在物（being），一个实体或一个事物，而是众多存在物（beings）的存在（Being），这也是所有存在物用以理解问题的普遍视域。② 他区分了存在（Being）和作为"本体论差异"（ontological difference）的存在物（beings）。③ 海德格尔认为，西方哲学，尤其是西方形而上学的特点就在于对存在的遗忘和对本体论差异的拒绝。通过把存在看作上帝或神，西方形而上学同样违背了对存在的理解。他把这一趋势称为本体论神学（ontotheology），对他而言，这正是这一本质主义本体论（fundamental ontology）需要克服的问题。④

除了指出本体论差异的至关重要性之外，海德格尔还认为，要回答存在的意义问题就必须有一个新的更加激进的出发点。上帝不再是本体论的出发点。类似的事物也无甚帮助，因为他们的意思一定程度上是独立于自身的，他们确实也无法把握自己的意思。事实上，存在问题只对一种存在物有意义，那就是人类。因为海德格尔

① 参见刘易斯·戈登的著作，他是当今最杰出的黑人存在主义者。参见 Gordon（1995，2000，1997）。虽然戈登的存在主义主要来源于法侬和萨特，但是他在现代世界中对黑色的意思的现象学探索深深地影响了我对海德格尔的范畴的批判性评价，以及在此详细阐释的存在的殖民性的全部话语。

② 我在这里的描写基于海德格尔的思想，参见 Heidegger（1962）。

③ 参见 Heidegger（1962），第 28—35 页。

④ 海德格尔对神学的批判，参见 Heidegger（1962），第 74—75 页。

的目标是重建哲学的起点，因此他并不想用人（Man）或其他任何已知的概念来指称人类（human beings）。这些概念都沿袭了形而上学和认识论哲学的路径，使用这些概念将有损他逃离这一传统的努力。海德格尔用来指称人类存在的概念是"此在"（Dasein）。此在的字面意思就是"在那儿"（being there）。因此，简单地说，此在就是在那儿的存在。对海德格尔而言，本质主义本体论需要阐明"在那儿"是什么意思，并通过它阐明关于存在自身的思想。

海德格尔对此在的首次思考是它存在（ek-sist），这意味着此在指向未来。① 但是，此在也指的是"扔在那儿"。此在存在于由历史所定义的语境之中，其中具有法律以及有关社会的相互作用、主体性、世界等既定概念。现在，通过对此在的分析，海德格尔发现大多时候此在的主体性都以一种集体的匿名形象出现：这一个（the One）或他们（the They）。他们相当于尼采所说的群众（the herd）或大众（mass of people）。② 在阐明了关于"他们"的观点之后，在《存在与时间》第一章的剩余部分，海德格尔就转向了对此在如何通过反射其最自我的可能性（ownmost possibilities）——而不是由"他们"（They）所界定的事物——来与自身真正地联系起来这一问题。海德格尔的答案是，本真性只有通过决断（resoluteness）才能达到，而决断只有在与每个人都无法避免的死亡可能性相遇的时候才可能出现。在死亡问题上任何人都是完全不可替代的：没有一个人可以为自己，或为其他人去死。死亡是一个单一的个体化因素。对死亡的预感，以及与此相伴随的焦虑，使主体将她自己从他们中间分离出来，并决定了她的最自我的可能性，也界定了她自己的存在方案。③

虽然对死亡的预感在个体层面上为本真性的实现提供了工具，

---

① 关于杜塞尔的存在主义特点的思想，参见 Heidegger（1962），第 32—35 页。
② 尼采对群众的道德的反思，参见 Nietzsche（1989）。
③ 对存在通向死亡和本真性的反思，参见 Heidegger（1962），第 279—304 页。

但是对海德格尔而言，元首或领导者是在集体层面上实现本真性的工具。正是基于这一点，海德格尔对希特勒在德国所发挥的作用进行了赞扬，并成为纳粹政权的热情参与者。战争在某种程度上将两种观念联系起来：以他们的领导者的名义发动的人民战争提供了面对死亡和个体本真性的语境。在战争中为国家而死的可能性成为实现个体和集体本真性的一种方式。[1] 当然，这幅图画更多反映的是战争的胜利者，而不是被征服者的观点。但是也可以说被征服者也能够通过在战争中与死亡抗争来实现自己的本真性。这一点任何人都可以做到。但是，以下因素被遗漏了：如果前面对关于战争的非伦理的殖民性的解释是貌似合理的，那么就必须承认面对死亡并非超常规的事情，而是殖民化和种族化的现实的基本特点。因此，被殖民者并非普通的此在，他们与死亡的可能性相遇所造成的影响或结果也与有些人不同，这些人的异化模式是由这个人（One）或他们（They）的去个性化而形成的。种族化主体的组成与那些形成自我、他者和人民的组成有所不同。死亡并不像他们现实的基本特点那样是一种个体化因素。使他们感到痛苦的并不是他们（They），而是遭遇死亡的日常形式。事实上，与死亡的遭遇总是来得太晚，因为死亡已经伴随着他们。出于这一原因，去殖民化、去种族化和堕落（des-gener-ación）（总而言之，即去殖民性）的出现并不是通过与人们自己的必死性的遭遇，而是来自躲避死亡的渴望，这种渴望不仅是自己的，更根本地说也包括他人的。简言之，虽然战争中的被征服者能够实现本真性，但是对那些并不被看作"人民"的一部分的主体来说，情况就不同了。对有些主体来说，现代性改变了实现本真性的方式：他们已经与死亡相伴相生，而且他们甚至不属于"人民"。海德格尔忘记了在现代性之中存在还具有殖民的一面，且影响极为深远。存在的殖民性维度，也就是将一切置放在理解和表意之中的趋势，在战争以及在其通过现代性之中的种族理念来使其自然

---

①　关于战争与本真性的关系，参见 Gray（1959）& Losurdo（2001）。

化的过程中，达到了一种病态的程度。存在的殖民方面维持着肤色的界限。然而，在海德格尔的思想之中，他并未注意到这一思路所蕴含的黑暗面之中主体遭受到的独特困境，以及他们切身的经验对于存在和现代性病症的理论化所具有的重要意义。具有讽刺意味的是，虽然海德格尔承认他所说的"原始的此在"的存在，但是却从来没有将它与殖民化的此在联系起来。① 相反，他把欧洲人作为他的此在的典范，因此殖民化的此在就显得是"原始的"。他忘记了，如果人（Man）的概念是一个问题，这不仅是因为它是形而上学的，还因为它去除了一种思想，即，在现代性中人们所发现的不是人类的单一典范，而是创造了一个具有主人和奴隶的世界的权力关系。为了揭开现代时期此在（既包括欧洲人也包括被殖民的此在，我们在此称之为受难者（damné））的复杂动力，海德格尔需要与以欧洲或欧洲人为典范的思想决裂。这样，我们已经进入了存在的殖民性的话语范围。

什么是存在的殖民性？

存在的殖民性在第一部分关于征服者的自我和摩尼教的愤世嫉俗的怀疑主义的讨论中得到了最好的理解。我认为，在笛卡尔的思的自我及其方法上的怀疑（methodic doubt）的理论支撑下，征服者的自我和愤世嫉俗的怀疑主义仍然是毋庸置疑的。他可以想象有一个恶魔在表面上的必然性方面欺骗了人们，但是，如果依据杜塞尔和奎杰罗的假设，他无法看到征服者的自我在欧洲人的意识中是如何运作的，也无法得知它如何使每个人都把对殖民地人民的非人道对待看作理所当然的。

这与本体论和存在是如何联系在一起的？海德格尔对由笛卡尔所完成的现代哲学的主观和认识论转向的激进反应指明了笛卡尔思

---

① Heidegger（1962），第 76 页。

想中所宣称的健忘症（alleged forgetfulness）。海德格尔非常正确地指出，笛卡儿及其后的几乎所有现代哲学都非常专心地集中于思的自我问题。但是，"我思故我在"（"Cogito，ergo sum"，"I think，therefore I am"）表明，对海德格尔来说，比思本身更为根本的观念是存在。在他那里，"我思，故我在"（I THINK，therefore I am）变成了"我思，故我在"（I think，therefore I AM）。存在问题在笛卡尔表述的第二部分——我在——出现了。① 通过集中于这一表述的第二部分，海德格尔反对将哲学的现代传统，即认识论作为他自己本体论的基础。现在，鉴于征服者的自我和愤世嫉俗的怀疑论在笛卡尔哲学中依然是毋庸置疑的，我们就有可能指出笛卡尔和海德格尔在他们的哲学观点中忽略了什么。如果"思的自我"建立在征服者的自我的基础之上，那么"我思，故我在"（I think，therefore I am）就假设了两个尚未受到关注的维度。在"我思"的下面我们能读到"他人不思"，在"我是"的后面也可能存在对"他人不是"或不存在的哲学辩护。这样，我们就揭示了笛卡尔表述的复杂性。从"我思故我在"中，我们可以引出一个更为复杂的、在哲学和历史两方面都更为准确的表达：

> "我思（他人不思，或适当地不思），故我在（他人不在，不完全存在，不应存在或可有可无）。"

笛卡尔的表述赋予认识论以特权，但同时遮蔽了我们所说的知识的殖民性（他人不思）和存在的殖民性（他人不在）。海德格尔的本体论转向遗漏了笛卡尔表述中的这两个未获关注的部分。笛卡尔的认识论和海德格尔的本体论都预先假定了知识的殖民性和存在的殖民性。在笛卡尔表述中尚未被提及和假设的部分里，我们发现了知识的殖民性与存在的殖民性之间的基本联系。对理性在现代性

---

① Heidegger（1962），第46、71—72 页。

中的缺失的阐释与对存在在他者中的缺失的阐释联系在一起。愤世嫉俗的怀疑主义和种族主义与本体论的排异性是相互依存的。从这个角度出发，我们能更好地理解弗朗茨·法侬的思想，即在白人看来，在殖民的反黑人的世界中，黑人根本不具有本体论的抵抗力或本体论的重要性。[①] 他还指出，当黑人与白人交谈的时候，理性逃逸了，而非理性则强行进入了交谈的词句之中。[②] 本体论抵制的不足与理性的缺乏是联系在一起的，反之亦然。

在法侬看来，黑人就不是一个存在，简单地说就是虚无（nothingness），是其他什么物种。关于黑色的难解之谜成为思考存在的殖民性非常关键的出发点。与海德格尔对存在的关注要求对此在的行为和存在进行反思一样，对存在的殖民性的反思也要求阐明黑人和被殖民者的基本的存在特征。通过这种方式，我们从笛卡尔的《沉思录》进入了"法侬式沉思"的领域。[③] 黑人、有色人种和被殖民者成为对存在的殖民性的任何反思的关键出发点。遵循法侬的思想，我用一个概念来指称殖民的主体，它在某种程度上等同于此在，但凸显的是存在的殖民性方面，这个词就是地球上的受难者或受到责罚的人。受难者对存在的殖民性的意义相当于此在对基本的本体论的意义，但事实上，恰恰相反。对欧洲的此在来说，受难者是"不在场"的存在。我想说，它们之间并非彼此独立，相反，由于缺乏对殖民性的认识，对此在和存在的反思包含了对受难者和存在的殖民性的消除。如果说现代西方文明中存在一个问题，正如海德格尔所坚信的，那么这个问题不是对存在的遗忘，而是对从全方位理解殖民性的抑制，以及对受难者克服由地狱的残酷现实或战争的自然化所造成的有限性的努力缺乏认识。这也是法侬试图阐明的问题的一部分。法侬的思考将为哲学研究提供一个新的

---

① 　Fanon（1968），第110页。
② 　Fanon（1968）第119—120页。
③ 　法侬的思考指的是从去殖民的视野反思第一哲学，正如笛卡尔在他对第一哲学的沉思中所做的那样。这也是正在进行中的一部著作的书名。

类别。为了问题的明晰性和一致性，我将只介绍并简短讨论与海德格尔的研究相并列的一些问题。

海德格尔所阐明的一个最基本的区分就是本体论差异，或者存在（Being）和存在者（beings）之间的差异。要阐明存在的本体论，就要对这个和另外两种基本差异进行反思，即跨本体论差异和亚本体论差异。引导着法侬思想的主要是以下的三个范畴：

（1）跨本体论差异：存在与超存在之间的差异，或者存在与外表之间的差异；

（2）本体论差异：存在与存在者之间的差异；

（3）亚本体论或本体论的殖民的差异：存在与存在之下的事物，或消极地被标识为可有可无之物，以及强奸和谋杀的目标之间的差异。

我们关于跨本体论差异的明晰的话语表述或多或少得益于伊曼纽尔·列维纳斯。法侬对亚本体论差异也进行了含蓄的阐释。存在的殖民性参考了他们二者的思想——根本上说，处于"超越"层面的就是处于较低位置的——但是在此我集中讨论后者。

本体论差异使我们能够清楚地思考存在，而不是将存在与存在者、实体（entitites）或上帝相混淆。同样，亚本体论的或本体论的殖民差异纳入了对现实的看法，这种现实通过自我与主体之间的区分进行界定，而没有本体论的抵制。亚本体论差异与瓦尔特·米尼奥罗所说的殖民差异密切相关。虽然他关于殖民差异的观念首先是认识论的，而亚本体论差异首先指的是存在。因此，我们最好将认识论的殖民差异与本体性殖民差异区分开来，前者有助于我们勾画出知识的殖民性的轮廓，而后者则展现了存在的殖民性的在场。或者，我们也可以说，还有不同于殖民差异的其他方面：认识论的和本体论的，他们二者都与权力（剥削、支配和控制）相关联。简言之，亚本体论的或本体论的殖民差异与存在的殖民性相关联，这在某种程度上类似于认识论的殖民差异如何与知识的殖民性相关联。总体而言，殖民差异的确是权力、知识和存在的殖民性的第一副产品。更具体地说，本体性殖民差异是存在的殖民性的产物。

现在，我们需要确定是哪类问题决定了存在的殖民性的研究方向。虽然海德格尔将他的反思置于对此在的存在主义分析的基础之上，对存在的殖民性的阐释需要对受难者的存在形态进行分析。在海德格尔看来，此在存在，也就是说，此在被抛向未来，并且当此在预见到了自己的死亡，即它未来的终点的时候，它也获得了本真性。这与法侬对受难者的存在现实的描述形成了鲜明对照。他在《垂死的殖民主义》（*A Dying Colonialism*）一书中写道：

> 首先，事实上，被殖民的人民（在这方面就像不发达国家的人，或者在世界上的任何地方都被剥夺了财产继承权的人）并不把生活理解为一种本质的生产性（essential productiveness）的繁荣和发展，而是理解为与无处不在的死亡的永久斗争。这种持续不断的死亡威胁表现为地方性饥荒、失业、高死亡率、自卑感和对未来缺乏任何希望。被殖民者的存在所具有的所有苦痛使生活显得就像一种不完全的死亡。[1]

虽然此在在他们（They）之中消失了，并当它期待自己的死亡的时候获得了本真性，受难者也要面对它自己有限性的现实，就像日复一日的冒险一样。这就是为什么法侬在《黑皮肤，白面具》中认为黑人缺乏落入地狱的机会的原因。[2] 就像刘易斯·戈登所认为的，原因在于黑人已经生活在地狱之中。[3] 这样，面对必死命运的超常事件就转变成了一种平平常常的事情。

---

[1]　Fanon（1965），第128页，也可参见 Fanon（1988），第13—14页。

[2]　参见 Fanon（1968），第8页。

[3]　Gordon（2005），第4页。

　　与殖民世界的地狱般的生存相伴随的是战争的非伦理自然化的两个方面，即种族和性别的方面。诚然，存在的殖民性首先指的是将战争中所发生的超常事件常规化。虽然战争中存在杀戮和强奸，但是在殖民世界的地狱之中，杀戮和强奸也天天发生，并变成了一种威胁。"可杀戮性"（killability）和"可强奸性"（rapeability）被刻写在殖民身体的外在形象之上。由于缺乏真正的权威，被殖民的民众被永久地女性化了。同时，有色人种代表了不断的威胁和任何数量的权威，阳物的任何可见的踪迹也都在毫无限度象征的歇斯底里中被成倍放大了。① 对黑人阴茎的神话般描述就是一个例子。黑人男性往往被描写成性方面好斗的野兽，渴望强奸女性，尤其是白人女性。相反，黑人女性似乎已经在性方面做好了被白人男性强奸般地凝视和淫乱的准备。黑人女性被看作一种性欲极强的存在，她们的首要功能就是满足男人的性欲和繁衍下一代。诚然，任何数量的"阴茎"都代表着一种威胁。但是，其最常见和最典型的形式是，黑人男性代表了强奸行为，即"强奸"，而黑人女性则被看作强奸的最合法的受害者，即"被强奸"。由于缺乏法律系统的保护和经济援助去维护她自己和她的家庭，女性似乎就应该被强奸，并承受其后果，即更多的性虐待，这就像黑人男性就应该因为强奸行为而受到惩罚，即使他根本没有强奸过。"强奸"和"被强奸"就与黑色粘连在一起，好像就是黑人本质的一部分，黑人也被看作一种可有可无的人种。黑人的身体被看作极度暴力和色情的，同时也是极度暴力、色情及其他的合法的接受者。从现象学的角度来理解，"杀戮"和"强奸"就是他们本质的一部分。在殖民的反黑人的世界中，黑色的"本质"就是一个更大意义语境的一部分，在这个语境中，战争的非伦理逐渐变成了所谓的规

---

　　① 这一分析得益于刘易斯·戈登对性和种族的动力的描写。参见 Gordon（2005），第 73—88 页。戈登认为："在反黑人的世界中，黑色的阴茎，无论它的大小如何，都代表着一种威胁。既然我们已经讨论过用黑色代表女性，那么这种威胁的基本性质就是显而易见的：黑色阴茎令人恐惧，这与一个有阴茎的女人令人恐惧的原因是一样的。她代表了一种复仇形式。"（第 83 页）。

范世界的构成部分。在它的种族的和殖民的内涵和使用中，黑色成为一种由战争的非伦理所定位的社会身体的发明和投射。杀戮的和强奸的社会身体投射出将其定性为亚他者（sub-Others）的那些特点，从而使相同的、被认为对他们具有描述性的那些行为合法化。在战争中引发反常行为（具体说就是奴役、杀戮和强奸）的相同思想，在现代性视野中，通过种族观念被合法化了；并在某种程度上，基于黑人奴隶所具有的所谓的显而易见的和毋庸置疑的特点和反黑人的种族主义，被逐渐看作正常的了。的确，那些在这一系统的后果中煎熬的人主要是黑人和土著民，以及所有的有色人种。简言之，这一符号性表征系统，部分地生产它并继续使其合法化的物质条件，以及由此而出现的存在主义的动力机制（这在由这一语境衍生而成的同时，也是其构成性要素），这全部都是这一使战争的非伦理自然化过程的一部分。亚本体论差异是这种自然化的结果。这种自然化通过种族观念被合法化了。正如法侬所言，在这样的世界中，本体论坍塌陷入了摩尼教观念。[①]

　　法侬提出了摩尼教的殖民世界的第一现象学，并把这个世界恰当地理解为一种摩尼教的现实，而不是仅仅理解为本体论的。[②] 在分析过程中，他不仅研究了白人和黑人之间的关系，而且也研究了黑人男性和黑人女性之间的关系。他所讨论的问题还有很多，但这些不是我此文的研究目的。我的首要目的是，通过对亚本体论差异和战争的非伦理的自然化思想的阐释，为理解法侬的突破性进展提供一条路径。这一点非常重要，因为在诸多事件中我们可以看到，当法侬呼吁一种抵抗殖民主义的战争的时候，他所做的就是将战争之前已经形成的社会关系政治化。法侬不仅在马提尼克（Martinique）为抵抗反黑人的种族主义，而且也在阿尔及利亚为抵抗法国的殖民主义而战斗。他一直在抵制一个历史系统（欧洲现代性）的力量和

----

① 参见 Fanon（1991）。
② 在此参考了法侬，参见 Fanon（1968）。

合法性，这一历史系统利用种族主义和殖民主义把战争的非伦理自然化了。他在进行着一场反对以"爱"为导向的战争的战争，在此也可以理解为渴望恢复伦理道德，并为跨本体论的和本体论的差异留出合适的位置。①

在法侬看来，在殖民语境中，本体论的殖民差异或亚本体论差异为日复一日地现实打上了深深的印记。如果最基本的本体论问题是"为什么聊胜于无？"，那么这一语境中出现并开启了对存在的殖民性的反思的问题就是"为什么要继续"。正如刘易斯·戈登所认为的，"为什么要继续"是非洲移民的存在主义哲学的基本问题，并说明了"世界上受苦的人"的境况。②"为什么要继续"仅次于另一个表达，即"呼号"（cry），后者已经成为研究存在的殖民性的第一个案例。③呼号不是一个词，而是一声感叹，目的是引起对其自身存在的注意。呼号是对"为什么要继续"这一问题的前理论表达，它在很大程度上推动了非洲移民的理论反思。正是呼号促使了理论和批判思想的诞生。呼号指的是一种特殊的存在状态，即被审判者的存在状态。受难者或遭受诅咒者（condemned）并不是一种"在场"（being there），而是不在场（non-being），更准确地说，就像拉尔夫·艾利森（Ralph Ellison）极具说服力的说法，是一种看不见的实体。④在有色人种身上我们所看不见的正是他们特有的人性，事实上这也正是呼号试图引起关注的东西。存在的殖民性的最基本的表述就是不可见性和非人化。存在的殖民性显示了从存在的秩序中生产例外的那些方面；它就和以往一样，是本体的冗余产物，以便维持其整一性以及阻止本体之外的事物生产其对立物而带来的干扰，这并非空无一物，而是一个非人类的（non-human）或者更恰当地说是

①　在《黑皮肤》的很多地方，特别是结尾部分，都对"爱"的思想有所阐释，参见 Gordon（2000），第13—15页。

②　Gordon（2000），第13—15页。

③　关于从存在的殖民性和去殖民化的角度对"呼号"的意思的分析，参见 Maldonado-Torres（2001），第46—60页。

④　Ellison（1999）.

非人性的（inhuman）世界。本体的殖民性指的不仅仅是将特殊化简到概念或任何给定的意义视域的一般性，而是指破坏人类他者性（human alterity）的意义，以致他我（alter-ego）成为一个亚他者（sub-alter）。这一现实与战争非常接近，它通过种族观念变成了平常事件。通过殖民主义的实践和（种族的）奴役，战争的非伦理被自然化了，在此过程中种族观念发挥了至关重要的作用。因此，存在的殖民性并不是创造意义的动力的必然时刻或自然结果。尽管它总是展示为一种可能性，当存在的保存（在其任何为此而做出的决心之中：民族的本体、认同性本体等）优先于对那些人性被剥夺者进行倾听时，它就会将自身显现出来。存在的殖民性出现于历史的计划之中，引起不同种类的殖民计划的文明观念也被种族观念激发起来并合法化了。因此，在它的不同表达和维度中，存在的殖民性与肤色界线的生产是同样广泛的（coextensive）。它在阈限主体（liminal subjects）的出现之中变得具体，就像其曾经一样，这标志着存在的局限，也就是说，在这一点上本体将意义和证据扭曲到非人化的地步。存在的殖民性引出了本体论的殖民差异，并罗列一系列的根本的存在主义特点和象征化的现实。我对此已经进行了概述，并将在其他部分进行详细的讨论。我在这里想做的就是揭示我在去殖民化研究过程中已经介绍过的那些范畴之间的关联。就像我在这个部分所做的那样，让我们再一次从我们所发现的关键出发点——受难者——开始。

去殖民化和存在的"堕落"
（"des-gener-ación" of being）[①]

受难者的意思是什么？受难者是出现于以存在的殖民性为标志的世界中的主体。正如法侬所指出的，在统治集团看来，受难者

---

① 我受到了劳拉·佩雷斯（Laura Perez）的"堕落"这一概念的影响。

具有非本体性抵抗力（non-ontological resistance）。受难者要么是不可见的，要么是极度可见的。受难者存在于不在场模式中，这种模式暗示与死亡紧邻，或与死亡相伴随。受难者是一个具体的存在，同时也是一个超验的概念（transcendental concept）。埃米尔·本维尼斯特（Emile Benveniste）已经指出，从词源上来说，受难者（damné）这个词与"donner"有关，"donner"的意思就是给予（to give）。受难者的字面意思就是指那些不能给予的主体，因为他或她所拥有的东西已经被从他或她那里夺走了。[①] 也就是说，受难者是这样一个主体，其拥有或给予的能力已经被从他或她那里夺走了。因此，从根本上来说，存在的殖民性是一种本体性动力，其目标是把作为此在在世界中（being-in-the-world）的基本特点的礼物馈赠（gift-giving）和慷慨接受（generous reception）抹去，即完全消除而不留下任何痕迹。

列维纳斯认为礼物馈赠和接受是自我的基本特点。在他看来，赠予首先是一个形而上学行为。作为跨本体论，它使自我与他者（Other）之间的交流以及对共同世界的分享成为可能。没有对他者的赠予就没有自我，就像没有从他者那里接受也就没有理性一样。简言之，没有跨本体论时刻就不会有自我、理性和存在。跨本体论是本体论的基础。对列维纳斯而言，本体和存在的领域的存在源于将正义引入到跨本体论关系之中，这从根本上而言为历史性的顺序引入了尺度和共时性。[②] 本体论以跨本体论为代价。因此，本体论既带有跨本体论关系——彻底的赠予和接受——积极的成就的标记，也带有对这一关系的背叛的标记。

根据列维纳斯的理论，本体论就是一种权力哲学。当把权力哲学看作基础或终极目的时，它就成为一种话语。这种话语给予本体论而不是自我—他者关系以优先性，即认为本体论而不是跨本体论，

---

① 　Benveniste（1997），第 34、40 页。

② 　参见 Lévinas（1974）。

本真性而不是激进的责任（radical responsibility）更具优先性。当把本体论看作最根本的问题的时候，自我—他者关系就成为主体的第二维度。它也被看作存在的潜在健忘症（potential forgetfulness of Being）的源泉，因此也是对本真性的背离。列维纳斯的观点恰恰相反，他认为正是由于对自我—他者关系的遗忘，我们才把本体论的回归看作是最根本的。它所导致的是对责任和正义的放弃，而不是本真性的缺乏。之所以如此，是因为存在一直是对（自我与他者之间的赠予和接受的）各种跨本体论关系的背离，存在也越来越趋于遗忘。也就是说，当并非如此的时候，存在将自身展示为现实的基础。这种情况之所以发生是因为，存在一旦诞生，它就倾向于自我保护并将自身展示为自律的基础（autonomous foundation）。但是，保护和自律性只有以跨本体论为代价才能实现。因此，存在因此意图清除跨本体论的踪迹（traces）。这通过两种方式得以完成，首先是借助于试图将自我—他者关系还原为知识或存在的哲学解释，其次则是通过那些减损赠予、慷慨、热情和正义的意义的思考、具体政策和历史筹划的方式。显而易见，列维纳斯将纳粹主义和犹太人大屠杀看作对人的现实的跨本体论维度的彻底背离，因此也是对人之为人的特定意思的彻底背离。因此，纳粹主义不仅代表了对欧洲国家和欧洲的许多少数民族的威胁，而且也是存在的历史中的一个关键时刻。纳粹主义中出现了反闪米特主义、雅利安主义和其他形式的种族歧视，这清楚地说明在这一历史过程中种族和种族主义占据了一个特殊的位置。

种族和种姓与性别和性取向可能是对人进行区分的四种形式，这些形式被频繁地用于违背自我—他者关系的首要地位，并被用作阐明跨本体论在具体世界中的踪迹的工具。在现代性之中，种族差异改变了人的差异的其他形式在现代性中的运作方式，这就像根据种族（它改变了现存的种姓）、性别和性关系把一个完整的球体划分为几个部分。确实，种族并不是完全独立于性别或性取向的，女性化和色情就始终是它的组成部分。我在前面已经指出，在很大程度上，种族的出现及其与性别和性取向的关联可以通过它们与战争伦理的关系及其在殖民世界中的自然化进行解释。列维纳斯并没有涉及这些问题，他主要致力于分析人类现实的跨本体论维度，以及对犹太人的观念和道德遗产的营救和哲学重建，这为他提供了一种不同于欧洲—希腊传统的关于知识和存在的特权地位的另一种选择。尽管如此，他的思考对理解受难者和存在的殖民性的含义和意义也非常重要。受难者的表现（appearance）不仅具有社会意义，而且具有本体论意义。这表明一个全新结构的世界的出现，其基础是作为给予者缺乏对绝大部分的人性的承认，其合法化的是占有的动力机制，而并非慷慨的相互交换。这在很大程度上是通过种族思想实现的，这种思想表明有些人是劣等的，甚至也是可有可无的。在此，受难者处境的特点不只是贫穷，也包括与死亡近在咫尺，比如苦难、缺乏认知、死刑和监禁等。我在这里所说的殖民性指的就是这种处境。这个世界为存在的冗余（excess of being）所塑性的方式以及其对跨本体性（trans-ontological）的抹除被我们称为存在的殖民性。存在的殖民性指的是这样的一个过程，其中对伦理作为一个形成主体性的基础的超验时刻的遗忘成为对另一种世界的生产，这些伦理关系的例外在这一世界之中成为常规。存在具有殖民的维度，这是指除开将自身定位为自律的，并为自我保存所驱动（be driven by preservation），它还在实质上试图通过孕育一个世界来抹除跨本体性踪迹，在这个世界中，界定社会中动力机制的不是宽宏大量的互动，而是贵族身份和至高权威。受难者就是这些趋势的产物。殖民化和种族化是集体的和观念的方式，借助这些方式，受难者作为存在的理念和模式而出现了。殖民化和种族化是对存在的阴暗面的表达，也就是说，它们代表对跨本体论的彻底背叛。殖民化和种族化不仅仅是政治和社会事件或结构，它们也具有形而上学和本体论意义。

　　生成人的主体性对他者的绝对性责任的混乱关系，是战争的对立面。对跨本体论的消除的趋势在于生产一个不同的世界，在这个世界中，战争不是例外，而是正常情况。这正是存在的殖民性的基本含义：以世界的形式彻底违反跨本体论，在这个世界中，战争的非伦理通过种族观念被自然化了。受难者就是这一过程的结果。他的主体性需要通过一种持续地同战争的范式的对立来进行定义，以及对一种为人类的慷慨和感受性理念所主导的世界的倡导。这就是去殖民化的准确含义，即礼物逻辑的恢复（restoration of the logic of the gift）。法侬在《黑皮肤，白面具》的结尾这样写道：

　　优越性？低劣性？

　　为什么不非常简单的接触他者，感受他者，并向我自己解释他者？

　　为了建构你的世界就不用把我的自由给我吗？[1]

　　法侬说得很清楚：去殖民化希望在最小限度内恢复或创造一种现实，即在以接受的慷慨（receptive generosity）原则为基础的社会中，种族化的主题可以自由地给予和接受。[2] 接受的慷慨需要从种族动力机制之中脱离开来，同时还需要跳脱认为性别和性建基于主体之间慷慨的互动的观念。从这个意义上，对殖民性的一贯反应包含了去殖民化和作为计划的"堕落"，这两个方面对于你（you）的出现都是非常必要的。只有这样，跨本体论才能彰显本体论，爱、伦理和正义才能发挥战争的非伦理在现代生活中所发挥的作用。

　　与本真性不同，去殖民化和"堕落"并非基于对死亡的预感，其基础是一个人的自我与种族化的他者之间的缝隙，以及与可替代

---

① Fanon（1968），第231—232页，黑体部分为本人所加。

② 关于接受的慷慨性这一概念的论述，参见 Coles（1997）。

的点之间的缝隙。① 当一个人的身份在目的论方面被搁置起来，并当一个人把获得去殖民的正义作为自己生活的目标的时候，这种替代就发生了。去殖民的正义是一种由人的跨本体论的维度来定位的正义。去殖民的正义通过给予受难者或受责罚者以优先选择权来反对帝国人的优先选择权。这种正义被一种爱的形式所鼓舞，这种爱的形式也是去殖民化的。"去殖民的爱"——一个由奇卡诺理论家切拉·桑多瓦尔（Chela Sandoval）建立并发展的概念——给予跨本体论比本体论更优先的地位。② 去殖民化和"堕落"是去殖民的爱和正义的积极产物。它们的目标是通过慷慨接受的去殖民的政治来恢复赠予的逻辑。③

　　为了保持一致性，我们需要根据它们所开启的特定逻辑来理解去殖民化和"堕落"的话语。它们不能采取一种新的帝国普遍性的形式。去殖民化自身，以及围绕它的全部话语，本身就是一份礼物，一个关于加入对话的邀请。对去殖民化来说，这些概念需要被理解为邀请对话而不是强迫对话。它们表明了主体参与对话和渴望交往的有效性。在这个方面，去殖民化渴望与独白的现代性脱离关系，它的目标是引出跨现代性。跨现代性也变成一种邀请，这种邀请只有根据赠予与接受的去殖民的悖论才能够得到理解。④ 跨现代性要求从不同的认识论立场，并根据经历了存在的殖民性的不同维度的主体的多重经验来思考现代性/殖民性。跨现代性包含着激进的对话伦理和一种去殖民的、批判的世界主义的构想，这种对话伦理就是发起一种人类与那些亚人类之间的对话。⑤

---

　　① 去殖民化和"堕落"表现了米尼奥罗在这本文集中所说的作为知识的地缘政治和身体政治的核心的思想和行动的形式的特点。它们是在去殖民转向中出现并体现了去殖民转向的基本特点的行动的特有形式（见下文）。

　　② Sandoval（2000）.

　　③ 参见 Coles（1997）。

　　④ 对跨现代性的阐释见 Dussel（1995，1996，1999，2002），也可参见杜塞尔在此文集中的论述。

　　⑤ 关于批判的世界主义见 Mignolo，（2000）& Saldívar（1991）。

　　去殖民化是一种可能与殖民化自身同样古老的思想。但是它仅仅在 20 世纪才成为人们研究的对象。正如杜波依斯所说的那样，20 世纪的问题就是肤色界线问题。这并不是说肤色界限是 20 世纪所独有的问题，而是说进入 20 世纪之后对肤色界限批评的、暴力的对抗是不可避免的。我并不是用去殖民化来简单地表明正式的殖民关系的终结，就像 18 世纪末期和 19 世纪在整个美洲所发生的那样，相反，我指的是对被欧洲现代性所催生并强化的种族的、性别的和性的等级秩序的反抗，这种等级秩序殖民奴役着全球范围内的人们。简言之，我是想通过去殖民化来反抗权力、知识和存在的殖民性，正如切拉·桑多瓦尔和凯瑟琳·威尔施所认为的，可以称这种思想为"去殖民性"。① 虽然这种反抗在 20 世纪之前就已存在，但是直到 20 世纪之后它才在全球范围内得到了阐明。如果杜波依斯宣布了系统反抗肤色界限的计划，那么可能是二战之后的知识分子们始终把去殖民化的雄心壮志看作一项事业。我们早期的许多最重要思想的形成都得益于诸如艾米·塞萨尔和弗朗茨·法侬这样的作者，他们是理论和批判去殖民转向中关键的思想者。

　　去殖民转向指的是知识生产领域内的一种转变，其性质和量级类似于语言学转向和实用主义转向。② 它探讨的是殖民化对现代主体性和生活的现代形式的影响，以及种族化和殖民化的主体性对知识生产和批判思维的贡献等问题。如前所述，去殖民转向是 20 世纪初由杜波依斯等人提出的。杜波依斯试图找到到底哪些不可见的东西被生产出来了。他试图站在那些被看作最病态的，并在某种程度上被看作非人的人的立场上来审视这个世界。对"肤色界限问题"的那些阐释至少是一种不全面的解决方案，其中包含了认知者的理论

---

① 参见 Sandoval（2000）和 Walsh（2005）。

② 参见 Nelson Maldonado-Torres（2005）。这次会由 Ramón Grosfoguel，Nelson Maldonado-Torres & José David Saldívar 等人组织。

态度的转变。这种理论态度需要的是超然和好奇。杜波依斯所提出的殖民态度要求的则是采取多重视角的责任和意愿，具体来说，就是那些其存在受到质疑并被看作无关紧要的人的视角和观点。① 去殖民转向使不可见的变得可见，并分析这种不可见性或扭曲的可见性的生产机制，这种分析依赖于大量的思想，其中必然包含"不可见"的人自身的批判性反思。的确，必须把他们的知识生产看作是思想的生产，而不仅仅是文化或意识形态的生产。② 杜波依斯在思考"它是如何感觉到自己是一个问题？"这一疑问的意思时已经含蓄地表明这一点。③ 但是，虽然我们对 20 世纪的问题就是肤色界限问题这一思想已经讨论了很多，但关于他自己对这些问题的反应却讨论得很少。这些问题不仅包含了美国黑人制度的建立以及泛非洲的视野和斗争，也包含了视角的根本性转变，这种视角使人们能够重新审视这个世界，且在某种程度上允许人们以一种新的方式看待它的罪恶，并为我们提供一种关于接下来做什么的更好的构想。如果说 20 世纪和 21 世纪的问题，确切地说，整个现代性问题是肤色界限问题的话，那么去殖民转向至少在某种程度上就是对 20 世纪的问题的解决方案，这一转向造成了一种转变，即远离帝国态度（自然的和理论的；欧洲中心的、美洲中心的，或其他的）和政治、理论与批判中的去殖民态度。去殖民转向标志着受奴役的和殖民化的主体性在之前未知的体制性层面上进入思想的王国。

　　通过去殖民化和"堕落"的不同行动，去殖民转向包含了权力、知识和存在层面的干预。战争范式对现代性的驾驭已超过 500 年，去殖民转向所反对的就是战争范式，并伴随着对社会和政治代理人、认知者的态度，以及对威胁存在的任何事物（具体地说，就是受难

---

① 关于对殖民态度的反思，参见 Maldonado-Torres（即将出版，无页码；2005，2006，无页码）。

② 正是在这个问题上越来越多的理论家参与了去殖民转向，包括 Lewis Gordon，Walter Mignolo Chela Sandoval，和 Sylvia Wynter 等。

③ Du Bois，1999，第 9 页。关于这个问题的精辟分析，参见 Gordon（2000），第 62—95 页。

者的行为）的立场的急剧转变。从现代性向跨现代性的转变首先发生在受难者而不是（国家的）"人民"或（帝国的）"群众"的政治的和认知的干预和创造过程中。迈克尔·哈特和安东尼·内格里把"群众的事业"描述为对平等、自由和全球民主的世界的渴望。[①]"受难者的事业"吸收了这些理想，但是，它的定义中最准确的部分是对死亡的流言蜚语和战争的自然化的反对，以及对只有通过去殖民化和"堕落"才能实现的爱和人类孝道的渴求。[②] 在这幅图景中，群众所假设的"现代性未完成的民主事业"给以跨现代性为目标的"未完成的去殖民化事业"让开了道路。地球上的受难者或受惩罚者变成了这一转变的首要代理人。受难者具有从现代/殖民世界转向跨现代世界的潜力：在这个世界上，战争不再是准则或规范，而是例外。[③]

参考文献：

Benveniste, Émile (1997), "Gift and Exchange in the Indo-European Vocabulary", in *The Logic of the Gift: Toward an Ethic of Generosity*, ed. Alan D. Schrift, New York: Routledge, pp. 33 – 42.

Coles, Romand (1997), *Rethinking Generosity: Critical Theory and the Politics of Caritas*. Ithaca, N. Y. : Cornell University Press.

Du Bois, W. E. B. (1999), *The Souls of Black Folk. Authoritative Text. Contexts. Criticisms*. Eds Henry Louis Gates Jr. and Terri Hume Oliver. New York: W. W. Norton & Co.

Dussel, Enrique (1977), *Filosofía e'tica de la liberación*. 3rd edn. V vols. Vol. III. Niveles concretos de la ética latinoamericana. Buenos Aires, Arg. : Ediciones Megápolis.

——(1995), *The Invention of the Americas: Eclipse of "the Other" and the Myth of Modernity*. Trans. Michael D. Barber. New York: Continuum.

——(1996), " Modernity, Eurocentrism, and Trans-Modernity: In Dialogue with Charles

---

① 参见 Hardt 和 Negri（2004），第 xi 页。
② 我在即将出版的著作中对这个观点进行了进一步论述。
③ 关于未完成的殖民化事业的论述，参见 Grosfoguel（2005）；Ramón Grosfoguel et al.（2005），Maldonado-Torres（即将出版）& Mignolo（2000）。

Taylor", in *The Underside of Modernity: Apel, Ricoeur, Rorty, Taylor, and the Philosophy of Liberation*, ed. Eduardo Mendieta, Atlantic Highlands, NJ: Humanities, pp. 129 – 159.

——(1999), *Posmodernidad y transmodernidad: diálogos con la Filosofía de Gianni Vattimo.* Puebla, Mex.: Universidad Iberoamericana, Golfo Centro; Instituto Tecnológico y de Estudios Superiores de Occidente; Universidad Iberoamericana, Plantel Laguna.

——(2002), "World System and 'Trans'-Modernity". Trans. Alessandro Fornazzari. *Nepantla: Views from South* 3, no. 2, pp. 221 – 244.

Ellacuría, Ignacio & Sobrino, Jon (eds) (1993), *Mysterium Liberationis: Fundamental Concepts of Liberation Theology.* Maryknoll, N. Y.: Orbis Books; North Blackburn, Victoria, Australia: Collins Dove.

Ellison, Ralph (1999), *Invisible Man.* Philadelphia: Chelsea House Publishers.

Fanon, Frantz (1968), *Black Skin, White Masks.* Trans. Charles Lam Markmann. New York: Grove Press.

——(1965), *A Dying Colonialism.* Trans. Haakon Chevalier. New York: Grove Press.

——(1988), *Toward the African Revolution: Political Essays.* Trans. Haakon Chevalier. New York: Grove Press.

——(1991), *The Wretched of the Earth.* Trans. Constance Farrington. New York: Grove Press.

Georas, Chloe S. (1997), "From Colonial Empire to Culture Empire: Re-reading Mitterand's Paris". MA thesis, Binghamton University.

Goldstein, Joshua S. (2001), *War and Gender: How Gender Shapes the War System and Vice Versa.* Cambridge: Cambridge University Press.

Gordon, Lewis R. (1995), *Bad Faith and Antiblack Racism.* Atlantic Highlands, N. J.: Humanities Press.

——(2000), *Existentia Africana: Understanding Africana Existential Thought.* New York: Routledge.

——(1997), *Her Majesty's Other Children: Sketches of Racism from a Neocolonial Age.* Lanham, MD: Rowman & Littlefield.

——(2005), "Through the Zone of Nonbeing: A Reading of Black Skin, White Masks in Celebration of Fanon's Eightieth Birthday", *The C. L. R. James Journal*, vol. 11, no. 1, pp. 1 – 43.

——(ed.) (1997), *Existence in Black: An Anthology of Black Existential Philosophy.* New York: Routledge.

Gray, J. Glenn(1959), *The Warriors : Reflections on Men in Battle*. New York : Harper & Row.

Grosfoguel, Ramón(2003), *Colonial Subjects : Puerto Ricans in a Global Perspective*. Berkeley : University of California Press.

——(2005), "Subaltern Epistemologies, Decolonial Imaginaries and the Redefinition of Global Capitalism". *Review*, vol. 28, n. p.

Grosfoguel, Ramón, Maldonado-Torres, Nelson and Saldívar, José David(2005) "Latinos and the 'Euro-American' Menace : The Decolonization of the US Empire in the 21st Century". In *Latinos in the World-System*, eds Ramón Grosfoguel, Nelson Maldonado-Torres and José David Saldívar. Boulder, Co : Paradigm Press.

Hanke, Lewis(1974), *All Mankind is One : A Study of the Disputation between Bartolome de Las Casas and Juan Gines de Sepulveda in 1550 on the Intellectual and Religious Capacity of the American Indians*. DeKalb : Northern Illinois University Press.

Hardt, Michael & Negri, Antonio (2004), *Multitude : War and Democracy in the Age of Empire*. New York : The Penguin Press.

Heidegger, Martin(1962), *Being and Time*. Trans. John Macquarrie and Edward Robinson. San Francisco : Harper Collins.

——(1996), *Being and Time : A Translation of Sein und Zeit*. Trans. Joan Stambaugh. Albany : State University of New York Press.

Horsley, Richard A. , ed. (1997), *Paul and Empire : Religion and Power in Roman Imperial Society*. Harrisburg, Pennsylvania : Trinity Press International.

Lander, Edgardo (ed.)(2000), *La colonialidad del saber : eurocentrismo y ciencias sociales : perspectivas latinoamericanas*. Caracas, Ven. : Facultad de Ciencias Económicas y Sociales (FACES-UCV); Instituto Internacional de la UNESCO para la Educacion Superior en América Latina y el Caribe(IESALC).

Lévinas, Emmanuel(1989), "As if Consenting to Horror". Translated by Paula Wissing, *Critical Inquiry*, vol. 15, pp. 485 – 488.

——(1974), *Otherwise than Being or, Beyond Essence*. Trans. Alphonso Lingis. Pittsburgh, PA, Duquesne University Press, 1998. Reprint, Trans. Of Autrement qu'être ou, Au-delá de l'essence.

——(1969), *Totality and Infinity : An Essay on Exteriority*. Trans. Alphonso Lingis. Pittsburgh : Duquesne University Press.

Losurdo, Domenico (2001), *Heidegger and the Ideology of War : Community, Death and the*

West. Trans. Marella and Jon Morris. Amherst, NY: Humanity Books.

Maldonado-Torres, Nelson (forthcoming) , *Against War: Views from the Underside of Modernity*. Durham: Duke University Press.

——(2001) , "The Cry of the Self as a Call from the Other: The Paradoxical Loving Subjectivity of Frantz Fanon", *Listening: Journal of Religion and Culture*, vol. 36 , no. 1 , pp. 46 – 60.

——(2005) , " Decolonization and the New Identitarian Logics after September 11: Eurocentrism and Americanism against the Barbarian Threats", *Radical Philosophy Review*, vol. 8 , no. 1 , pp. 35 – 67.

——(forthcoming) , "Intervenciones filosóficas al proyecto inacabado de la descolonizacion". In *Filosofi'a y liberación. Homenaje a Enrique Dussel*, eds Juan Manuel Contreras Colı'n and Mario Rojas, n. p. México, D. F. : Universidad de la Ciudad de Me'xico.

——(2005) , "Post-continental Philosophy and the Decolonial Turn: Introduction to Conference Mapping the Decolonial Turn: Post/Trans-Continental Interventions in Philosophy, Theory, and Critique", University of California at Berkeley, 21 April.

——(2002) , " Post-imperial Reflections on Crisis, Knowledge, and Utopia: Transgresstopic Critical Hermeneutics and the Death of European Man", *Review: A Journal of the Fernand Braudel Center for the Study of Economies*, *Historical Systems and Civilizations*, Vol. 25 , No. 3 , pp. 277 – 315.

——(2006) , "Reconciliation as a Contested Future: Decolonization as Project or Beyond the Paradigm of War". in *Reconciliation: Nations and Churches in Latin America*, ed. Iain S. Maclean, London: Ashgate, n. p.

Mignolo, Walter (2003) , *The Darker Side of the Renaissance: Literacy, Territoriality, and Colonization*. 2nd edn. Ann Arbor: The University of Michigan Press.

——(2002) , "Colonialidad global, capitalismo y hegemonı'a epistémica". In *Indisciplinar las ciencias sociales: geopolíticas del conocimiento y colonialidad del poder: perspectivas desde lo andino*, eds Catherine Walsh, Freya Schiwy and Santiago Castro-Gómez, Quito: Universidad Andina Simón Bolívar, and Abya Yala, pp. 215 – 244.

——(1995) , "Decires fuera de lugar: sujetos dicentes, roles sociales y formas de inscripción", *Revista de crítica literaria latinoamericana*, Vol. 11 , pp. 9 – 32.

——(2000) , *Local Histories/Global Designs: Coloniality, Subaltern Knowledges, and Border Thinking*. Princeton, NJ: Princeton University Press.

——(2000) , "The Many Faces of Cosmo-polis: Border Thinking and Critical Cosmopolitanism",

Public Culture, vol. 12, no. 3, pp. 721 – 748.

——(2003), "Os esplendores e as misérias da 《ciência》: colonialidade, geopolítica do conhecimento e pluri-versalidade epistémica". In *Conhecimento Prudente para uma Vida Decente: Um Discurso sobre as Ciências revistado*, ed. Boaventura de Sousa Santos, Ediçõ͂es Afrontamento, pp. 667 – 709.

Nietzsche, Friedrich (1989), *On the Genealogy of Morals and Ecce Homo*. Trans. Walter Kaufmann and R. J. Hollingdale. New York: Vintage Books.

Quijano, Aníbal (2000), "Colonialidad del poder y clasificación social". *Journal of World-Systems Research*, vol. XI, no. 2, pp. 342 – 386. Accesible en http://jwsr. ucr. edu.

——(1991), "Colonialidad y modernidad/racionalidad", *Perú indígena*, vol. 29, pp. 11 – 20.

——(2000), "Coloniality of Power, Eurocentrism, and Latin America", *Nepantla: Views from South*, vol. 1, no. 3, pp. 533 – 580.

——(2001), "Globalización, colonialidad y democracia". In *Tendencias básicas de nuestra e'poca: globalización y democracia*, ed. Instituto de Altos Estudios Diplomáticos "Pedro Gual", Caracas, Ven. : Instituto de Altos Estudios Diplomáticos "Pedro Gual", pp. 25 – 61.

——(1992), "'Raza,' etnia, y 'nación': cuestiones abiertas". In *José Carlos Mariáteguiy Europa: la otra cara del descubrimiento*, ed. Roland Forgues, n. p. Lima, Peru: Amauta.

Quijano, Aníbal & Immanuel, Wallerstein (1992), "Americanity as a Concept, or the Americas in the Modern World-System", *International Social Science Journal*, vol. 44, pp. 549 – 557.

Saldívar, José David (1991), *Dialectics of Our America: Genealogy, Cultural Critique, and Literary History*. Durham: Duke University Press.

Sandoval, Chela (2000), *Methodology of the Oppressed*. Minneapolis: University of Minnesota Press.

Todorov, Tzvetan (1992), *The Conquest of America: The Question of the Other*. Trans. Richard Howard. New York: HarperCollins, HarperPerennial.

Walsh, Catherine (ed.) (2005), *Pensamiento crítico y matriz (de) colonial: reflexiones latinoamericanas*. Quito, Ec. , Editorial Universidad Andina Simón Bolivar.

Wolin, Richard (ed.) (1991), *The Heidegger Controversy: A Critical Reader*. New York: Columbia University Press.

Wynter, Sylvia (1995), "1492: A New World View". In *Race, Discourse, and the Origin of the Americas: A New World View*, ed. Vera Lawrence Hyatt and Rex Nettleford, Washington, D. C. : Smithsonian Institution Press, pp. 5 – 57.

——（2003），"Unsettling the Coloniality of Being/Power/Truth/Freedom：Towards the Human，After Man，Its Overrepresentation-An Argument"，*The New Centennial Review*，Vol. 3，No. 3，pp. 257 – 337.

杨建刚　译

（译者单位：山东大学文学与新闻传播学院、文艺美学研究中心）

性别的殖民性

玛丽亚·罗格尼斯 （Maria Lugones）

我对种族、阶级、性别和性的相互交汇饶有兴趣，因为这能使我了解男人的冷漠，尤其是了解被视为劣质种族的男人对有色人种女性遭受系统性的暴力所表现出来的漠然，这对我们的斗争很重要。我想了解这种冷漠的形成，从而使那些声称参与解放战争的人们不可避免地辨认出这种冷漠。这种阴险的冷漠极大地阻碍了有色人种妇女为争取自由、正直和福祉而进行的斗争，同时也阻碍了她们争取共有的完整性的斗争。共有的完整性在争取解放的集体斗争中发挥着至关重要的支柱作用。人们不仅可以从日常生活层面上，而且可以从压迫和解放的理论层面上发现这种冷漠。该冷漠在我看来不仅仅是由于种族、性别、阶级和性的范畴分离而看不到暴力这么简单。也就是说，这不仅仅是一个由范畴分离导致的认识论盲目问题。

一旦认识论的角度侧重于这些类别的交集，有色人种女权主义者就会明确什么是暴力统治和剥削。但是，这些似乎还没有足够让那些已成为暴力统治和剥削目标的男人们意识到他们正与支配有色人种妇女的暴力统治共谋或协作。特别是，对全球性的统治的理论化继续进行，就好像与之有关的任何一种背叛或合作都不需要得到承认或抵制一样。

在这一课题之中，我把没有充分共同探讨的两个分析框架放在一起进行研究。一个框架是指针对性别、种族和殖民所做的重要工作，这些工作并不完全由第三世界和有色人种女权主义者及重要的种族理论家所完成，但他们对性别、种族和殖民所做的工作至关重要。这项工作强调了交叉性的概念，并且暴露了妇女解放斗争中以"妇女"为名对非白人妇女的历史性排除和理论—实践性排除。另外一个框架是由阿尼巴尔·奎杰罗引进来的，同时也是他工作的重点，那就是权力的殖民性。把对这两个框架的分析放到一起使我能够得出一个姑且称之为"现代/殖民化的性别制度"的理论。我认为这两个框架都隐含了从大的方面对性别的理解，但是并没有明确阐明，或者我认为在有必要揭露这种性别制度同谋的范围和后果方面没有阐释清楚。我认为阐明这种殖民/现代化的性别制度不仅能从广义的角度，而且能从细节和具体的方面使我们看到强加于我们的事物。它也从一个长期和广泛的意义上让我们看到了其根本的破坏性。这篇文章的意图在于显现这种殖民/现代化的性别制度在所有存在领域对我们，即有色人种男人和女人进行臣服的手段。这个项目的意图还在于显现实际的团结纽带的关键性中断。我的目的在于提供一种我们对性别制度拥护的理解、阅读和感知方式。当我们实施公共关系的转变时，我们应当呼吁大家抵制这种性别制度。在这篇论文的一开始，我会提出加以复杂化的奎杰罗的模式，它会在结构性轴线的逻辑中给予我们一个良好的基础，帮助我们了解"种族"和"性别"交织产生的过程。

权力的殖民性

阿尼巴尔·奎杰罗以宽泛的结构性术语思考种族和性别的交叉性。因此，要了解它的交叉性，就有必要先了解他提出的全球性的、以欧洲为中心的资本主义权力。"种族"和性别都可以在这个模式中找到意义。奎杰罗明白所有权力结构中的支配、剥削和冲突都产生于社会行为者争夺控制"人类存在的四个基本领域：性别，劳动，集体权威和主体性/主体间性，他们的资源和产品"（Quijano 2001 - 2：1）。全球性的、以欧洲为中心的资本主义权力的特征是它被组织于两条轴线周围，用奎杰罗的术语来讲，即"权力的殖民性"和"现代性"（Quijano 2000b：342）。这些轴线整理控制每一领域过程中引发的争端，使得权力的殖民性和现代性可以把支配的意义和形式彻底注入每一领域。因此，对于奎杰罗而言，对"性别的享用权及其资源和产品"控制的纠纷和斗争定义了性别域。这些纠纷反过来可以被理解为组织环绕在殖民性和现代性这两条轴线周围。

这种对于性别范围的压迫性现代/殖民的建构的理解过于狭隘。奎杰罗对于性别及其资源和产品的控制纠纷也持一种父权的、异性恋的理解。他接受全球性的、以欧洲为中心的资本主义的认识方式来理解性别是什么。这个框架的这些特点掩饰被殖民的非"白人"妇女遭受权力剥夺的方式。通过揭露这个框架的假设，这些安排的异性恋特征和父权特征本身就可以理解为是压迫性的。性别并不需要组织社会框架，包括社会性别的框架，但是性别的框架不必是异性恋或父权式的框架。也就是说，它们不必是历史问题。了解现代/殖民的性别系统中的性别组织特征，也就是生物二态性，关系的父权和异性恋组织，对于沿着"种族"线差异性的性别安排的理解至关重要。生物二态性，异性恋的父权制都是我所说的性别的殖民/现代的"明亮的"组织特征。这些特征扩大了性别含义的霸权性。奎杰罗似乎没有意识到他对这种性别霸权意义的接受。我表达这些观点的目的在于扩大和复杂化奎杰罗的方法，同时保留他对权力殖民性的理解，这也是我称为"现代/殖民的性别系统"的中心。

权力的殖民性引入了基于"种族"的概念把地球人口进行基本的以及普遍的社会分类方式（Quijano 2001 - 2：1）。"种族"概念的发明具有关键性的转折意义是因为它取代了通过支配关系建立起来的优劣势关系。它用生物学术语重新虚构人类和人类关系。重要的是，奎杰罗提供的是一种历史的社会分类理论，而这种理论取代了他称之为"以欧洲为中心的社会阶层理论"（Quijano 2000b：367）。此举给权力的殖民性提供了概念空间；在理解全球资本主义的过程中，它用"种族"概念为世界人口分类的中心性提供了概念空间；同时还为理解对劳动、性别、集体权威和主体间性控制的历史争论提供了概念空间，认为它们是在长期持续过程中发展着的，而不是把每个要素看成是先于权力关系存在的。构成全球的、以欧洲为中心的资本主义权力模式的这些要素彼此之间并不相互独立，而且没有一种要素先于构成这些模式的过程存在。的确，对这些要素形而上学性地优先存在的虚构描述是以全球的、以欧洲为中心的资本主义认识模式的一个重要方面。

在构成社会分类方面，殖民性渗透到社会存在的各个方面并且导致了新的社会和地理文化身份的产生（Quijano 2000b：342）。"美国"和"欧洲"属于新的地理文化身份。"欧洲人"、"印度人"和"非洲人"属于"种族"身份。这种分类是对殖民统治最深刻也是最持久的表达（Quijano，2001 - 2：1）。随着欧洲殖民主义的扩张，这种分类施加于世界各地人民。从那时起，这种分类渗透到社会存在的每一个领域，构成了社会物质支配和主体相互支配最有效的方式。因此，"殖民性"不仅仅指"种族"分类。这是一种包罗万象的现象，因为它是权力系统中的一个轴，从这些主体间性关系中渗透到性别享用权、集体权威、劳动、主体性/主体间性的控制中，渗透到知识的产生过程中。或者，对性别、主体性、权威和劳动的所有控制都围绕它阐述。据我所了解的奎杰罗使用的结构轴逻辑，作为一个轴的元素成为权力关系采用形式的组成成分，同时也被其所构成，这一点是针对控制人类存在的特定领域而言的。最后，奎杰罗也明确，尽管殖民性与殖民主义相关，但是二者是不同的，因为后者不一定包括权力的种族主义关系。殖民性的诞生和其长时间的延展到整个地球都与殖民主义紧密相连（Quijano：2000b：381）。

在奎杰罗以欧洲为中心的全球资本主义权力模式中，资本主义指的是历史上所有被称为控制的各种形式的结构性表达，各种控制形式包括在资本雇佣劳动关系霸权下对劳动或剥削、奴役、劳役、独立的小型商业生产、工资劳动力和互惠的控制。从这个意义上来说，针对劳动控制的争议结构化是不间断的：并非所有以欧洲为中心的全球资本主义劳动关系都属于资本/工资关系模式，尽管这是霸权模式。从一开始就看到权力的殖民性的范围，即工资劳动力完全为白种欧洲人保留，这一点很重要。劳动分工已经彻底种族化以及地理分化。这里我们把劳动的殖民性看成劳动和"种族"的彻底啮合。

奎杰罗把现代性，以欧洲为中心的全球资本主义的另外一条轴，理解为"殖民主义和殖民性的经验与殖民主义的必要性的融合，创造一个欧洲中心霸权下的互为主体统治关系的特定宇宙"（Quijano 2000b：343）。在描述现代性时，奎杰罗专注于认知方式和标记理性的产生，这二者产生于 17 世纪以来世界权力中心中主要霸权中心（荷兰与英格兰）的主观宇宙内部。这种认知方式是以欧洲为中心的。通过"欧洲中心主义"，奎杰罗不仅了解了欧洲人的认知观，而且了解了以欧洲为中心的世界，以及世界资本主义霸权下受教育者的认知观。"欧洲中心主义自然化这种权力模式下人们的经验"（2000b：343）。

资本主义的认知需求、殖民性身份和关系的自然化，以及世界资本主义权力的地理文化分布引导了这种认知方式的产生。资本主义的认知需求包括认知者对可知的东西的"测量、定量化、外化（或物化），从而控制人和自然之间的关系，尤其是生产手段的属性"。这种认知方式作为唯一有效的合理性和现代性的象征对整个资本主义世界施加影响。

欧洲作为世界资本主义的中心被神化地理解为先于这种权力格

局存在，它殖民化了全世界，因此被看成物种的线性、单向的、连续路径进化中最先进的时刻。人类的概念得以强化，世界人口被分成了两大类：优势的和劣势的，理性的和非理性的，原始的和文明的，传统的和现代的。"原始的"指物种进化过程中的先前阶段。欧洲被神化地认为先于殖民地和全球资本主义存在，并且被认为是在物种进化的线性、单向、连续过程中达到了非常先进的水平。因此，从这个神话为出发点来看，地球上的其他人类被想象地认为不是通过占领而征服，或在财富或政治权力上逊色一筹，而是被错误地认为是先于物种历史的先前阶段。这就是"原始"资格的含义（Quijano 2000b：343－4）。我们因此可以看到奎杰罗模式中构成以欧洲为中心的全球资本主义要素的结构性契合。现代性和殖民性提供了一种对劳动组织的复杂性理解方式。这二者能够使我们看到劳动分工的彻底种族化和知识生产之间的契合。该模式允许异质性和不连续性的存在。奎杰罗认为这种结构不是一个封闭的整体（Quijano 2000b：355）。

我们现在需要理解奎杰罗所说的种族和性别交叉性的概念。我认为"结构性轴线"的逻辑与交叉性的概念相差无几。交叉性揭示了当性别和种族等范畴被看作相互独立的概念时所看不到的东西。把这两类范畴交叉化是由于在这两种独立的范畴下难于显现受到统治而成为受害者的状况。尽管以欧洲为中心的资本主义现代化中的每个人都具有种族和性别两个特征，但不是每个人都被控制或受害。克伦肖（Crenshaw）和其他有色人种女性主义者都认为人们把这些范畴看成是同质的，并且挑选出同类中占主导地位的作为规范，因此"妇女"挑选出资产阶级白人妇女，"男人"挑选出资产阶级白人男性，"黑人"挑选出异性恋黑人男性，以此类推。可以明确的是范畴分离逻辑歪曲了处在交汇处的种类，比如对有色人种妇女的暴力侵害。所以，一旦交叉性表明了分类中缺失的东西，我们就有义务对"交叉性"重新概念化从而避免分离性。只有当我们把性别和种族看作啮合或是融合的，我们才真正看到了有色妇女的存在。

结构性轴线的逻辑显现了性别和权力殖民化之间构成和被构成的关系。从这个意义上说，奎杰罗模型中没有性别/种族的分离性，我认为他有他自己的逻辑。但是殖民性这条轴线不足以显现出性别的所有方面。性别的哪些方面展现出来取决于性别如何在这个模型中被概念化。在奎杰罗的模型中，性别似乎包含在"存在的基本领域"组织中，奎杰罗把这个存在的基本领域叫作"性及其资源和产品"。也就是说，这种模式下对性别的描写没有经过审视，这种描写过于狭隘，也因为其预设性别双态性、异性恋、权力的父权分配而显得过于生物化。

尽管我在所读的奎杰罗的作品中没有发现一个性别表征，但对我来说他好像暗示着性别区别形成于对性及其资源和产品控制的纠纷中。这种控制是如何组织的，那么这种区别就是如何形成的。他所理解的性是作为生物属性为社会范畴所阐释。他把性的生物特征与没有差别的生物属性做比较。"一个人皮肤的颜色，眼睛的形状，以及头发与生理结构没有任何关系"（Quijano 2000b：373）。此外，性对于奎杰罗而言毫无疑问是属于生理性特征。他把"性别关系的殖民性"，也就是性别关系的排序，刻画在权力的殖民性轴线的周围，如下：

1. 在整个殖民世界中，性别性行为的规范性和正式—理想化的模式，以及由此而来的欧洲人家庭组织的模式都直接建立于"种族"分类之上：男性的性自由和妇女的忠诚在以欧洲为中心的世界中是"免费"的对应物，也就是说，不像嫖妓时要付钱，白人男性对美国黑人女性和印第安女性、对非洲黑人女性以及对世界其他地方的有色人种妇女的性接触是随意自如的。

2. 相反，在欧洲，妇女的卖淫是资本主义家庭模式的对立面。

3. 家庭的团结和融合，被强加作为欧洲中心世界中资本主义家庭模式的轴线，对应于在"非白人""种族"中父母—孩子单元的持续解体，这些非白人种族不仅仅被当作是商品，他们还作为动物这种财产被持有和分配。这种境况尤其存在于"黑人"奴隶中，因为这种统治是一种更加明确、即时和长期的统治。

4. 支持这种资本主义家庭规范和正式—理想化价值观的虚假从那以后对于权力的殖民性来讲并不陌生。

正如我们从这些复杂但是重要的引言中看到的一样，奎杰罗的框架将性别限制于生理性别及其资源和产品的组织中，他似乎对谁控制享有权，谁构成"资源"进行预设。奎杰罗似乎想当然地认为对性控制的争论就是男性对女性资源进行控制的争论。男性似乎不被理解为性别交往中的资源，女性不被认为会对性享有权的控制进行争论。如何看待这些区别取决于社会如何看待生殖生物学。

雌雄间性

朱莉·格林伯格（Julie Greenberg，2002）在"定义困境"（Definitional Dilemmas）中告诉我们，法律机构有权把个人分配到一个特定的种族或性别范畴中去。

人们仍把性别看作二元的，并且认为很容易通过分析生理特征来决定一个人的性别。尽管人类学和医学研究与此正好相反，但是社会仍然假定一个明确的二元性别范式，其中所有人都可以被划分为男性或女性（112）。

她认为，在整个美国历史上，法律没有认识到阴阳人的存在，尽管世界人口的 1%—4% 都是阴阳人，也就是说，他们无法被划分进明确的性别范畴中。

> 他们有一些传统上属于男性特征的生理指标，同时也有一些传统上属于女性特征的生理指标。法律定义男性、女性、性别的方式会对这些阴阳人产生深刻的影响（112）。

这种分配揭露了人们理解的生理性别是一种社会建构。19 世纪后期，直到第一次世界大战期间，生殖功能被认为是女性的本质特征。卵巢的存在与否是判断性别的最终标准（113）。但是也有大量的因素影响一个人的性别：染色体、性腺、外部形态、内部形态、激素模式、表现型、分配性、自我识别性（112）。目前，染色体和外生殖器进入性别分配中，它们揭示了生物学被彻底解释，并且自身通过手术建构。

> 染色体为 XY 的婴儿如果阴茎"不适合"，就会被变成女孩，因为社会认为男子气概的本质是勃起时能够穿透阴道。然而染色体为 XX 的婴儿如果有"适合的"阴茎，还是会被认为是女性，因为社会和医学界的很多人都认为女人的本质是具有生儿育女的能力而不是良好性交的能力（114）。

阴阳人通常通过手术或改变激素从而变成男性或女性。这些因素在处理涉及权利的法律案件时会予以考虑，比如在官方文件上改变性别指定的权利、申诉基于性别的就业歧视的权利、结婚的权利。格林伯格报道了每种情况下性分配决定的复杂性和多样性。法律不承认两性间的状态。尽管法律在一些文件中允许对性别的自我认同，"但是大多数情况下，法律机构仍然继续基于传统的假定分配性别，认为性别是二元性的，通过分析生理因素能够轻而易举地确定一个人的性别"（119）。

朱莉·格林伯格的工作使我能够指出奎杰罗模型中的一个重要假设。这一点很重要，因为性别的二态性已经成为我所说的殖民/现代性别系统"明亮面"的一个重要特征。"黑暗面"的特征也不一定通过二态性来理解。殖民者的性恐惧使他们把美洲土著人想象成雌雄同体或是有着大阴茎和乳房流着奶水的阴阳人。但是就像葛恩·艾伦（Gunn Allen）和其他人确认的那样，阴阳人在很多部落社会被殖民以前就得到承认，而且并没有被同化为性别二元性。重要的是要考虑殖民统治带来的人们对性别组织的范围以及欧洲中心全球资本主义和殖民主义下的性别这两个问题的理解发生的变化。如果后者确实只承认了白人资产阶级男性和女性的性别二态性，那它肯定不会认为性别分工是基于生物学产生的。对生物身体的整容和根本更正使我们非常清楚地明白"性别"是"生物"特征的前因并且赋予"生物"特征意义。性别差异的自然化是科学的现代应用的另一个产品，这一点奎杰罗在讲"种族"时有提到过。重要的是，要看到并非所有不同的传统都在纠正和规范跨性别的人。因此，正如其他假定的特点一样，重要的是要弄清楚两性异形过去以及现在是如何服务于欧洲中心全球资本主义统治/剥削的。

当平等主义采取非性别或女性中心的形式

当欧洲中心的全球资本主义通过殖民形成的时候，性别差距被介绍到没有这一特点的地方。奥耶朗科·奥耶乌米（Oyeronke Oyewumi）告诉我们，施加于约鲁巴社会的压迫性别系统远不止仅仅改变了生殖的组织。她的观点告诉我们，通过殖民施加的性别系统的范围涵盖了受臣服女性的生活的方方面面。因此奎杰罗对于欧洲中心全球资本主义下性别范围的理解太过狭隘。保拉·葛恩·艾伦

（Paula Gunn Allen）认为许多美国原住民部落都是母系氏族的，他们承认性别多于两种，承认"第三"性别的存在，并且积极地看待同性恋现象，他们用一种平等的眼光理解性别，而不是用欧洲中心资本主义强加于他们的那种女性处于附属地位的观点来理解性别。她使我们看到性别差异范围的包罗万象，而不仅仅依赖于生物学来解释现象。葛恩·艾伦也向我们展示了一种知识的建构和一种理解"现实"的方法，以女性为中心，反对现代性的知识生产。因此，她向我们指出了认识知识的现代性性别建构的方向，这是奎杰罗描述的性别殖民化形成过程中"性别"隐藏范围的另一方面。因此，她指出，对于现代知识的性别建设，就认识方向而言，在奎杰罗所描述性别殖民化构成过程之外，还存在着隐藏的"性别"范围。

非性别的平等主义

奥耶朗科·奥耶乌米（Oyeronke Oyewumi）在她的《女性的发明》（*The Invention of Women*）一书中，针对男权主义作为一种有效的跨文化分类的正当性提出质疑（20）。她的做法不是通过对比父系社会和母系社会，而是论证"西方殖民统治之前，性别不是约鲁巴社会的组织原则"（31）。性别系统并不在其中。事实上，她告诉我们，性别"对于约鲁巴研究十分重要，并非因为它是约鲁巴人生活的人为产物，而是因为有关约鲁巴人过去和现在的生活研究资料，已被翻译成英语，以适应进行体系推理的西方模式的研究"（30）。对约鲁巴社会以性别作为组织原则的假设，其实在文献证明和解释世界时，是西方支配统治的另一个例子，是由西方的资料的全球性优势导致的（32）。她告诉我们，"研究人员只要想查到有关性别的资料，就总能找到"（31）。

通常，将约鲁巴的社会类别"obinrin"和"okunrin"，分别解释为"女性/女人"，"男性/男人"，是一种误译。这些类别既不是二元对立也不具有等级关系（32—33）。

这两个词的前缀"obin"和"okun"特指一系列的解剖学问题。奥耶乌米将前缀翻译为解剖学意义上的男性和解剖学意义上的女性，缩写为"anamale"以及"anafemale"。值得注意的是，她并不把这些分类理解为是二元对立的。

奥耶乌米认为性别是由西方引入，作为统治的工具，划定出两个二元对立的社会等级类别。女性（性别术语）不是通过生物学定义的，尽管其归属于解剖学意义上的女性。女性的定义与男性这一标准相关。女性是没有阴茎、没有权力、不能参加公众竞技的人（34）。这些定义对殖民地化之前的约鲁巴的解剖学意义上的女性而言，都是不符合事实的。

　　欧洲国家体制的强加，与随之而来的法律和官僚机制，是欧洲对非洲殖民统治最持久的影响。在此期间，引进非洲的传统之一就是将女性排斥在新建立的殖民地公共领域之外……（123）。

　　女性被分门别类并逐渐沦为"妇女"的这一过程，剥夺了她们担任领导的资格。妇女作为一种可辨识的类别，是由她们的生物学意义上的身体和在任何情况下对男性的服从来定义的，部分原因是一个男权主义殖民国家的专制。对于女性，殖民化是一个种族低劣和性别从属形成的双重过程。将"妇女"作为一个类别，是殖民者的国家最早的胜利之一。因此，人们也就并不惊奇，要殖民主义政府承认殖民地民族中的女性领导，根本就无法想象（124）。于是完成国家权力向男性权力的转变，只需将女性排除在国家结构以外即可。这与约鲁巴的国家组织形成鲜明对比，因为其国家权力并非由性别决定（125）。

奥耶乌米认为，在殖民化中有两个关键过程：向非洲人灌输种族低劣论和解剖意义上的女性性别低劣论。其中对于解剖学意义上的女性的自卑感灌输范围非常广，从禁止女性担任领导到丧失土地所有权，以及在其他一些重要的经济领域的权力。奥耶乌米指出，西方的性别制度被约鲁巴男性接受，他们暗中对于灌输女性性别低劣这一做法大加赞同。所以，在我们思考非白人男性加诸非白人女性的暴行所表现出冷漠时，就能够理解为何解剖学上的男性和西方殖民者之间的合作，并共同对抗解剖学意义上的女性。奥耶乌米清楚地表明，男性和女性在不同层次上抵制文化改革，因此：

在西方，女权主义所面临的挑战是如何从性别饱和的"妇女"这一类别出发，达到一种完全的无性别的人类状态。对约鲁巴的男性来说，他们所面对的挑战明显大不相同，因为在一定的水平内，社会和在某些领域中，"无性别人类"概念既不是一个令人向往的梦想，也不是亟待重拾的记忆。尽管与殖民地时期所强制实施的独立和上下级的两性关系相关，但它确实存在（156）。

不难看到，性别殖民性的范围过于狭窄。奎杰罗在定义性别范围时，假设有许多现代/殖民地时期的代表性别制度霸权"光明"一面的专用语。本人跳出性别殖民化，思考以欧洲为中心的全球资本主义性别体系的范围，其背后所隐藏的和拒绝接受的内容。因此，虽然本人认为正如奎杰罗有针对性地描述的那样，性别的殖民化向我们展示了"种族"和"性别"的交集中非常重要的特征——遵循而非公开废除大多数社会生活领域的女性殖民，调节而非瓦解缩小性别统治。奥耶乌米反对现代殖民主义中以有色的性别眼镜来看待女性性别低劣的灌输，明确了灌输女性性别低劣的程度和范围。她对性别、殖民地人民、欧洲中心主义和资本主义建设的理解比奎杰罗更具包容性。她让我们看到女性性别低劣论在经济、政治、认知以及与生育控制等相关领域的灌输。

女性平等当政

　　若将女性这一伟大生命誉为"生育女神"，就是贬低之言：会使部族黯然失色，也会使女性的力量顿遭削弱。（Gunn Allen 1986：14）

　　保拉·葛恩·艾伦认为，很多美洲土著部落是女性统治的，她强调圣灵在印第安生活各方面的核心地位，由此孕育不同的主体间性，在此产生的知识与关注现代性中知识的殖民性有很大不同。许多美国印第安部落"认为女性是宇宙中的首要力量，这种理解掌控着部落的所有活动"（26）。旧蜘蛛女、玉米女人、毒蛇女人、思想女人皆是一些强大的创造者的名称。在女性统治的部族，女性处于核心地位，"没有她的祝福，她的思想，就没有什么是神圣的"（13）。

　　像基督教那样，以权力至高无上的男性取代这种女性精神统治的大多数部族，在征服部落的过程中至关重要。艾伦认为，将印第安部落从平等和女性统治转化为等级分明的男性族长统治需要满足四个条件：

　　1. 废除女性作为首要创造者的地位，取而代之为男性创造者（一般通用）（41）。

　　2. 部落的管理机构和基础哲学遭到破坏，正如易洛魁联盟和切诺基部落那样（41）。

　　3. 人们"被驱逐出他们的土地，剥夺了经济生活，并被迫缩减或禁止所追求的一切礼仪制度、哲学和生存依赖。既然要依赖于白人政权而生存，那么部落制度无法让女性当政，男权主义——也就是生存——需要男性主宰"（42）。

　　4. 部族结构"必须在事实上而非理论上由核心家庭取代，通过这种计谋，女性部落领袖被选举产生的男性官员代替，尊重人神多样性，由非独裁女性中心主义形成和维护的通灵网，彻底地被代替了"（42）。

因此，艾伦认为，印第安女性的性别低劣观完全被部落生活的宰制和改造所束缚。破坏女性当政对于"因饥饿、疾病、扰乱社会、精神和经济结构……而导致的族群总体的大量死亡"很重要（42）。解除女性当政的计划需要惊人的"形象和信息控制"。因此：

　　　　重铸古代部落的历史、风俗、机构和口头传统，增加与宗法修正主义部落生活的相似性，这些男权主义的修正版本是由男权主义的非印第安人或印第安人歪曲或编造的，并将融入到部族的精神或流行的传统中（42）。

在濒于毁灭的印第安社会的特点中，有双面互补的社会结构，性别了解，遵循互惠制度的经济分布。互补的社会结构包括内部的女性酋长和外部的男性酋长。内部酋长主要负责一小片部落、村庄或部族的和睦相处，管理内部事务。红种的男性酋长负责调解部落的外交（18）。对性别的理解主要不在生理方面，大多数人融入部落的性别角色是"在癖好、习惯和脾气的基础上，尤马部族有一个关于性别指定的传统，以梦为基础；梦到武器的女性在现实中就会被当成一名男性"（196）。

　　和奥耶乌米一样，葛恩·艾伦对于一些印第安男性和白人合作削弱女性的力量的行为很感兴趣。当我们思考人们为何漠视种族化群体中女性反抗施加于个人或群体本身的各种暴力时，思考这种合作就越发重要。随着被殖民的男性被男权主义收买，白人殖民者就构建起了内部力量。葛恩·艾伦详细介绍了易洛魁和切诺基女性当政的转换，以及印第安男性在通向男权主义道路上的作用。英国人将切诺基男人们带到英国，让他们接受英式教育。正是这些人参与了印第安人迁移法案。

> 19 世纪初，为了阻止迁移，切诺基人在伊莱亚斯·邦迪诺特（Elias Boudinot）、梅杰·里基（Major Ridge）、约翰·罗斯（John Ross）等人的领导下，起草了一部宪法，剥夺了女性和黑人的公民权。为了拍美国的马屁，这部宪法模仿了美国的宪法，为了与基督教支持者联合，新切诺基宪法把女性贬至与奴隶同等的位置（37）。

切诺基女性曾经拥有权力发动战争、决定俘虏的命运、在男性议会上发言，她们甚至有权利参与公共决策、有权选择和谁结婚或者是否结婚、有权携带武器。妇女理事会无论是在政治上和精神上都有很大权力（36—37）。随着切诺基的迁移和男权主义的侵入，切诺基妇女失去了所有的权力和权利。当易洛魁变为臣服的部族时，它从一个以母亲为中心、母亲掌权、政治上以妇女为权威的种族转移为男权制的。这一举措是由哈德萨姆·雷克（Handsome Lake）和他的追随者合作完成的（33）。

艾伦认为，许多部落都是妇女当政的，其中包括萨斯奎汉纳、休伦族、易洛魁、切诺基、普韦布洛、纳瓦霍、纳拉甘西特、沿海阿尔纲和蒙塔格尼。她还告诉我们，在 88 个接受同性恋的部落中，态度十分积极的部落包括阿帕切族、纳瓦霍、温尼巴格族、夏延族、皮马族、克劳族、肖肖尼族、派尤特族、奥塞奇族、阿科马族、组尼、苏族、波尼族、乔克托族、溪族、塞米诺尔族、伊利诺伊州族、莫哈维族、沙斯塔族、阿留申族、袋与狐部落、爱荷华族、堪萨斯族、尤马族、阿兹台克族、特里吉特族、玛雅族、纳斯卡皮族、庞卡族、马里科帕族、克拉玛斯族、奎诺尔特族、尤基族、齐鲁拉族、卡密阿族。这些部落中有 20 个甚至具体提到了女同性恋。

迈克尔·J. 豪斯威尔（Michael J. Horswell，2003）有效地评论了"第三性别"一词的使用。他认为，"第三性别"并不意味着有三个性别，而是一种打破性别和社会性别两极的方式。"第三性别"象征着其他可能的组合，而不是双性人。有时"男同性恋"（berdache）被用来指"第三性别"。豪斯威尔告诉我们，男同性恋在近 150 个北美族群中都有记录，而只有半数的族群体记录了女同性恋（27）。他还评论说，鸡奸包括鸡奸仪式，在美洲安第斯族群和许多其他土著族群中都有记录（27）。纳瓦人和玛雅人也为鸡奸仪式留有一席之地（Sigal，104）。有趣的是，西加尔（2003）告诉我们，西班牙人将鸡奸视为罪恶的，但西班牙法律判处鸡奸中主动的一方刑事处罚，而非被动的一方。在西班牙的流行文化中，鸡奸与摩尔人联系起来被种族化，被动的一方受到谴责，被视为摩尔人。相对于被动的摩尔人而言，西班牙士兵被看作主动的一方（102—104）。

艾伦的研究不仅使我们看到在经济组织和集体主义权威方面，奎杰罗的性别观念是何等狭隘，也让我们了解到无论处于何种层次的现实概念，知识的产生也是有性别的。她还支持从生物学质疑性别差异形成，于是引入了选择和梦想的性别角色这一重要问题。但更为重要的是，艾伦还体现了现代/殖民时期性别关系的异性恋特点是如何产生又奇迹般构建的。但异性恋不只是生物学上的虚构概念，它是强制性的，包含更新和更广泛的意义，贯穿了整个性别殖民主义。从这个意义上来说，以欧洲为中心的全球资本主义也是异性恋主义的。殖民时期/现代性别制度的"光明"和"黑暗"面，都产生了暴力行为。"当我们理解其深度和力度时，笔者认为重要的是要看到，异性恋一贯乖张、暴力、有损人格、将人变成动物、将白人妇女变成'这个种族'和'这个阶级'的繁殖者。"豪斯威尔和西加尔的研究工作补充了艾伦的研究，特别是帮助理解鸡奸的存在以及殖民时期和前殖民时期男同性恋的存在。

殖民的/现代的性别制度

了解前殖民时期性别的社会地位对于理解社会结构变革的性质和范围至关重要，以欧洲为中心的殖民/现代的资本主义，其构成进程强加于社会结构之中。变革引进过程缓慢、时断时续、具有异质性，粗暴地将殖民地女性视为劣等。引入的性别制度通过权力的殖民化而广为人知。了解前殖民时期性别的社会地位，对于理解性别制度在瓦解的公共关系、平等的关系、礼仪、思维、集体决策、集体权利和经济等方面的应用及其重要性，同等重要。因而，有必要了解这种性别制度的实施，到底在何种程度上促成了权力的殖民化，一如权力的殖民化构成了性别制度，它们之间的逻辑关系为相辅相成。但目前应该清楚，没有权力的殖民化，殖民时期和现代的性别制度就不可能存在，因为将人口按种族来分类是其可能性的必要条件。

要思考以欧洲为中心的全球资本主义性别制度的范围，就有必要了解从缩小性别概念的范围，到对性及其资源和产品的控制过程，在何种程度上构成了性别统治。要理解这一缩小过程和理解种族化和性别化的交叉重叠之处，重要的是要看到殖民地时期之前社会对"两性"概念的安排是否赋予他们在所有存在领域不同的意义。这使我们明白，在控制劳动，主体性/主体间性，集体权威，性别——奎杰罗的"存在领域"——是否本身被性别化了。鉴于权力的殖民化，笔者认为也可以说，"黑暗"和"光明"兼具是权力殖民化和殖民/现代的性别制度共同作用的特点。认真思考生物的二态性和社会性别在构成生物性别时的地位，是理解殖民/现代的性别制度的范围、深度和特点的关键。由此得出，将社会性别缩小至私人性别，以控制性及其资源和产品是意识形态以及现代认知产物的问题，这种认知对欧洲人/"白人"和殖民地/"非白人"的人民，以特别而不同的方式将种族理解为性别，将性别理解为种族。种族不再比性别神秘而虚幻，两者都是强有力的虚构。

在 20 世纪女权主义的发展中，性别、阶级、种族化的异性恋之间的关系并不明确。女权主义将其斗争、认知和理论化的方式集中于反抗将女性刻画为无论是生理还是心理都十分脆弱、虚弱、天性孤僻，在性方面表现被动等这些特点上。但人们并没有意识到，这些特点只建构了白人资产阶级妇女。事实上，从这一个性特征出发，白种资产阶级女权主义者将白人女性特质理论化，将所有女性都当作了白人女性。

这是他们的历史之一：只有资产阶级白人妇女在西方的描述中才被一直算作女性。从这样的描述中排除的女性不只是她们的下属。在一定意义上，她们也被看作动物，这比对于白人妇女对自然、婴儿和小动物的认同走得更远。她们被更深层次地理解为"无社会性别"的动物，生物性别为雌性，但毫无女性特性。女性的种族化低劣化从将其视为动物到各种修改的"妇女"版本，以此适应以欧洲为中心的全球资本主义进程。因此，异性强奸印第安妇女和非洲奴隶妇女、纳妾现象以及殖民地人们对于性别关系异性化的理解同时存在——因为这适合以欧洲为中心的全球资本主义和对白人妇女异性恋统治。但奥耶乌米和艾伦的研究明确显示，白人女性的社会地位对殖民地女性而言并没有扩大，即使她们被比喻为资产阶级白人女性。殖民地女性被视为性别劣势的妇女，不享有任何资产阶级白人妇女的地位和特权。虽然，奥耶乌米和艾伦向我们展示的历史应明确白人资产阶级妇女，在殖民地时期以前，她们在自身所处的社会中的地位远不如美洲土著妇女和约鲁巴妇女。奥耶乌米和艾伦也明确表示，对于从平等主义理解解剖学意义上的女性、男性和"第三"性人群之间的关系，美洲土著人民和约鲁巴人既无想象又无具体行动。但这些是抵抗统治的问题。

白人女权主义刻意夸大白人女性，删除任何有关白人和非白人女性关系的历史，包括口述历史。尽管无论是历史上还是现代，白人资产阶级妇女非常清楚如何将自己定位于组织生活中，受到与非白人女性或工薪阶层女性截然不同的待遇。白人女权主义者成为白人资产阶级女性从属观念强加的女性地位、角色、成见、性格、欲望等的反对者，没有人再支持性别压迫。他们只承认白人女性，但并没有考虑和明确种族平等的交汇。也就是说，他们根本没有从交叉的意义上理解自己，他们是种族、性别以及其他隶属或被统治标志的交叉。因为他们没有察觉这些深层次的差异，更没有看到建立联盟的需要。他们假设了一种妇女情谊，一种由性别隶属产生的联系。

从历史上看，欧洲白人妇女个性脆弱，在性交往中处于被动，这种刻画使她们不同于非白种、殖民地妇女，甚至女奴隶，她们在性交中主动、扭曲，强壮到足以做任何劳动。下面对于美国南方女奴隶和奴隶工作的描述明确表现出非洲女性奴隶并不视为脆弱或柔弱的。

> 首先走过来的，是40个我曾见过的体型最大，最强壮的女人，由一位手拿鞭子的老司机领着；她们都统一身着样式简单有格子的蓝裙子，裙摆稍微到膝盖以下；双腿和双脚赤裸着；但即使肩扛锄头，她们仍雄赳赳气昂昂，大摇大摆，像行军的骑兵一般。众多强壮的男人和几个强壮的女人，共约30多个步行尾随其后，其中两名骑着正驾犁的骡子。一位瘦削而警醒的白人监工骑着一匹轻快的小马，跟在后面（Takaki：111）。

> 早上，天一亮，这些人就要到棉花地里劳动，中午有10—15分钟的休息时间，可以吞下发给他们的冷培根，在天没有黑

到伸手不见五指之前，他们不允许片刻休憩。满月时，她们经常要加倍劳动，直到半夜。(Takaki：111)

帕特里夏·希尔·柯林斯（Patricia Hill Collins）对于黑人妇女的性主动，以及奴隶制中这种刻板形象的产生，给予明确的看法：

耶洗别的形象起源于奴隶制时期，用杰威尔·戈麦斯（Jewelle Gomez）的话来说，那时黑人妇女被描绘成"性积极的奶妈"（Clarke等，1983：99）。耶洗别的功能是将所有黑人妇女性贬低到性主动妇女的类别，从而造成了一个强有力的基本理论，那就是白人男性犯下的大量的性侵犯罪都是由黑人女性揭发的（Davis 1981；D. White，1985）。耶洗别还担任另一功能：如果黑人奴隶妇女可能被描绘成具有过度的性欲，提高生育率应该是必然的结果。通过抑制培育美籍非裔妇女养育自己的孩子，迫使黑人妇女下地干活，成为白人儿童的"奶妈"，奴隶主有效地阻止黑人家庭网的加强，控制了耶洗别的形象和嬷嬷这种奴隶制度中固有的经济剥削。（Hill Collins：82）

但不只是黑人奴隶女性被排除在白人资产阶级的女性气质的范围之外。安妮·麦克林托克（Anne McClintock）在她所著的《帝国皮革》中（*Imperial Leather*，1995），告诉我们，哥伦布把地球描绘成女人的乳房，开启了"传统悠久的男性好色掠夺之旅（22）。"

数百年来，一些缥缈的大陆——非洲、美洲、亚洲——在欧洲人的认识中都是色情、放荡的。旅行者的故事中，遥远大陆上怪异的性行为比比皆是，在那里，传说男人们炫耀着巨大的阴茎，女人们和猿类厮混，女性化的男子乳房流着奶水，受到军事化训练的女人们会砍掉自己的乳房（22）。

在情欲的热带地区的传统中，妇女被认为是性倒错和性欲旺盛的代表。在民间传说中，女性被视为极为放荡、淫乱，以至于与牲口无异（22）。

麦克林托克描绘了一幅画中的殖民地场景〔（ca. 1575），简·冯·德·斯特拉特（Jan van der Straet）〕，"将美洲的'发现'描绘成了一个男人和一个女人激情四射的相遇"（25）。

这位土著妇女在见到伟岸的新来者之后，从慵懒的肉欲中站了起来，伸出邀请之手，暗示性和服从……韦斯普奇的神圣的到来，注定了他的男性文明的种子要与她结合，使土地肥沃，并且压制暴乱的食人族吃人……背景中，食人族似乎是女性，正在朝一条烤着的人腿上吐口水（26）。

麦克林托克告诉我们，在19世纪，"性纯洁的出现，成为对种族、经济和政治权力的一个主导性的隐喻"（47）。随着进化论的发展，"寻求解剖标准，以确定就人类族群中种族的相对位置"（50）。

英国的中产阶级男性被列在进化层次结构的顶端。英国中产阶级白人女性紧随其后。英国工人、女矿工和工人阶级妓女则处于白人和黑人之间（56）。

耶·乐·埃斯皮里图（Yen Le Espiritu，1997）告诉我们，

性别和性的再现，在种族主义的表达中具有重要作用。在美国，性别规范建立在具有欧洲血统的中产阶级男性和女性的人生经历之上。这些以欧洲为中心构建的社会性别规范形成一种背景，这种背景对美国有色男性和女性抱有期望——期望种

族主义可常常阻止集会。通常，有色男性不被视为保护者，而是侵略者——对白人妇女是威胁。而有色人种女性被视为性别特征过于明显，不配中产阶级白人妇女给予其保护。对于亚裔美国男性和女性，他们被排除在以白人为基础关于男性和女性气质的文化观念之外，并且是以看似截然不同的形式：亚洲男性被标上过于男子气概的（"黄祸论"）和柔弱的（"典型少数"）；而亚洲妇女被描绘成过于女性气质的（"瓷娃娃"）和了无生气的（"母老虎"）。（Espiritu：135）

随着欧洲殖民计划的进行，这种性别制度日渐僵化。它始于西班牙和葡萄牙的殖民地冒险，成熟于晚期现代时期。这一性别制度具有"光明"和"阴暗"的一面。其光明的一面组成了性别和性别关系霸权联盟。它只维持资产阶级白人男性和女性的生活秩序，构成了现代/殖民地时期"男人"和"女人"的意义。性纯洁和性被动是资产阶级白人女性的重要特征，她们繁殖了这个阶层及其资产阶级白人男性的殖民和种族观念。但同样重要的是，禁止资产阶级白人妇女进入集体权力的领域，禁止学习知识成果，大部分生产资料的控制权。身体与心理的脆弱大大减少甚至杜绝资产阶级白人妇女进入大部分生活领域和大部分人类存在的领域。性别制度是异性恋的，因为异性恋渗透到种族化的男权主义对于生产的控制，包括知识的生产和集体的权力。自从这种安排极大损害了资产阶级白人女性的权利和权力，异性恋的强制和非正当性会重新出现对生产的控制。而资产阶级白人妇女由于有限的性享有权而被吸收进这种简化的模式中。

性别制度的"黑暗"面不论过去还是现在，彻头彻尾地充满暴力。我们已经开始看到解剖学意义上的男性和女性，以及"第三"性别，他们越来越少参与仪式、决策、经济学等无处不在的社会活动，沦为低等动物，被迫与白人殖民者发生性行为，人们不堪剥削劳动的重负，以至于常辛劳致死。奎杰罗告诉我们：

> 印第安在殖民地时期最初的十年中，种族屠杀的主要原因不是征服者的暴力，也不是征服者带来的病毒，而是印第安被当作随手可扔的劳动力，被强迫劳动直到死亡（作者本人的翻译）。（Quijano 2000a）

　　介绍现代殖民主义性别制度的"黑暗"面和奎杰罗权力的殖民化时，要弄清笔者在此所引用的研究之间的关系。不同于没有关注殖民主义的白人女性主义者，这些理论家更多地看到种族界限上的性别构建的差异。在一定程度上，这些理论家比奎杰罗理解的"性别"意义更加广泛，因此，他们不仅考虑到性别、其资源和产品的控制，还考虑到依照种族和性别分类的劳动。也就是说，他们看到了劳动、性别和权力的殖民化的交汇。奥耶乌米和艾伦让我们认识到，在建构集体权威、资本和劳动之间关系的方方面面，以及建构知识的过程中，殖民/现代的性别制度所触及的广阔范围。

　　详细介绍完笔者称之为"现代殖民的性别制度"的"黑暗"面与"光明"面后，仍有一项重要的工作需要完成。要大规模地介绍这个安排，本人计划开展一次对话，进行一个协作的、共享的研究项目，实施大众教育，开始从细节和长远意义来看目前被权力殖民化束缚的殖民/现代的性别制度，启动合作、呼吁大众、抵制虚伪，再次用自由引领公众正直。我们需要了解社会组织，从而使人们看到我们与系统化的种族性别暴力的联合，并勇于承认其在现实中的存在。

参考书目：

Csrenshaw, Kimberlé (1995)，"Mapping the Margins: Intersectionality, Identity Politics, and Violence Against Women of Color". In *Critical Race Theory*, edited by Kimberlé Crenshaw,

Neil Gotanda, Gary Peller, and Kendall Thomas. New York: The New Press.

Espiritu, Yen Le. (1997), "Race, class, and gender in Asian America". In Elaine H. Kim, Lilia V. Villanueva and Asian Women United of California, eds. *Making More Waves*. Boston: Beacon.

Gunn Allen, Paula. [1986] 1992, *The Sacred Hoop. Recovering the Feminine in American Indian Traditions*. Boston: Beacon Press.

Greenberg, Julie. A. (2002), "Definitional Dilemmas: Male or Female? Black or White? The Law's Failure to Recognize Intersexuals and Multiracials". In *Gender Nonconformity, Race, and Sexuality. Charting the Connections*. Edited by Toni Lester. Madison: University of Wisconsin Press.

Horswell, "Toward and Andean Theory of Ritual Same-Sex Sexuality and Third-Gender Subjectivity". In *Infamous Desire. Male Homosexuality in Colonial Latin America*. Edited by Pete Sigal. Chicago and London: The University of Chicago Press.

Lugones, María (2003), *Pilgrimages/Peregrinajes: Theorizing Coalitions Against Multiple Oppressions*. Lanham: Rowman & Littlefield.

McClintock, Anne (1995), *Imperial Leather. Race, Gender and Sexuality in the Colonial Contest*. New York: Routledge. New York: Routledge.

Oyewumi, Oyeronke (1997), *The Invention of Women. Making an African Sense of Western Gender Discourses*. Minneapolis: University of Minnesota Press.

Quijano, Anibal (2000b), "Colonialidad del Poder y Clasificacion Social", Festschrift for Immanuel Wallerstein, part I, *Journal of World Systems Research*, V. xi, #2, summer/fall 2000 [2000b].

——(2000a), "Colonialidad del poder, eurocentrismo y America latina". in Colonialidad del Saber, Eurocentrismo y Ciencias Sicales. CLACSO-UNESCO 2000, Buenos Aires, Argentina, pp. 201 – 246.

Quijano, Anibal. , "Colonialidad, modernidad/racionalidad". Peru Indigena, vol. 13. , No. 29, 1991, pp. 11 – 29.

Quijano, Anibal. , "Colonialidad del poder, globalización y democracia". Revista de Ciencias Sociales de la Universidad Autónoma de Nuevo León, Año 4, Números 7 y 8, Septiembre 2001 – Abril 2002.

Sigal, Pete(2003), "Gendered Power, the Hybrid Self, and Homosexual Desire in Late Colonial Yucatan". In *Infamous Desire. Male Homosexuality in Colonial Latin America*. Edited by Pete

Sigal. Chicago and London：The University of Chicago Press.

Spelman，Elizabeth. (1988)，*Inessential Woman.* Boston：Beacon.

Takaki，Ronald(1993)，*A Different Mirror.* Boston：Little，Brown，and Company.

都岚岚　译

（译者单位：上海交通大学外国语学院）

非洲和原住民生命观及其政治意蕴：
来自玻利维亚和厄瓜多尔的
（去）殖民视角[*]

凯瑟琳·沃尔什 （Catherine Walsh）

正是在南美洲的安第斯山脉地区——或许可以更为合适地称之为阿比亚·亚拉 （Abya-Yala） 的南部[①]——祖先们留下的宇宙学、宇宙 （cosmo） 或"生命观"（life visions） 在当今已日益变得清晰可见，这不仅表现在以非洲和本土性共同体为基础的斗争领域内，同时还体现在国家宪法、权利和政治框架之中。这两个同步出现的关键时刻，以及由此衍生的斗争、矛盾和紧张局势是我将会在这里进行讨论的主题。为了方便讨论，我的这些观点将从三个不同的方面展开：（1） 图绘"宇宙"场景：宪法的开篇与现代的、西方的和殖民性的逻辑；（2） 领土和地方的集体生命观；（3） 政治进步，还是

---

  * 第三届两年一度的研究生会议上所作的主旨报告,会议主题是"（去）联合",报告题目为"（隐）形的宇宙观。与拉丁美洲和加勒比地区的非裔与原住民的对话录"。2011 年 10 月 21—22 日于匹兹堡大学。本次会议由汉娜·伯德特（Hannah Burdette）、亚历山德鲁·莱夫特（Alexandru Lefter）及西班牙语言和文学系的博士研究生组织举办。

① 阿比亚·亚拉，意指"丰饶的大地"（land in full maturity），它是巴拿马库纳族人所创造出来的名称，1992 年被原住民族广泛采纳用以指称美洲的疆土和原住民国家。当然，问题是，当这一术语在休养生息原住民根的同时，它遗漏了非洲后裔的在场和斗争。

殖民性卷土重来？

一　图绘"宇宙"场景：宪法的开篇与现代的、西方的和殖民性的逻辑

援引"宇宙的"（cosmic）或"宇宙"（cosmo）——在众多的"宇宙"建构之中，这包括"宇宙观"（cosmovisions）、"宇宙知识"（cosmocimientos 或 cosmo-knowledges）、"宇宙生存方式"（cosmoexistencias 或 cosmoexistence）——在南美洲已经变得日益司空见惯。有些人可能认为这些词是一种新"族群的"（ethnic）或"族群化的"（ethnicized）语言时尚的重要组成部分，而我则认为它们演绎了我们这个地区正在经历的转变，在这一转变中，斗争和转型的原则与基础不再仅仅关于身份、路径、认可或权利，而是关于生命本身的模式与逻辑的知识视角。

在 20 世纪 90 年代后期和 21 世纪初，原住民被动员起来开展各种形式的运动，以反对自由贸易协定，并且摆出"生命文化"（culture of life）的姿态对抗新自由主义规划之中所蕴含的那一种"死亡文化"（culture of death），上述的这种转变也就开始变得众所周知。但是这种转变也同样出现在原住民和非洲人共同体的内部，厄瓜多尔的非裔领袖兼知识分子——以"运动之父"和这一进程的"工作者"而闻名——胡安·加西亚（Juan Garcia）称之为"家内"（casa adentro 或 in house）工作。这一项工作有助于加强归属感的纽带，促进集体记忆的建设，加强"灌输给我们的知识不是知识，它们毫无价值"这一思想；帮助我们去忘却我们过去学会的知识，重新学习我们自己的（propio）知识，以便用我们自己的方式去理解生命、理解我们的历史观、知识观和在世生存观（Walsh and Garcia）。这项工作也必然会需要在家外（out-of-house, casa afuera）进行，以起到调解作用，并且这么做有助于构建一种不同的关于人性、生命

和生活的视野与实践。

毫无疑问，正是由于玻利维亚和厄瓜多尔这些国家的宪法，促使"宇宙"这个词在当今更加频繁地出现在公众面前。有别于历史上否定和贱化原住民和非洲后裔民族及其知识、生命哲学或生存方式的做法，这些宪法提供了激进的转向，例如厄尔多瓜的宪法，认可自然是权利的主体，祖先的知识是科学、技术和教育不可或缺的组成部分。或者以玻利维亚和厄瓜多尔的宪法为例，"vivir bien"或"buen vivir"，字面上翻译为"美好生活"，其原则、概念和祖先的哲学作为组织框架来建构一个全新的社会。下面的摘录选自这两个国家宪法的序言，以此作为说明。

首先是选自厄瓜多尔宪法序言的摘录：

> 我们，无论男女……都承认我们的千年之根……都赞美自然，她是包括我们在内的地球母亲［安第斯地球母亲（Pacha Mama）］……都召唤所有文化的智慧……作为社会解放斗争的后继者，我们反对任何形式的专制统治和殖民主义，我们肩负着现在和未来的重大使命，决心建设一种新的生活方式，提倡多样化及与自然的和谐相处，从而实现美好生活或所有人的共同福祉（el buen vivir el sumac kawsay）［厄瓜多尔共和国宪法（Constitucion de la Republica del Ecuador，2008）。这些是我强调的部分］。①

现在是选自玻利维亚宪法序言的摘录：

> 玻利维亚人，民族成分众多，历史底蕴深厚，受到以往斗争、反殖民主义的原住民起义……普遍的、本土的、社会的和联盟的斗争鼓舞……建设一个新国家……以各民族之间的平等

---

① 从西班牙语到英语的翻译都由作者本人完成。

和相互尊重为基础，以主权、尊严、互补性、团结、和谐、社会产品的平等（再）分配为原则，在这样的一个国家里，追求美好生活（el vivir bien）……尽管存在着经济的、社会的、司法的、政治的和文化的多样化……大家和睦共存……告别过去那种殖民的、共和的和新自由主义式国家……［玻利维亚共和国宪法（Constitucion de la Republica de Bolivia，2009）。这些是我的强调部分］。

在这里，我感兴趣的并非去分析这些宪法（我已经在别处做过此类的分析），而是聚焦那些对非西方的生命观的关注，即把非西方的生命观当作一个对抗性框架——并由此认识——殖民统治和西方资本主义利益的遗产。毫无疑问，这类关注是对过去20年间原住民和非洲后裔们发动的社会运动在政治和知识型上的反叛所进行的反思，该反叛超越了简单的抵制（这被理解为一种防御性抵制），这种抵制走向一种创造和建设的积极倡导性（protagonism），从而引发思想和知识、存在和思维、生命及生活和社会组织系统的全新安排方式。这些安排使祖辈留下来的原则、宇宙演化论、生命哲学和历史斗争交织在一起，对抗强加于国家内外的殖民帝国的权力矩阵的持久性，包括政治通婚项目。这些安排同时显示了一种迫切性，即借助整体社会的文化间性（interculuality）和多民族主义（Plurinationalism）的指导原则及政治项目，重新思考和重建社会与国家。

当然，对于如今出现在这个地区的矛盾和障碍，我有很多要说，这些矛盾和障碍与宪法、国家、运动式反叛、政治筹划和正在进行的斗争有关，但是我将留至论文的第三部分进行阐述。这里，我首先要说明我的立场、主题和观点的中心依据，那就是当今趋向和有利于非洲人和原住民先辈们的原则、宇宙演化论和生命观的斗争，必然地唤醒和引发权力和统治的多种矩阵，这些矩阵——无论是在过去还是现在——都致力于否定、混淆和消除这些宇宙结构，因为它们赞成现代性、赞成西方资本主义逻辑的普遍性和阿尼巴尔·奎杰罗所称的殖民性。殖民性在这里可以理解为一个永久的权力矩阵，表明种族—资本主义—西方现代性受制于/控制（in/for the control of）劳动、知识、存在、精神性—生存方式—生命观—自然（图1）。

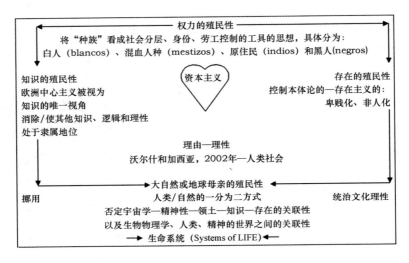

图1

被我称为"地球母亲"或"自然母亲"（Mother Nature）的殖民性，扎根于文明、基督教和福音传道、发展（可理解为现代化和进步）和教育筹划之中。这些筹划在本体论的、存在主义的、认识的、领土的和社会心灵层面上起作用，强加了一个单一世界的概念，该世界受到人类征服自然这一主要的二元论支配。这种二元论是基本原则，因为它确立了男子气概战胜自然的统治地位[①]，可理解为女性是笨拙的，需要保护和受到控制。从这个意义上说，人类并不是自然的一部分，而是凌驾于自然之上。所有与自然相关联的或是被认

---

① 事实上，正如阿尔贝托·阿科斯塔（Alberto Acosta）所指出的那样，"主宰自然的欲望，将之变成可输出的产品，一直在这个地区存在"。在独立的早期阶段，当面对1812年加拉加斯（Caracas）的地震时，西蒙·玻利瓦尔说出了那个时代的标志性名言："如果自然反抗，我们将与之做斗争，并使它服从我们。"（"致世界自然权利宣言。付诸行动的思想"）。

为更接近于自然的，尤其是妇女、原住民及黑人，都被认为是低等的，他们缺乏理性和智慧、如同动物，他们与肉体或身体而非思想拴在一起。当然，也正是由于这一主要的二元论，单一世界的概念得以宣传并提出；正是世界/视野（world/view）将神圣的关系归类为"原始人"（primitive）和"异教徒"（pagan），这种神圣的关系将上面和下面的世界与地球、与人类的祖先联系在一起，同时否定女性的生命力和创造力。这种"地球母亲"或"自然母亲"的殖民性致力于否定西尔维娅·里维拉·库斯坎基（Silvia Rivera Cusicanqui）所提及的基于互补不对称的对称性，同时也否定定义了安第斯宇宙观①的动态和开放的二元性。然而，由于时间及篇幅的限制，我在此将不展开详述②。

在第一部分的结尾处，我想要强调的是这些权力机制的持久化运作，它们不仅通过将非洲人和原住民归类为更接近于自然或直接是自然的基本成分这一做法，使得非洲人和原住民变得非人化，而且以系统化地试图脱落共同体和宇宙观的方式，去打破领土、领土权、知识和自然的亲密关系，正如非裔知识分子圣地亚哥·阿沃莱达·昆诺尼斯（Santiago Arboleda Quinonez）和胡安·加西亚所指出的那样，给集体记忆垒上基底、提供位置。此外，用阿沃莱达·昆诺尼斯的话说：

> 对非洲人和他们的移民社群而言，现代性及其现代化叙事意味着永久的和赤裸裸的掠夺或抢劫。流亡/流放……构成了非洲后裔生活经历中的一个精神上的全局钥匙，借用一种法农式的（Fanonian）语汇，该钥匙开启他们"从无到有的曲折通

---

① 请参见对西尔维娅·里维拉·库西坎基的采访，网址为：［http://clickgenero. wordpress. com/2011/05/25/entrevista-a-la-sociologa-silvia-rivera-cusicanqui/］。

② 我已经在"去殖民视角下的性别"（Genero en perspective decolonial）一文中对这些问题做了更深入的讨论，该文是关于"性别、权力和文化，认识多样性"（Genero，poder y cultura. Reconociendo la diversidad）活动的主旨报告。2011 年 9 月 8—10 日于秘鲁天主教神学大学（Pontificiia Universidad Catolica del Peru），利马。

道"，为此，他们不断抗争。（Arboleda Quinonez：473）

现代性及其转换面，即殖民性，竭力破坏非洲后裔和原住民的生命原则、生命观念与生命体系，同时，宣扬西方的逻辑与理性。这是一种被民族国家怀着对文明、现代性和发展的欲望/热忱所认定的逻辑与理性，这些逻辑与理性已经反映在民族国家的政治和社会的结构与体制之中。正是因为这个原因，这些结构与体制的转型，连同人类与自然交融关系的重建，在当今这个地区被理解和定位为去殖民化和解放的行为，这些行为并非只是为原住民和非洲民族所做的，而是为作为整体的社会所做的。

二　领土和地方的集体生命观

在原住民和非洲后裔的宇宙观中，地球母亲居于中心地位。她是保护她的孩子们的母亲，她给孩子们提供了生存所必需的空间、食物和自然环境——宇宙的、物理的、情感的、精神的、文化的和生存方式的元素。她是自然的身体，以无穷无尽的方式接收和给予生命的种子。人类是自然的一种表现形式，即她的孩子。因此，有别于西方的思维方式，在人类与自然之间不存在分离；社会的均衡、发展和幸存依赖于这种整体的和谐关系。

原住民和非洲人的宇宙观或生命观是整体的，因为他们从整体上看待生命和生活，合并物质与精神，提倡跨越差异的共存和共同生活（living with）的实践。然后，在两者的生命观挑战西方的框架时，孕育和构建这些生命观的"地方"（place）和原则却不尽相同①。

---

① 我在这里所指的"地方"令人回想起阿图罗·埃斯科瓦尔（Arturo Escobar）2005 年的观点，他谈到一些做法，就是全球化通过永久保持历史、差异和社会斗争的同质化和规范化的方式，掩盖地方和地区的特征。

玻利维亚的"Suma qamana"或"vivir bien"，以及厄瓜多尔的"Sumak kawsay"或"buen vivir"，都可以被大致译成"美好生活"，它们以四项中心原则为基础，形成了安第斯山脉地区原住民宇宙观的核心。这四项中心原则是：

1. 第一项是关联性原则，这是一项最基本的原则，由此衍生出其他三项原则。它维护了宇宙及其所有构成变量的整体共存，其中包括情感的、生态的、伦理的、审美的、生产的、精神的和知识的变量。

2. 第二项是一致性原则：宇宙、人类、外星人类（the extra human）、有机体和无机体、生与死、善与恶、神与人等之间的相关关系［麦地那（Medina），69—72］。

3. 第三项是互补性原则，它规定了前两项原则的特殊性。这项原则申明，没有任何实体、行为或事件可以独立于他者而存在；因此，存在着一种互补二元性，即对立面之间和差异者之间的互补性，所有这一切构成了社会的整体性。

4. 第四项原则是互惠性（ayni），在所有的互动行为中，它是一致性和互补性的实际表现。这些互动行为存在于人类之间、人类与自然之间、人类与神灵之间。从此意义上说，它提出了一个对于西方理性来说不可想象的基本原则：那就是驻扎在宇宙和人类维度之内的伦理观，即一种宇宙责任性（Estermann：131—132）。

这四项原则合起来表达在人生①（qamana 和 kawsay 或 Life）的概念之中。它们体现了生活所包含的经验及其深刻意义，在此，生活被当作多极性之间的和谐张力的产物，这种多极性涌现在跨文化

———————

① 这些原则也构成了 Amawtay Wasi 厄瓜多尔人民和土著民的跨文化大学（Universidad Intercultural de los Pueblos y Nacionalidades indigenas "Amawtay Wasi"）的基础和体制。

的共同生活和共存之中。那么，幸福生活或美好生活就是安第斯山脉居民的生命观的基础，这种生命观体现在各个方面和各种活动之中，包括社会的、文化的、精神的、经济的和环境的方面与活动，除此之外，还体现在人类之间、人类与自然之间所形成的和谐的、公平合理的和团结一致的关系之中，以及生存、知识、文化、理性、思维逻辑、表演和生活所必需的相互关系之中。

　　虽然这种整体理解和在全世界在场的方式也是非裔生命观的一部分，但是，作为因故土遭窃而被迫在别处建设共同体的民族，他们的经历是截然不同的。正如胡安·加西亚所写：

　　　　即使过去了这么多年，即使别人勾勒了这么多的美梦，如今，我们这些昔日奴隶的后裔依然生活在这里，贫穷但很有尊严。我们栖息于我们的祖先为我们所赢得的祖传权力，但我们也从没忘记过自己的义务，即维护森林的繁茂和地球母亲的健康。我们的传统教导我们，这些领土喂养了我们被奴役的身体，同时，也在我们心中植入了自由的真正意义（Garcia 2007：2）。

　　这条连接人民、祖先和地球母亲的纽带构成了“自然”（nature）的时空共存的整体性，并将“自然”当成具有整体性的生命。自由与这条纽带一起诞生和成长；它是维持和以正当理由延续生存方式与人类的不竭动力①。

　　对非洲后裔的共同体而言，生存方式和生活并不是独立的个体或如世俗关注的那样。它们是从整体性，从立足于地球及更大的秩序（一个不同于原住民的宇宙观的视角）之间的关系和相互关联之中被思考的。世界、社会和共同体被认为是受到多种力量协调的多元体。女人和男人只不过是自然的产物。这种生命观有时被称为“祖训”（ancestral mandate），尤其在厄瓜多尔和基于胡安·加西亚

---

① 更为详尽的论述，请参见 Walash 2009：220－225。

的教导的情况下如是。换言之，作为"长者的训令，人们遵守它和传递它；这种做法加强了集体归属感：与前人构成一种隶属关系"①。在非裔哥伦比亚人的语境中，它被称为"muntu"，可理解为"人类"②。也就是说，例如：

> 家庭作为逝者（祖先）和生活方式的总和，与指称动物、树木和矿物（土、水、火和星星）的语词联系在一起……以密不可分的结的形式。正是这个人类的概念，这个世界上遭受剥削最深的民族，即非洲人，无怨无恨地将之返还给欧洲殖民者。这是一种在男人和女人以及滋养他们的世界之间充满了爱、幸福和和平的至关重要的哲学。（Zapata Olivella：362）

正如萨帕塔·奥利韦利亚在他的许多文章中所认为的那样，虽然人类（muntu）这个词在班图族人的非洲哲学中找到了它的根源，但它却是一种在美洲土壤上重建和重组出来的生命哲学，这种生命哲学并非仅仅是为了那些非洲的后裔们，而是作为对其他文明的一种贡献，包括导致现存的殖民性和奴役化的文明③。

我们坚信我们是被一个更大的秩序④连接在一起的兄弟姐妹——那个秩序就是自然或地球母亲——我们坚信就上下等级而言，其差异是不可评估的。这种宇宙观、哲学或生命观展望的是链接和团结，而非分裂与分离。那么，女人和男人的功能，除了社会功能之外，它还有责任去调解神灵与无生命体之间的矛盾，关怀自然环境，包括大地、河流、水域、动物和所有可见与不可见的存在。正是由于

---

① 2004 年 3 月的私人交谈。

② 太平洋地区的社区中心（Ombligada）的习惯做法就是这种哲学的一个具体例子。参见参考文献中阿沃莱达·昆诺尼斯和萨帕塔·奥利韦利亚（Zapata Oliella）在相关著述中的论述。

③ 请看布兰切（Branche）关于非洲离散诗学（malungaje）的概念和哲理的相关讨论。

④ 一个说明性的事实是，在太平洋地区的一些社区中以及在大西洋哥伦比亚海岸的一些地方，如圣巴西利奥的帕伦克村（el Palenque de San Basilio），人们提到体面死亡（el buen morir 或 dying well）。

这个原因，保护自然资源被理解为祖训，成为在非洲传统中集体福祉的概念之中的中心要素（Walsh 2009）。

正如阿沃莱达·昆诺尼斯所指出的那样，这一些观点将以共同体为基础的规划置放在太平洋地区，以寻求自主、和谐地处理祖先领土的方法。从这些规划中选取的一个摘录很有启发性：

> 位于太平洋河流周围的黑人先辈们的共同体曾拥有知识，既能确保生命和他们的社会的发展，又无损于生态系统的自然基础。这个事实表明他们认识到动力、循环和文化知识是保护山地、丘陵、河流、红树林和其他使用空间的基础。（Arboleda Quinonez：477）

基于埃斯梅拉达斯（Esmeraldas）的口头传统，胡安·加西亚确定了四个基本要素来帮助理解祖先们的智慧如何同集体性的领土权结合在一起的途径，以便建立起一种生命筹划及视野，并使其秩序井然。

1. 第一个要素是历史，那就是建立祖先的定居地，由此引发的一个集体生命项目，其建设时间已经不少于四代。

2. 第二个要素是建立祖先占领地的公共空间，该空间允许社会的、文化的再生产和生物的繁衍，允许实现个体和集体活动，这些活动促进了一种有尊严的、和谐的人生，其中包括保护知识、精神性和自然的相关活动。

3. 第三个关联要素与共存性或是祖先的遗产有关：不同民族的"共同生活"很有必要认可和尊重他人；包容差异，团结一致，分享所有。

4. 最后一个要素是处理自然资源，这是被当今几代人认定为一种生命态度的祖训，这种生命态度受到符号和规范体系的滋养，这些符号和规范鼓励尊重人类与自然之间的和谐关系。

这些要素合力构建了一种宇宙观或生命和生活哲学，这种宇宙观或哲学与引领现代的、西方资本主义的生活模式的宇宙观或哲学截然不同。其基础建立在对于地球母亲的流散祖先的理解及其领土斗争，这种斗争不仅仅是关于肉体的生存，还关于宇宙的和祖先的存在与生存。正如外祖父芝诺（Abuelo Zenon）①——集体记忆的声音——曾经说过：

> 当共同体丧失了祖先的领土，当山岳不再是保护非洲家族的"神的母亲"（mother of God），当河水不再为有形的存在提供生命之泉、为无形的存在提供避难所，那么，祖先的精神便穿越大海，寻找可以休憩的母亲大陆的土地（Garcia，未注明出版日期）。

这就是斗争的情形，在本论文的第三部分，也就是最后部分，我们将看到这种情形。这是当今非洲共同体的斗争，尤其是在太平洋地区，源于流离失所——或阿沃莱达·昆诺尼斯叫作流亡——作为武装冲突、国家的和跨国的政治以及资源榨取主义（extractivism）的实践的结果，包括三者之中的木材砍伐、矿业开采、贩卖非洲棕榈和毒品以及共谋行为。

正是基于为生存做斗争的视角，非洲共同体称道集体福祉，这是一种类似于原住民的"美好生活"的视角，指向互补性关系性和多样性统一的原则，以及自主、团结、社会与自然之间的根本性连接。从此意义上说，两种生命观不应该被简单地理解为是"种族的"或是"文化的"（cultural）；它们是从一种独特性和地方性构建出来

---

① 胡安·加西亚的外祖父芝诺，是非裔厄瓜多尔人口述传统中的一位重要人物。在重建和维护祖先的教诲的生命力过程中，他经常会被提起。

的生命哲学和概念，但这些生命哲学和概念的构想却涉及更广阔的宇宙。正是通过这种方式，一方面，它们可以被认为是"知识型态度"（epistemic attitudes）（Noboa），值得我们所有的人用其他逻辑去努力思考，然后去努力僭越西方的框架。但是从更广泛的意义上说，另一方面，它们被看作教育学，这种教育学用来瓦解和颠覆殖民权力矩阵，该矩阵越过知识、存在和自然、教学策略和姿态，而这些教学策略和姿态又挑战和对抗西方的与西方化了的"超教条"（paradogmas），因此，这些教学策略和姿态发出信号、打开并启动了去殖民化的道路。

三　政治进步，还是殖民性卷土重来？

当祖先们的生命观被定位为国家和国家政治及公共政策的中心原则时，会发生什么？这些哲学思想、理性和逻辑性能以不同方式指导社会和国家的改造或重建吗？尤其当当局、组织机构、政治和国家的实践依然受到西方框架和资本主义利益束缚时，应当怎么改造或重建？

从这个意义上说，这些生命观是否正在变得几乎与话语策略一般，这些话语策略给出了变化的外观？而同时，它仍在现代化、进步和发展的幌子下，促进利益，导致进一步粉碎、同化和延宕祖先的集体性、知识、领土和感情的结果？如今，在玻利维亚和厄瓜多尔的当下语境中，我们该怎样去理解这一切呢？由于篇幅所限，我将只强调许多新涌现出来的矛盾和紧张局势之中的一部分。

首先，让我们来看看厄瓜多尔的情况，在那里，美好生活是政府和国家政治的组织性原则——或至少是话语策略——这包括发展等术语在内，发展如今被认为是可以与美好生活互换的语词。可是，这种显露在厄瓜多尔国家发展或美好生活计划（Ecuador's National

Plan of Development or Buen Vivir）中的对等（在玻利维亚也有类似的情形），其意义很少取自祖先们的生命观，而更多地取自发展的另类替代性视野，这些视野在西方世界涌现出来："整体的、可持续的人类发展"，强调个人自由和自主性，可以理解为个人的能动作用、意志力和决心，在社会融合和共存方面，则可以理解为赞美的标准，该标准允许与社会的标准相链接①。当然，这不可能仅仅是一个巧合，这些标准和这个发展的视角是在当今的拉丁美洲正在推行的政策的基础，那些政策是由联合国开发计划署（UNDP）②和欧洲联盟合作组织（European Union Cooperation），包括欧洲社会基金（EUROsociAL）——一个欧洲联盟的同盟——国际开发银行（International Development Bank）和拉丁美洲经济委员会（CEPAL）在世界银行和国际货币基金组织的支持下提出来的。确实，有些人警告，这些制度和政策的真正议题是再殖民土地——领土及其自然资源（Delgado）③。

但是，在考虑到美好生活成为国家的中心任务时，还有一重顾虑。正是国家用技术专家的、经济学家的和人文主义的术语能指什么是发展和美好生活。从这个意义上说，美好生活等同于发展，就是国家。明显缺失用其他的宇宙观和不以个人为中心的生命的集体关系模式进行"思考"的可能性。就此而论，我们可以批判性地发问，这种新颖的美好生活—发展的二元论是否开启了当今与过去的发展主义所推崇的发展呢？是否摆脱了殖民权力矩阵的困境呢？抑或它提出了一种新型的、更为复杂的对制度安排和殖

---

① 这个问题的详细讨论，请参见 Walsh 2010。

② 不要忘记联合国开发计划署 2007—2008 年在玻利维亚投资了数百万美元，制作文本、电视节目和一部纪录片，其所有的动机就是试图影响制定或修改宪法的国民代表大会（Constituent Assembly），试图动摇公众远离一个多民族的国家的想法，远离全球市场经济（请参见 Walsh 2009）。

③ 联合国在 2009 年拨出 14.8 亿美元的专款用于实现厄瓜多尔的美好生活［加拉尔萨（Galarza）］。这个事实引导我们思考进一步的问题，即如今我们所见证的是否是联合国的战略性利用和收买。

民纠葛的容纳策略呢？

为了进一步说明，让我们再看一个例子。在 2008 年的厄瓜多尔宪法中，自然被命名为权力的主体（世界上这样做的第一个国家），矛盾就产生于该命名和 21 世纪新资源榨取主义之间。宪法中写道：

> 自然或安第斯地球母亲，生命在此诞生和繁衍，自然享有权利让人们整体地尊重其至关重要的循环期、结构、功能和演化过程的存在、维护和再生（第 71 条）①。自然享有权利恢复原貌或修复曾遭受的破坏（第 72 条）。

尽管有此进步，且在新宪法获得批准后，不到三个月的时间，又通过了一个矿业法，该矿业法通过以下条款有组织地支持矿业公司：

- 给予他们国民待遇；
- 允许在未经业主同意的情况下征用土地；
- 确保矿业公司的产权和使用权超越集体和祖先的权利；
- 只有在获得授权后才能要求参与和咨询；
- 判定破坏采矿活动的行为为犯法行为；
- 在未经团体许可的情况下享有勘探自由。

在一场新闻发布会上，加拿大的金罗斯黄金公司（Kinross Gold Corporation）欢迎新法律，认为新法为"一个负责的采矿业的发展提供了坚实的基础和框架"（Kenny），而绝大多数的采矿业坐落在非洲人的领土上。正如胡安·加西亚宣告的那样：

> 这个政府只致力于支持采矿工人、棕榈的种植者和伐木工

---

① 译文为：威得恩环境法中心（Widener Environmental Law Center）。博客：http://blogs.law. widener. edu/envirolawblog/2011/07/12/Ecuadorian-court-recognizes-constitutional-right-to-nature/。

人，结果，只是加速破坏和污染非洲祖先的领土……随之而来的是，我们丧失了对于我们的河流、庄园、森林和生命……的社会的和文化的控制权（Garcia and Walsh）。

与此有关的还有以下事实，埃斯梅拉达斯北部27000多公顷的祖先土地近几年来被卖给或授权给非洲棕榈树的种植者，其中15000公顷土地坐落于卡亚普斯—圣地亚哥公社（Cayapas-Santiago Commune）的祖先的领土之内。在现任政府统治期间，尽管非裔厄瓜多尔人拥有集体的权利和"自然的权利"（rights of nature），国家公共工程银行（Banco National de Fomento）已经给棕榈种植公司发放了16655公顷的土地融资，比之前的土地融资额度增加了一倍多。也就是说，现任政府发放给棕榈种植的信贷额度，其增幅超过了历史上的任何时期，无论是在贷款的数额方面，还是在祖先的土地的使用方面，这些土地或"给予"或租赁给本国和跨国的棕榈种植公司（Roa）。

另一个矛盾例子是水利法的提案，该提案将开放获取采矿及其他资源榨取分子的利益。2009年和2010年，在原住民运动的领导下，举行了反对水利法提案及矿业法的大规模抗议活动，这次抗议活动被判定为违法行为，原住民运动及其领导者被政府谩骂为"恶魔之新眼"（new eye of evil），由此开始了此类活动的定罪行为。正如科雷亚（Correa）总统所述："对'公民革命'（Revolucion Ciudadana）的危害是幼稚的左派、幼稚的亲原住民的运动和幼稚的生态运动。"["总统报告"。（Informe del Presidente）2010年8月10日]。自2009年末以来，已经有189位原住民领袖被指控犯有反对政府的恐怖行为和蓄意破坏行为，这项指控之前从未在厄瓜多尔使用过，甚至在独裁政权期间也未使用过。这些领袖至今仍被拘留着。

阿尔贝托·阿科斯塔是前能源与矿业部部长（Minister of Energy and Mines）、2007—2008年制定或修改宪法的国民代表大会的前总统，对他来说，这个矛盾是很清楚的："为自然"（Nature）和生命（Life）做斗争的战士们被定罪成恐怖分子，以便让跨国公司可以肆意掠夺自然资源……压制行为承袭旧的政治，导向取缔和惩罚社会运动……21 世纪新资源榨取主义之手不会因任何事情而停止其掠夺行为（Acosta，2011）。

玻利维亚事件也是紧张局势和矛盾的一部分。这个事件就是最新的示威游行：该游行旨在保卫地球母亲，反对建造连接科恰班巴（Cochabamba）地区和贝尼（Beni）地区的高速公路，因为这条公路横贯原住民的领土（Indigenous Territory）和伊斯博洛原住民的保护地国家公园（National Park Isiboro Secure）的中心地带［原住民领土暨伊斯博洛原住民的保护地国家公园（TIPNIS）］。TIPNIS 是国内最大的生物多样性地区之一，拥有 700 多种动物群和 400 种植物群（Kenner）。据报道，那里还拥有石油和大量的碳氢化合物（hydrocarbon）储量。TIPNIS 地区的游行是玻利维亚历史上行程最长的游行，全程超过 600 千米，8 月份起始于特立尼达拉（Trinidad）的低地，2011年 10 月 19 日抵达拉巴斯（La Pas），沿途受到超过 100 万支持者的热情接待。在他们所提出的 16 项要求中，除了 TIPNIS 冲突的解决方案之外，还有保持土地卫生（saneamiento）——使之健康，停止位于查科·塔利亨诺（Chaco tarijeno）另一个公园内的石油开采，尊重咨询（la sonsulta），即政府和外部单位，需要按照国内和国际法的相关规定开展咨询。

修筑横贯 TIPNIS 的公路问题很复杂，主要有以下三个原因：（1）该项目受到垦殖者（colonos）与农民（campesinos）的支持，包括查帕雷（Chapare）的可可种植者，因为这条公路将帮助他们进军拉巴斯市场；（2）该项目链接了一个雄心勃勃的勘探和开采碳氢化合物的国家计划（2010 年确定勘探 730000 公顷）；（3）该项目吸引的外资：作为一个更大的一揽子计划的一部分，受到巴西的资助，那个一揽子计划通过大型项目、资源榨取主义和其他以资本为基础的动议，将巩固巴西在该地区的霸权地位（Mirian Garcia）。

政府认为这条高速公路将带动 TIPNIS 地区的原住民共同体以及贝尼和科恰班巴地区的发展（Kenner）。莫拉莱斯（Morales）总统连同其他官员反复强调，无论原住民是否愿意接受这个项目，筑路已经是板上钉钉的事情。所以，他们对游行的回应是：这次游行受到非政府组织（NGO）的资助，只不过是一种"媒体恐怖主义"（media terrorism），它是右翼势力和外界力量——包括来自美国和美国中央情报局（CIA）的力量的操控，目的是创造必要条件以复辟新自由主义和返回保守的政权。这样，论点就是警察的暴行和镇压因此是正当的，尽管至今仍不清楚到底是谁发布了这个命令。

这次游行造成了数百人受伤，一名儿童死亡，以对话失败和国防部长［塞西莉亚·查孔（Cecilia Chacon）］及其他政府部长［萨恰·略伦蒂（Sacha Llorenti）］的下台而告终。面对这样的结局，人们不得不怀疑这个政府项目是否内容健全、方向正确。阿弗雷多·拉达（Alfredo Rada）（前政府部长，2007 年 1 月至 2010 年 1 月在任）近期发表声明：政府"以为那群人（grupo de companeros）举行游行，阻止建造通过 TIPNIS 的高速公路，其实是在寻找推翻政府的途径。我相信那就是一个错误的开始点"。①

2011 年 10 月 24 日，埃沃·莫拉莱斯（Evo Morales）总统签署通过法律，规定禁止建造那条高速公路，这么做等于接受了游行的中心要求。虽然此次签署表明莫拉莱斯可能回归——单独声明——到在宪法中规定的历史项目，但是政府作为一个整体，包括莫拉莱斯在内，其方向仍不明朗。

从本质上而言，TIPNIS 事件所揭示的是，存在于生命观及其潜在主题和发展的意义之间的斗争仍然是殖民斗争，且仍然是目前的斗争。斗争的一方是资源榨取分子的模式，那个模式将开发和出口自然资源看成增加收入、促进进步与发展的途径；斗争的另一方是

---

① 2011 年 10 月 12 日玻利维亚教育电视台（ERBOL）对阿弗雷多·拉达的采访。

立足于人类与自然的和谐关系之上的视角，或美好生活的视角，这些视角寻求可替代的和公平的方式去生产和分配财富。① 正如基多（Quito）的一篇新闻社论所述（Luna）：两个国家和它们的历史是如此相似，而且，我们还可以补充，这两个国家在生命观和国家政治之间的紧张局势与矛盾也如此相似。

最后，玻利维亚和厄瓜多尔的当前情形日益清晰地显示：渴望和缔造一个新社会，有能力也有意愿去对抗殖民的遗产和权力的模式，并且"从"（from）生命观和逻辑进行思考以及"用"（with）其他生命观和逻辑进行思考，包括美好生活或集体福祉，实现这一切的希望不在政府或政治选举出来的官员，也不可能在国家本身，而是在共同体、运动和民族。从这个意义上说，外祖父芝诺的话，即非裔厄瓜多尔人的集体记忆的声音，显得特别贴切：

> 我们不能忘记，我们生活在这些领土上的权力是在对毁坏/伤害的历史修复中诞生的，这种毁坏/伤害意味着我们非洲的血缘因为美国而被拆散，这种拆散使我们在构建国家之前，不得不生活在别人的意志之下，时间长达数百年，而现在国家却在命令/规范我们。
>
> 作为人，今天的我们从来不是我们想要的，因为今天的我们并不是完全取决于我们的意愿或我们所渴望成为的那样。今天的我们是国家法律命令和规定我们变成那个样子的。（加西亚引用外祖父芝诺的话，2010：66，67）

正因为如此，最恰当的问题是，我们今天在像玻利维亚和厄瓜多尔这样的国家所看到的难道不是殖民性的卷土重来？

---

① 对这个问题的精彩分析和阿尔瓦洛·加西亚·利内拉（Alvaro Garcia Linera）副总统所扮演的特殊角色，请参见其同西尔维娅·里维拉·库西坎基之间的访谈：http：//www.youtube.com/watch? v = yCqVJNnefcw&feature = share。

参考文献：

Acosta, Alberto (2011), "El uso de la justicia como mecanismo de terror", El Universo. 8 defebrero, 2011.

[http://www. eluniverso. com/2011/02/08/1363/uso-justicia-comomecanismo-terror. html] downloaded Nov. 4, 2011.

——(2010), "Toward the Universal Declaration of Rights of Nature. Thoughts for Action". [http://alainet. org/images/Acosta% 20DDNN_ingl. pdf] DownloadedNov. 42011.

Arboleda Quinonez, Santiago (2007), "Concimientos ancestrales amenazados y destierro prorrogado: la encrucijada de los afrocolombianos", *Afro-reparaciones: memorias de la esclavitud y justicia reparativa para negros, afrocolombianos y raizales*. Claudia Mosquera Rosero-Labbe y Luiz Claudio Barcelos, eds. Bogota: Universidad Ncional de Colombia. 467 – 486.

Branche, Jerome (2009), "Malungaje: Hacia una poética de la diáspora Africana". Bogotá: Ministerio de Cultura/Biblioteca Nacional de Colombia.

CONSTITUCIÓNDELAREPÚBLICADELECUADORAsambleaConstituyente2008. [http://www. derechoambiental. org/Derecho/Legislacion/Constitucion_Asam% 09blea_Ecuador_1. html] downloaded Nov. 4, 2011.

Correa, Rafael(2010), "Informe del Presidente", August 10, 2010.

[http://ipsnoticias. net/redir. php? idnews = 91081] downloaded Nov. 4, 2011.

Delgado, Freddy (2006), "Presentacion". *Educación intra e intercultural. Alternativas a la reforma educative aneocolonizadora*. Freddy Delgadoy Juan Carlos Mariscal, eds. LaPaz: Plural.

Escobar, Arturo(2005), *Más allá del tercer mundo. Globalización y diferencia*. Bogotá: Instituto Colombiana de Antropologíae Historia/Universidaddel Cauca.

Estermann, Josef (1989), *Filosofíaandina. Estudiointercultural de la sabiduría autóctona andina*. Quito: Abya-Yala.

Galarza, Veronica(2009), "La ONU respalda el buen vivir", ElTelégrafo. August 26, 2009.

Garcia, Juan. 2010. *Territorios, territorialidad y desterritorialización: un ejercicio pedagogico para reflexionar sobre los territorios ancestrales*. Quito: Fundación Altrópico.

——(2007), "Documento de la comuna de Playa de Oro". Unpublised document. Esmeraldas.

——n. d. "Territorios ancestrales afroecuatorianos: una lectura desde el proceso". Unpublished document.

——and Catherine Walsh（2010），"Derechos，territorio ancestral el puebo afroesmeraldeno"。 *Estado constitucional de derechos*？ *Informe de derechos humanos* 2009。 Quito：Universidad Andina Simón Bolívar/Ediciones Abya-Yala。

Garcia，Miriam（2011），"Bolivia：los porques del conflicto del TIPNIS"。 *Laguaruranet.*

［http://laguarura. net/2011/09/29/bolivia-los-porques-del-conflicto-del-tipnis/］ downloaded Nov. 4，2011。

Kenner，Dario（2011），"Interviews：Bolivian government decision to not build road through TIPNIS"。 *Bolivia diary.*

［http://boliviadiary. wordpress. com/2011/10/22/interviews-reaction-to-bolivian-government-decision-to-not-build-road-through-tipnis/］ downloaded Nov. 4，2011。

Kenny，Zoe（2009），"New Ecuador Mining Law Angers Social Movements"。 *Direct Action for Socialism in the 21st century.* 9。

［http://directaction. org. au/issue9/new_ecuador_mining_law_angers_social_movements］ downloaded Nov. 4，2011。

Luna Milton（2011），Editorial。"La marcha indigena"。 *ElComercio.* Oct. 15，2011。

［http://www. elcomercio. com/milton_luna/marcha-indigena_0_572342927. html］ downloaded Nov. 4，2011。

Medina，Javier（2002），*La Vía municipal hacia la Vida buena. Insumos para ajustar la EBRP.* La Paz：Garza Azul。

Nueva Constitución Política Del Estado Plurinacionai De Bolivia. 2009。

［http://www. consuladoboliviano. com. ar/portal/node/119%5D］ downloaded Nov. 4，2011。

Noboa，Patricio（2011），"Lucha de sentidos en torno a la naturaleza y la cultura：representaciones desde el turismo comunitario"。Doctoral Dissertation。 Universidad Andina Simón Bolívar，Quito。

Quijano，Aníbal（2000），"Coloniality of power, Eurocentrism, and Latin America"。 *Nepantla. Views from South.* Vol. 1. 3. 533 – 580。

Rada，Alfredo（2011），"Interview with Alfredo Rada"ERBOL。Oct. 12，2011。

［http://www. opinion. com. bo/opinion/articulos/2011/1012/noticias. php？id = 28310］ downloaded Nov. 4，2011。

Rivera Cusicanqui，Silvia（2011），Entrevista。

［http://clickgenero. wordpress. com/2011/05/25/entrevista-a-la-socialoga-silvia-rivera-cusicanqui/］ downloaded Nov. 4，2011。

Roa, Ivá(2001)，" El desborde de la violencia：raza, capital y grupos armad s en la expansión transnacional de la palma aceitera en Narino y Esmeraldas". Masters Thesis. Flacso, Quito.

Walsh, Catherine(2011)，" Gébero en perspectiva decolonial". Keynote Talk. *Género, poder y cultura. Reconociendo la diversidad.* Pontificia Universidad Católica del Perú, Lima. September 8 – 10, 2011.

——(2010)，" Development as *Buen Vivir*：Institutional Arrangements and (De) colonial Entanglements". *Development* (Rome：Society for International Development). Vol. 53, No. 1 (2010)：15 – 21.

——(2009)，*Interculturalidad, Estado, Sociedad：Luchas (de) coloniales de nuestra época.* Quito：Universidad Andina Simón Bolívar/Abya-Yala.

—— and Garcia, Juan. (2002)，" El pensar del emergente movimiento afroecuatoriano. Reflexiones(des) de un proceso. *Estudios y otras prácticas intelectuales latinoamericanos en cultura y poder*". Daniel Mato, coord. Buenos Aires：Clacso. 317 – 326.

[http：//www. globalcult. org. ve/pdf/WalshGarcia. pdf] downloaded Nov. 4, 2011.

Zapata Olivella, Manuel(1997)，*La rebelión de los genes. El mestizaje americano en la sociedad futura.* Bogotá：Alamir.

钱纪芳　译

（译者单位：浙江理工大学外国语学院）

第三部分

知识的（去）殖民性

欧洲中心主义，现代知识和
全球资本的"自然"秩序

埃德加多·兰德（Edgardo Lander）

最近，在关涉现代世界之中的霸权性知识的论争中，已浮现出一系列的基本假设，借此我们可以将主导性的知识观念定性为是欧洲中心主义的（Lander 2000a）。在简要地描述其主要假设后，我将在这里对欧洲中心主义视角在那些指导着当下实践的指导性原则或基本原理之中的无所不在进行探究，而全球性资本秩序正是依据这些原则或原理而得以规划、合法化和自然化（也就是减少其人为的色彩）。沿着这一些思路，我将对以下问题进行阐明：不管是在已经失败的多边投资协定（MAI）中对私人投资进行保护的国际规范之中，还是在世界贸易组织（WTO）关于知识产权保护的协议之中，都存在欧洲中心主义的这些基本元素。

欧洲中心主义知识的视角是这一话语的主轴：其不仅将享受特权的少数人与被排斥和被压制的大多数人之间越来越严重的两极分化自然化，同时还使其变得无从避免。欧洲中心主义知识是掠夺式文明范式的核心，这一范式威胁要摧毁使得地球上的生命成为可能的那些条件。为此，批判欧洲中心主义以及发展/恢复替代性的知识视野并不能仅仅被理解为一种深奥的智识或学术事业，或由此被解读为一个局限在研究知识型问题的一小群学者之间的有趣辩论的话题。实际上，这些问题同那些极为关键的地域性和全球性政治诉求关系密切，这一些诉求转而又与共同体、组织以及各种运动相关联，它们（以各种不同的方式）遭遇并不断抵制跨国资本在全球范围之内甚嚣尘上的霸权。

欧洲中心主义知识的基本假设

欧洲中心主义知识视角的主要假设可概括如下：

1. 建构多重的和反复重申的区分或者对立，是欧洲中心主义知识的基础。这些之中最为典型、最重要的——但毫无疑问这些并不是唯一的——包括理性和身体、主体和对象、文化和自然、阳性和阴性这些基本的，等级性的二元对立（Berting 1993；Quijano 2000；Lander 2000b）。

2. 区域性或地方性的欧洲历史被理解为普世性的大写的历史（*universal History*）。根据这个视角，相对于任何其他的历史而言，欧洲都是标准或参照，代表着人类从"原始"发展到"现代"的巅峰（Dussel 2000；Quijano 2000）。

3. 同他者之间的差异被转换为价值观上的差异（Mignolo 1995）、时间和空间上的差距（Fabian 1983），以及各种将所有非欧洲人定义为下等人（"野蛮"、"原始"、"落后"或"未得到充分的发展"）的等级秩序。作为一种将世界上各个民族进行分类的工具——按照从上等人到下等人的等级——种族的范畴在这里发挥着重要作用（Quijano 2000）。

4. 科学知识和技术的发展按照直线向上的方式不断推进，不断地达到知识的更高水平以及获得更为强大的能力，以便更有效地改变环境。

这些假设的霸权性存在对现代社会知识的建构有着多重的影响。这里，我仅想要强调以下的几点：

第一，一种特定的知识类型——西方科学知识——被认为是真实的、普世性的和客观的；与此同时，以这一形式为标准，所有其他的认知模式都被定性为无知或迷信。在西方的知识中，理性和身体的分离是一种"无实体的"（disembodied）、去主体化的知识的基础；这些分离支持着作为一种普世性知识的声称，是客观的并且不受具体时空的侵扰。

第二，通过理性/身体、文化/自然之类的二元对立，一种相对于"自然"的外在性关系得以确立。这是征用/剥削的前提条件，西方范式的无限增长也正是以此为基础。

第三，通过忽略民族与文化之间的殖民性/帝国性关系——正是这些关系使得现代世界体系成为可能——欧洲中心主义知识将现代性理解为欧洲超然禀赋的一种内在的产物，与世界上其他地区毫无瓜葛（Coronil 1997，2000）。同样，地球上其他民族的当下状况也被认为同殖民性/帝国性经历没有任何联系。相反，他们认为，目前的"落后"与"贫穷"是由于资本主义的发展还不够充分。此类的情形并没有被视为是现代经验的产物，而被认为是现代性缺场的症状。因此，我们面对的是一部被去历史化的历史，现代殖民性世界体系之中的构成性关系隐匿在其中（Coronil 1997，2000；Mignolo 2000a，2000b；Quijano 2000）。

第四，从欧洲中心主义的基本假设出发，自由主义社会被认为理所当然应该是万事万物的自然秩序。一旦先前"原始的"或"落后的"历史阶段被超越，自由主义资本主义社会的特定历史经验和自由主义世界观也就被从本体论上认为是社会的"正常"形态。这样，占有性个人主义（Macpherson 1970），集体生活被分割为不同的领域（政治、社会、文化、经济），以及与自由主义社会特有的物质商品积累单方面相联系的财富与美好生活的观念，就转换成普世性标准，以便评判地球上其他民族和文化中的不足、落后和贫穷。

从这一系列相互关联的假设所构成的霸权中，我们可以得出结论，当今世界的主要转型实践——包括市场和金融活动的全球化、放松管制和开放的政治，以及结构性调整和国家社会政策的废除——仅仅只是为了适应"技术转型"或由"全球化"所引发的新形势。这些条件被认为是"现代"或"后现代"社会的全新阶段。鉴于自由主义思想霸权所确立的常识，这些实践必然地被认定为代表着自然历史的进程。在围绕着这些实践所做出的分析与辩论中，一切参与者，连同他们的利益、策略、矛盾与对立都一并消失了。社会实践自然化的最强有力的后果便是卓有成效地掩盖了全球化主义主导性趋势之下的权力关系。

自由主义社会的"自然"秩序

近三个世纪以来，自由主义社会被认定为人类经验中最自然、最高级的形式，这一观点已经成为现代世界历史不可分割的一部分，成为殖民性/帝国性体系之文明使命的合法基础；在更近一段时间，即二战结束以来，它又在"发展的话语对现实的殖民化"（Escobar 1995：22）之中获得新的能量。伴随着发展这一幻想，对世界其他地区征服的进程愈演愈烈、日益加剧，他们运用一个密集的全球性制度网络将地球上的大部分人群定性（运用由社会科学所提供的诊断）为短缺、贫乏与落后，借此将拯救这些人于悲惨境地的大规模干预行为合法化。

> 他们提倡这样的发展类型：与西方富裕国家的理念和发展期望相符合，与西方国家认定是进化和发展的正常进程相符合……通过这些术语来将进步概念化，这种发展战略就成为规范世界的一个强有力的工具。（同上，第26页）

在这一全新策略的人文关怀和乐观前景的背后，全新形式的权力与控制以更微妙和更有效的方式发挥着作用。穷人在界定和维系自我生命的能力受到前所未有的严重削弱。穷人成为更加精致复杂的实践的目标，陷入了无法逃脱的各种各样项目编织而成的网络之中。从欧美的全新权力机构、到国际复兴开发银行（International Bank for Reconstruction and Development）以及联合国的办公室，从北美洲和欧洲的校园、研究中心和基金会、到欠发达国家大都市里的新规划办公室，都在积极宣扬这种全新发展模式，该模式在几年内会延伸到社会的各个方面。（第 85 页）

组织的前提就是相信现代化是能够摧毁古老迷信和关系的唯一力量，不计任何代价，无论是社会的、文化的，还是政治的。工业化和城市化都被看作向现代化推进的必要进程，并且无从避免。（第 86 页）

这些假设并没有使我们注意到曾彰显当今世界体系中民族与文化之间关系的殖民性/帝国性，而是维持了卓越的效率，使规划、谈判和建立全新的资本全球性体制秩序等最重要的实践既合法化又自然化。这些假设构成理论上的规范遗产，在此基础上，全球贸易与国际金融专家们将其专业知识合法化。在这个意义上，（已失败的）多边投资协定（MAI）① 的谈判内容和世贸组织（WTO）的协议具

---

① 多边投资协定是一项保护投资者权益的条约，是经济合作与发展组织（OECD）的成员国在 1995 年和 1997 年之间秘密商议的。1997 年初，当多边投资协定的部分内容在互联网上公布之后，引发了全球性的广泛抵抗，谈判在 1998 年 12 月便中止了，最终协定没有得到签署。尽管这些谈判没有达成最终协定，但是谈判文本却仍然具有十分重要的意义，主要包括以下两点根本原因。首先，不同于其他描述当下全球化进程中的国际公约和贸易协定的文本，多边贸易协定文本更加清晰地表达了被合适认为是跨国资本全球议程的核心内容。其次，这个主要由大型跨国公司和美国政府倡导的议程，其主要内容持续出现（有时在字面上与多边投资协定相呼应）在许多双边、区域和多边论坛与谈判中，包括关于促进和保护投资的双边协定、美洲自由贸易协定、亚太经济合作论坛，以及在世界贸易组织和国际货币基金组织内开展的谈判。关于此协定的详细内容解释和政治含义，可以参见 Lander 1998。关于协定全文，可以参见 OECD 1998。

有特别重要的意义。

市场(和自由贸易) 作为自然秩序(这个秩序的
任何障碍均代表着非自然的扭曲)

> 我们正在书写一种单一的世界经济的宪法。
>
> ——雷纳托·鲁杰罗（Renato Ruggiero），世界贸易组织第
> 一任总干事

建立"自由贸易"① 这一全球化体系的意义可以在以下事件之中得到阐释，那就是世贸组织赋予"乌拉圭回合"谈判的重要性，这一旷日持久的著名谈判最终促成这一全球化组织。"这无疑是前所未有的最大规模的贸易谈判，并且很有可能是历史上最大规模的谈判，没有任何其他的谈判可以在规模上与其媲美"（WTO 1999b：12）。

这个组织的目标是创建"一个未扭曲的商业体系"：世贸组织（同上，第 7 页）"是一个致力于开放、公正和未扭曲的竞争的规则体系"。"从本质上说，如果价格高于或低于正常价格，并且生产、购买和销售的数量也高于或低于正常数量，也就是说，高于或低于竞争性市场中的正常水平，那么贸易也就遭到了扭曲"（第 17 页）。

相对于扭曲（或者非自然）的方式，在体现在投资协议中的经营要求禁令之中，可以很明显地看出那些是正常的、自然的处理事情的方式——无论是在过去几年就投资促进与保护的谈判而达成的广泛双边协议中，还是在多边投资协定的商讨文本中。美国政府官方文件在提到这份协议时，反复重申"投资者在自由市场中所做出的贸易和投资决策，总体上会因为'经营要求'而遭到扭曲"〔经

---

① 实际上，谈到商业体制，更准确地说，它是由大型跨国公司"共同管理"的。（世界贸易组织/多边贸易协定 1999 工作小组）。

济和企业事务局（Bureau of Economic and Business Affairs）1998〕。

"经营要求"是一个术语,用于描述范围极为广泛的一系列公共政策,这些政策在某些方面可以限制投资者的完全自由。多边投资协定商议文本对明令禁止政府使用的经营要求进行了详细列举。

涉及缔约方或非缔约方的投资人在其属地内创建、获取、扩大、管理、运作、维护、使用、享受、出售,或以其他方式处置其投资,缔约方则不能强加、实施或保持以下要求,或强行规定任何承诺或保证:

（a）出口给定水平或比例的货物或服务;

（b）达到本国含量的给定水平或比例;

（c）购买、使用或优先购买、使用其属地生产的产品或提供的服务,或者从其属地的人员处购买产品或服务;

（d）以任何方式将进口的数量或价值与出口的数量或价值联系起来,或与此种投资相关的外汇流入量联系起来;

（e）限制在其属地内销售此种投资生产的产品或提供的服务,将此类销售与其出口量/值或外汇收入联系起来;

（f）向其属地内自然人或法人转让技术、生产流程或其他专利知识,下列条件除外:i）法院、行政法庭或竞争主管机构为补救涉嫌违反竞争法的情况而强制执行或履行承诺,或 ii）相关知识产权转让并未违反关贸总协定知识产权协议（TRIPS）要求实施;[①]

（g）将其瞄准某个特定地区或全球市场的总部设置在缔约方的属地;

（h）专门从某个缔约方属地向某特定地区或世界市场提供一个或更多它所生产的产品或所提供的服务;

---

① 　与贸易有关的知识产权（TRIPS）协议。这项协议的文本是世界贸易组织协定的附件 1C（1994）。

（i）在其属地内实现研发的特定水平或价值；

（j）雇用一定数量的居民；

（k）与国内合作者创建一个合资企业；

（l）除了公司董事或创办人名义上的资格股份额之外，国内参与股权达到最低水平［经济合作与发展组织（OECD）1998：18—20］。[①]

与此相一致，投资者的完全自由应始终优先于所投资国家、地区和共同体的任何社会、文化、经济的利益、目标或价值。任何重新定位、改变、调控、促进、限制或取缔投资者活动的尝试均构成了歧视或扭曲。因此，投资者在同样自由的市场做出自由的决策是件很自然的事。从这个视角看，对这种自由附加的任何条件——作为社会、文化和道德标准的结果——扭曲了事物的自然秩序，这一扭曲令人无法接受。经营要求被视为"通过强加一些要求扭曲投资决策，以便有利于管辖者的利益"（Singer and Orbuch 1997）。

自然秩序和政府的法定职能

依照上述所列举的规定，任何国家、地区或地方共同体都不得在自己权限内依据自己的目标合法地设定标准去指导或推进投资。即使这些目标是经过民主设定而且代表了广大民众的意见，也概莫能外。换句话说，各级政府必须自愿作为被动的旁观者，等待国内外投资者就国家或地方的资源、土地和人类的潜能做出决策。

相对于那些非法的功能（所有法律、标准、规定、政策或公共投资可以任何方式扭曲市场功能和投资者自由意志的功能），边界决定了构成国家极为有限的——因此合法的——核心职责，它代表了

---

① "这篇文章进行了严格分类，是因为这些地区的各国政府施加的条件给投资者带来了沉重负担，削弱了他们的投资竞争力"（Brooks 1997）。

整个多边投资协定中的最重要的规范性理念之一。根据美国代表（谈判小组副主席）所言，尽管条约对公共政策强加宽频谱的制约性，但也允许一些特例的存在。"这些特例确保政府即使受到特定的约束，也能够履行一些他们认为势在必行的核心职责。"（Larson 1997）。

在国家投资上的限制也同样存在于世界贸易组织协定中。例如，就农业方面而言，下述条款对公共投资中允许和禁止的部分进行了规定：

对直接刺激生产的支持项目和那些被认为没有直接效果的项目，农业协定进行了区分。

对生产和贸易确有直接影响的国内政策必须予以削减。（WTO 1999b：18）[①]

从该自然化的视角看，只有通向自由主义化和放松管制的公共政策和政府行为才是合法的。任何旨在瞄准相反方向的政策显然是"特殊利益群体只对保护自己的特权地位感兴趣，而不惜以他人为代价"的政策（同上，第58页）。因此，需要有跨国司法裁决来保护政府远离来自社会的民主诉求。[②]以下这一世界贸易组织文本清楚地表明了这一点：

---

① 很多政策被视为"扭曲的"，因为各国政府倡导这些政策是基于标准或优先权，而不是自由贸易的绝对优先权。尽管这些目标可能的重要性确定了政策的方向。

即使扭曲农业贸易，但是各国政府通常会从三方面来支持和保护他们的农民：

·确保生产足够的食物来满足国家的需求。

·保护农民不受天气和国际价格波动的影响。

·保护农业社会。（WTO 1999b：18）

② 这符合限制"过度民主"（excesses of democracy）的旧思想，这在右派思想中已存在几十年了。从这个意义上说，约瑟夫·熊彼特（Joseph Schumpete）（1983［1942］）的干预措施和三边委员会的报告——《民主的危机》（The Crisis of Democracy，Crozier，Huntington，and Joji 1975），已经被认为是传统的。

每个国家都理所应当地想要保护其经济主权。大多数国家更愿意在没有外在压力的情况下采用自己的经济改革。但由于国内特殊利益群体将自己的经济福利凌驾于整个国家福利之上，改革就会受到延缓或阻挠。此类情形下，履行多边义务可以帮助政府通过经济改革来促进经济增长和发展。同样，与世界贸易组织伙伴开展互惠贸易谈判的机遇——例如，一个国家出口时能够顺利获取较低的商品贸易壁垒，作为交换，在进口时它也需降低贸易壁垒——能够帮助政府战胜那些只对保护自身特权地位感兴趣而不惜以他人为代价的特殊利益群体（同上）。

正如皮埃尔·布迪厄恰如其分的论证，除了限制国家的行为能力外，这种全新的全球法定秩序的目的是"质疑一切可能阻碍纯粹市场逻辑的集体性结构"。

专业知识

那些以专业知识（这里是指单数的经济学专门知识）的名义论道的专家们明确主张，以投资与贸易自由流通过程的自然化作为标准进行指导，在此条件下，国际社会必须组织起来：

经济学家和贸易专家们普遍认识到，世界贸易组织体系有助于发展。（WTO 1999b：7）

基于多边协商规则上的开放贸易体系经济案例非常简单，主要依靠商业常识。而且也有证据支撑："二战"以来世界贸易和经济增长的经验。（第8页）

经济学家们赞同，最大的盈利国是那些削减其自身贸易壁垄的国家。乐意向消费品和生产投入的国外供应商开放市场，从而可以扩大选择，提升所提供价格和服务的竞争力。对一个或另一个经济部门给予特殊待遇的贸易保护扭曲了一个国家使用其生产性资源的方式。撤销或减少这种扭曲可以更加有效地利用资源。（WTO 1999a：5）

在国际经济关系中，这些关键因素的"自然化"/非政治化表现为一种将不同意见转变成技术问题的趋势，并由相关专家通过"客观"和"公平"的方式来解决这些问题。

根据投资多边协定，一旦规定（包括环境与健康相关的规定）从科学角度上被认定为存在有争议，就可以提交给一批学科专家们去考虑（OECD 1998：66）。世界贸易组织协议确立了类似的实践。

在世界贸易组织补充协议中，对食品安全和动植物健康标准（卫生与植物检疫措施）的基本规则做了陈述。此协议允许世界各国自行制定标准。（WTO 1999b：19）

世界贸易组织协定鼓励各成员国运用现有的国际标准、指导方针和建议。当然，在科学论据的支持下，各成员国也可以采用更高标准的措施（同上）。

在文本中，这些看似只是客观科学标准的简单应用，实际上涉及的却是极其复杂又颇具争议的问题。无论是基于科学论据（关于这点，可能存在也可能不存在共识）还是基于人们的特殊偏好，调控、限制或阻止某一产品或者工艺流程使用的标准一旦建立，上述情况就会出现。围绕从转基因动植物身上获取食品的激烈辩论恰恰证明了这一点。在世贸组织标准应用的案例中，最为大家所熟知的便是有关美国诉讼欧盟禁止（在欧共体）销售含有激素的牛肉或牛奶的案件。尽管受到欧洲大陆绝大多数人的反对，但是世界贸易组织的裁决仍然偏向美国，认为欧盟的禁令是不公正的贸易保护主义，违反了贸易自由，从而强制欧盟要么允许这些产品的进口，要么面对严厉的制裁。世界贸易组织当局为解决纠纷而组织的几位专家驳回了欧盟人民民主表达的诉求。案件判决，对消费转基因牛肉的恐惧缺乏科学依据；在世界贸易组织定义的世界新秩序中，这种优先权并不是人们可以合法选择的。

　　大部分涉及科技事件的伦理和政治冲突并没有明确的科学解决方案，同时，意见上的分歧与诠释上的差异也会无限期地延续下去（Nelkin1977，1984）。通常情况下，利害攸关的问题不能仅仅寄希望于通过专家的观点得到解决。人们基于道德选择或基于特殊文化背景的决定权正在被否定。仅仅因为"专家们"认为他们的反对意见是出于偏见而已，就让人们置身于某些科技流程潜在的有害影响之中，无法表达自己的意愿，这是全球资本主义秩序下独裁主义不断扩张的一个例子。这些问题并不取决于在科学界究竟是存在还是缺少一致的意见。正如汉斯·乔纳斯（Hans Jonas 1984：118）指出的那样，无论如何，人类对自然的行使能力总是远远大于这种权力长远影响的可预测性，如有疑问，就呼唤责任感的道德标准①。在做出这种决定时，一旦认为只需考虑专家们的意见和投资者们的权利就已经足够（Lander 1994），这种理论层面的选择就会被否弃。

　　在西方科技共同体内部争论之外，存在着这样一个事实：当今世界，跨国资本同那些农民或原住民之间在环境利用的问题上产生

---

　　① 根据乔纳斯（Jonas 1984，30），在一些当代的科技决策中，面临危险的可能是地球上生命的生存，这是伦理的核心。鉴于我们预测知识的不足，因此，当我们对技术实践的结果产生怀疑时，相对于"幸福预言"，我们应当优先考虑"末日预言"：

　　现在必须承认的是，当用预测来塑造行为时，这种长期预测的不确定性会成为致命的弱点……设想的遥远结果可以令人想想从现在起应该做些什么，或者应该放弃些什么：当人们因为一个不再打动自己的所谓远期效应而被要求放弃一个理想的临近效应时，他们会理性地要求得到一个准确无误的预测。可以肯定的是，在终极命运的真正重要问题上，迄今为止，非自愿长期效应的量级次序要超过预期的短期效应的量级次序，这应该比确定性中的差异大得多。

　　乔纳斯提出的这种方法符合通常意义上的预防原则（principle of precaution）。

了巨大的利益冲突，而当事人关于秩序的观点通常也存在冲突，即在不同知识体系和构想文化与自然之间关系的不同方式上存在对立。不过，这正是一个殖民机制持续发挥作用的完美表现——在全球资本主义新秩序中，只有一种形式的知识可以得到认可，即西方科学知识。根据这种知识话语，建立标准与规程，一切争执便可迎刃而解。

线型历史的形而上学导向全球性自由主义社会

在维持当下全球资本秩序制度设计的形而上学认识中，历史只能是一个走向，那就是走向极端自由主义社会（ultraliberal society）。也就是说，全球任何国家和区域都将走向逐步撤销经济管制规定，国家行为精简为"核心"功能，走向资本在一切经济活动中无限制地自由流通。新的全球性制度框架试图通过法律体系将可能的单一方向强加于公共政策之上。只有某些类型的政策才是可接受的——那些蕴含更多自由化和更少管制的政策。不同倾向的政治改革是明令禁止的。在多边投资协定文本中，提议了两种机制来确立公众政策的调节：第一种称作反转机制，表述为如下条款：关于多边投资协定标准，如果一国享有维持其现有规定的豁免权，大多数情况下，会为削减豁免权确立一个日程，直至其最终消除；第二种称作静止机制，规定一项自由化措施一旦获得认可，之后便再也无法转变和废除。

在世界贸易组织的文本中，世界历史哲学将幸福定义为以逐步推进和不可逆转之势迈向不断提升的自由流通资本，这种世界历史哲学是在表面上无伤大雅的"约定"条件下提出的。随着历史迈向贸易自由化，唯一的问题是该进程的速度而不是方向。因此，日后有可能影响贸易协定修订方案的只能是实现更大的贸易自由化，而不能反其道而行之。

在世界贸易组织中，当国家同意为产品或服务开放市场时，他们会"约束"承诺。就产品而言，这些约束相当于海关税率的最高限额。(WTO 1999b：6)

市场准入减让表不单纯只是税率的公告。他们承诺在挂牌税率之上不会增加关税——税率是受"约束"的（第16页）。

国家可能会违反承诺（即在约束税率之上提高关税），但实施起来却很困难。要做到这一点，他们必须与密切相关的国家进行协商，而且这样有可能会导致补偿贸易伙伴的损失（同上）。

一旦采取这个办法，承诺就将不可逆转，也不会被任何签约国的新政府重新考虑，因此就必须要确保承诺具有长期性。在多边投资协定中，一国一旦签署协议，只有在该协议生效的5年等候期之后才能从协定中退出。从提交退出通知书开始，直至协议继续生效6个月，国家才能最终退出协议。至于在协议生效期间作出的投资，多边投资协定规定的条件会继续保留额外的15年（OECD 1998：105）。

知识产权：人类和环境的殖民化正在继续

500年前，非基督文化足以失去所有的权利与要求。哥伦布之后的500年，拥有独特世界观与多样化知识体系的非西方文化足以失去所有的权利和要求。那时，别人的人性被泯灭了，现在，他们的智慧也正在被泯灭。

——凡达纳·施瓦（Vandana Shiva）

知识产权是一个国际性的协商领域，在这里，人们可以清楚地看到那些正在持续进行之中的对人类、文化和环境的殖民化实践，如何在欧洲中心知识的一些设想（和价值观念）之中得到合法化。
根据世界贸易组织（1999b：26）：

> 创意和知识是贸易中日益重要的部分。创新药品和其他高
> 科技产品的绝大部分价值都在于它们所包含的发明、创新、研
> 究、设计和测试。人们买卖影片、音乐制品、书籍、计算机软
> 件和在线服务是因为它们所包含的信息和创造力，而不是因为
> 用于制造它们的塑料、金属或纸张……

> 创作者可以被赋予权利来防止别人盗用他们的发明、设计
> 或者其他创作。这些权利被称为"知识产权"……

> 知识产权的保护与执行程度在全世界千差万别；而且，由
> 于知识产权在贸易中的地位变得更加重要，这些差异也就成为
> 国际经济关系紧张的根源之一。人们认为，全球议定的有关知
> 识产权的新贸易准则不仅可以带来更多的秩序与可预测性，还
> 可以更加系统地解决争端。

> 1986—1994 的乌拉圭回合谈判达成了有关知识产权的新贸
> 易准则。世界贸易组织的《与贸易有关的知识产权协议》
> （TRIPS）旨在缩小世界各地保护知识产权方式之间的差距，并
> 把他们带到共用的国际规则之内。

但是，知识产权究竟意味着什么？哪些权利受到保护？这些权
利又属于谁？

世界贸易组织协议首先将知识产权定义为私有权利。从约翰·
洛克（John Locke）到约翰·斯图尔特·米尔（John Stuart Mill），古
典自由主义思想已经将欧洲殖民主义在美洲和世界其他地方合法化，
其前提是，鉴于并不存在与个人私有财产相关的法律规定——正如
自由主义设想的那样，非欧洲国家的土地便都是无人占领的土地。
巴托洛米·克拉维奥（Bartolomé Clavero 1994：21－22）曾指出：

对被殖民者权利的拒绝源于对殖民者权利的肯定；集体权利让位与个人权利。在约翰·洛克的《政府论》（下篇）中，他将该权利更加具体地设想为一种所有权，毫无疑问就是私有权。对他而言，产权首先是个人拥有的、与自己相关的一项权利。这是个人立场和根本自由的原则。同时产权还可以延伸到其他事物，当个人不仅控制了他自身，还控制了他所占领和劳作的自然时，他就拥有了这种权利。主观的、个人的权利构成必须表现为客观的、社会的权利形式；社会秩序必须响应这种个人能力。没有存在于该结构之外的合法权利。

"让他（人类）在美国那些空闲的陆地上进行种植"，从而将美国的无人居住区开拓为殖民地，这些土地从法律上来说是闲置的，因为占领和开发土地的人首先产生权利，尤其是个人权利，而该地区的居住者未能达到这种观点要求。

……如果没有耕种和收获，即使有效的占领都不足以产生权利；其他的用途并不重要。世界上的这一部分、这一美洲大陆，虽有人居住，但仍然可被视为无人占领，任由第一个到达并立足的殖民者所支配。土著人不顺应这种观念和文化，因而没有权利。（第 22 页）

这恰恰符合知识产权最初的设想，作为世界贸易组织协议，知识产权是当今世界保护所有权最强有力的工具（Correa 1999）。① 知识产权最初在其文本中被明确定义为"私有权利"②。在私有权利的

---

① 总部设在日内瓦的世界知识产权组织（WIPO）是联合国的一个专门机构，主要负责知识产权的保护。这个组织的宗旨是"通过各国间的合作，并在适当情况下与其他任何国际组织合作，来促进世界范围内的知识产权保护"（WIPO 1993：2）。然而，由于是基于"各国之间的合作"，这个机构一直缺乏必要的力量来保证协议的遵守，或采取制裁措施。为此，跨国公司和主要国家把与知识产权有关的"贸易"问题作为理由，利用更加强大的世界贸易组织作为保证能够有效保护他们知识产权的新工具。

② 在知识产权制度明确规定的基本前提中，知识产权"（被）认为是私有权"（WTO 1994：12）。

支持下，世界贸易组织的所有成员国需要建立国家立法体制来为那些"在所有技术领域中的发明，不论是产品还是流程，只要是新的、包含独创性且能在工业中应用的发明"授予专利权（WTO 1994：12）。

同样，根据协议的第 27 条，成员国应该为微生物和微生物程序的保护设立专利。他们还应该对植物多样性设立专利或其他形式的特殊保护。①

因此，一个普世性体制得以建立，它保护知识产权，单边地顺应宇宙自由观和西方社会特色的科技知识范式。这里有两个关键问题：

首先，该体制规定，要想获得专利，涉及的发现必须是"新的""具有独创性"，并且是"能在工业中应用"。这是基于一种知识范式，在该范式中，创新性和个性化的创作者（或合著者或共同研究者）与他们的出版物或专利申请同时被记载下来。这个知识体系与世界上农村或土著群体的认知方式毫无瓜葛。与此相反，农村或土著群体的认知方式是属于集体的、公共的知识，通过口头传统和共享实践而得以保存，知识的原创和革新难以考证。

其次，作为资本主义制度下包罗万象的商业化进程的激进表达，单边的知识视界假设能够创造新的生命形式。因此，对这些创新的所有（私有）权便应运而生。近年来，该法律原则在美国、日本以及欧盟都有一定的发展，准许给生命授予专利权，此协议构成了将

---

① 协定声明："成员国也会排除在专利权之外……微生物除外的动植物，非生物和微生物进程除外的植物或动物生产的主要生物进程。但是，成员国应该通过专利，或是一套行之有效的专门制度，又或是两者兼用的方法来为植物的多样性提供保护（WTO 1994：12）"。第 27 条是有意以模棱两可的方式起草的，可能是为了先让协定获得签署，然后通过不断的阐释其意义来扩大其覆盖范围。协定中使用的主要概念，例如"微生物""主要生物进程"或者"专门制度"等都未被定义。在"发明"和"发现"之间也没有做出区分——在此情况下这应该是基本的问题；因而第 27 条的作者企图把许多国家司法制度中理解的"发现"归到"发明"的概念之下，因此不能取得专利权。

这一充满争议的法律原则延伸至整个世界范围的主要机制（Ho and Traavik，没有发表日期）。①

因此，资本的逻辑不仅面对地球上农村和土著居民的世界观［马普切文档中心（Mapuche Documentation Center）1993；"土著居民西雅图宣言"（Indigenous Peoples' Seattle Declaration）1999］，还要面对西方主要宗教的意见（Van Dillen and Leen 2000）。

既然以欧洲为中心的殖民主义假设唯一可能的知识只有西方大学和工业知识，那么，只有符合这种范式的知识才能作为知识产权取得注册并受到保护。其他的认知模式都可以随意打发（Khor，没有发表日期）。比如生物技术，所有土著和农村地区的知识和技术，包括对不同物种的筛选、组合和保存工作都遭到否认和贬低，因为这些知识和技术都被归类为自然的一部分。因此，对蔬菜种类（植物育种）的选择和培育并不被认为是真正意义上的生产、知识或技术应用，只有当科学家在国际实验室里对"原始胚质"进行混合或杂交繁育的时候，才能被定义为真正意义上的繁殖（Shiva，1997：51－52）。

根据凡达纳·施瓦（Vandana Shiva，1997：9）的观点，可以对三种类型的创新性进行区分：

1. 生物体自身固有的创新性允许他们发展、创新和再生。
2. 土著群体的创新性在于他们已经形成知识体系来保护和利用地球上丰富的生物多样性。
3. 大学或企业实验室的现代科学家们的创造性在于他们找到了运用生物体来盈利的方法。

鉴于文化与自然之间的等级二元性以及科学知识与经验主义

---

① 例如，基于西方知识产权规则，已经授予了生命或控制生命的专利。关于这一点，参见国际乡村发展基金会（RAFI）1998。

（或传统知识）之间的等级二元性是欧洲中心主义知识的特征，知识产权作为唯一被认可并受到保护的创新性是建立在第三类创新性基础之上的。根据基因工程的还原性原则，生命可以被创造，知识产权协议从该原则开始，迫使各国政府承认关于生命的专利或其他形式对生命私有权的保护。

以前，资源被认为是共有的，或可以共同使用的，人们通过圈地私自使用田地、河流、湖泊和森林，将之据为己有。相同的理由在工业革命时期导致欧洲农民被驱逐出他们的土地被迫成为工厂工人，通过保护知识产权协议合法化的生物剽窃，世界各地人民的祖传集体知识被剥夺，变成了私有财产，创造者自己使用也必须支付报酬。这代表了对知识共有权的剥夺或私人占用（Shiva 1997：10）。

定义和利用所谓知识产权保护的方法具有多重潜在（但也很真实）的影响。在当下的全球化进程中，这种影响的另外一种表现趋势是在北方的商业和国家中形成集权，对南方的多数贫困人口造成非常不利的影响。生物的生存、并不完全符合市场普遍逻辑的选择、农村营养的自给自足以及地球上多数贫困人口食品与健康服务的获得，诸如此类的关键事情岌岌可危。

由于跨国种子和农用化学企业设立生物多样性专利和移用/征用农村/公共知识，全球范围内农村生产模式发生了前所未有的变化。农民的自主权越来越少，他们对从跨国公司购买的昂贵消费品的依赖性就越来越强 [盖亚基金会和基因资源国际行动小组（Gaia Foundation and GRAIN）：1998]。这些公司还开发了精心设计的"终结者"技术让收获的种子不能发芽，迫使农民在每个种植周期都要购买新的种子（Ho and Traavik，无发表日期；Raghavan，无发表日期）。所有这些对数百万人类的生存条件和地球上的基因多样性都造成了深远的影响。

这些跨国公司通过"自由贸易"从世界各地的农民身上获得的利润越来越多，却使主要粮食作物的基因品种越来越少。这种基因多样性的减少，伴随着农业的工程观点——通过转基因种子和密集使用农药对生产过程的各个阶段进行工业类型的控制，长此以往，极大地降低了生态系统的自我适应能力和再生能力。

> 保护生物多样性需要具有不同农业和医疗系统的不同共同体就地利用不同的物种。经济的分散化和多样化是保护生物多样性的必要条件。(Shiva 1997：88)
>
> 只有当农民可以完全掌控自己的种子时，农业生物多样性才能够被保存下来。对种子的垄断权制度，无论是以种植者的权力还是以专利为形式，对植物基因资源的就地保护所产生的影响都是一样的，如同在埃塞俄比亚、印度和生物多样性比较丰富的其他地区，当地共同体的权力异化也对树木植被和草原的侵蚀产生了影响。(第 99 页)[①]

保护基因多样性——生命不可缺少的条件，如同保存全球农村和土著居民及文化，这些多元的认知方式必须民主共存。当下的殖民态势趋向于欧洲中心主义知识，这种愈演愈烈、极权主义的垄断文化只会导致毁灭和死亡。

参考书目：

Berting, Jan (1993), "Technological Impacts on Human Rights: Models of Development, Scienceand Technology, and Human Rights". In *The Impact of Technology on Human Rights: Global Case Studies*, edited by C. G. Weeramantry. Tokyo: United Nations University Press.

Bourdieu, Pierre (1998), "The Essence of Neoliberalism". Translated by Jeremy J. Shapiro. *Le monde diplomatique*, December. Accessed on-line at www. en. monde-diplomatique. fr/1998/12/08bourdieu, 24 January 2002.

Brooks, Jo (1997), United States Department of State. *MAI Briefing for Non-OECD Countries*:

[①]　最近一项研究出色地总结了亚洲、非洲和拉丁美洲农业共同体中生物与文化多样性之间的紧密联系，参见 Prain, Fuyjisca & Warren 1999。

Performance Requirements. Paris, 17 September. OECD, MA Ihome page. Accessed on-line at www. oecd. org/daf/cmis/mai/maindex. htm, May 1998.

Bureau of Economic and Business Affairs (1998), "Multilateral Agreement on Investment (MAI): The Facts". Washington, DC, March 23. Accessed on-line at www. state. gov/www/ issues/economic/fs_980323_multilat. html, 24 January 2002.

Clavero, Bartolomé (1994), *Derecho indígena y cultura constitucional en América.* Mexico City: Siglo XXI.

Coronil, Fernando (1997), *The Magical State: Nature, Money, and Modernity in Venezuela.* Chicago: University of Chicago Press. . 2000. "Naturaleza del postcolonialismo: Del eurocentrismo alglobocentrismo. " In Lander 2000a.

Correa, Carlos (1999), "Developing Countries and the TRIPS Agreement". Third World Network. Accessed on-line at www. twnside. org. sg/title/correa-cn. htm, 24 January 2002.

Crozier, Michel J. , Samuel P. Huntington, and Joji Watanuki (1975), *The Crisis of Democracy: Report on the Governability of Democracies to the Trilateral Commission.* New York: New York University Press.

Dussel, Enrique (20000), "Europa, modernidad y eurocentrismo". In Lander 2000a.

Escobar, Arturo (1995), *Encountering Development: The Making and Unmaking of the Third World.* Princeton, NJ: University Press.

Fabian, Johannes (1983), *Time and the Other: How Anthropology Makes Its Object.* New York: Columbia University Press.

Gaia Foundation and Genetic Resources Action International (GRAIN) (1998), "Intellectual Property Rights and Biodiversity: The Economic Myths". *Global Trade and Biodiversity in Conflict*, no. 3. Accessed on-line at www. grain. org/publications/issue3-en-p. htm, 24 January 2002.

Ho, Mae-Wan, and Terje Traavik. n. d, "Why We Should Reject Biotech Patents from TRIPS: Scientific Briefing on TRIPS Article 27. 3 (b)". Third World Network. Accessed on-line at www. twnside. org. sg/title/reject-cn. htm, 24 January 2002.

"Indigenous Peoples' Seattle Declaration on the Occasion of the Third Ministerial Meeting of theWorld Trade Organization" (1999), In *Indigenous and Tribal Peoples: Legal Framework and Indigenous Rights.* 30 November – 3 December. Accessed on-line at www. ecouncil. ac. cr/indig/leg_index. htm, 25 January, 2002.

Jonas, Hans (1984), *The Imperative of Responsibility: In Search of an Ethics for the*

Technological Age. Chicago: University of Chicago Press.

Khor, Martin. n. d. " A Worldwide Fight against Biopiracy and Patents on Life". Third World Network. Accessed on-line at www. twnside. org. sg/title/pat-ch. htm, 24 January 2002.

Lander, Edgardo (1994) , *La ciencia y la tecnología como asuntos políticos: Límites de la democracia en la sociedad tecnológica.* Caracas: Fondo Editorial de la Asociación de Profesores de la Universidad Central de Venezuela, Publicaciones de la Facultad de Ciencias Económicas y Sociales de la Universidad Central de Venezuela and Editorial Nueva Sociedad.

——(1998) , " El Acuerdo Multilateral de Inversiones (MAI) : El capital diseunaconstitución universal". *Revista venezolana de economía y ciencias sociales*, No. 2 – 3.

——, compiler. 2000a. *La colonialidad del saber: Eurocentrismo y ciencias sociales-Perspectivas latinoamericanas.* Buenos Aires: United Nations Educational, Scientific, and Cultural Organization (UNESCO)/Consejo Latinoamericano de Ciencias Sociales (CLACSO).

——(2000b) , " Ciencias sociales: Saberes coloniales y eurocéntricos". In Lander 2000a.

Larson, Alan P (1997) , " State of Play of MAINegotiations ". *MAI Briefing for non-OECD Countries.* May 17. Paris. Accessed on-line at www. oecd. org/daf/cmis/mai/maindex. htm, May 1998.

Macpherson, C. P. (1970) , *La teoría política del individualismo posesivo: De Hobbes a Locke.* Barcelona: Fontanella.

Mapuche Documentation Center (1993) , " The Mataatua Declaration on Cultural and Intellectual Property Rights of Indigenous Peoples ". June. Accessed on-line at www. soc. uu. se/mapuche/indgen/Mataatua. html, 24 January 2002.

Mignolo, Walter (1995) , *The Darker Side of the Renaissance: Literacy, Territoriality, and Colonization.* Ann Arbor: University of Michigan Press.

——(2000a) , *Local Histories/Global Designs: Coloniality, Subaltern Knowledges, and Border Thinking.* Princeton, NJ: Princeton University Press.

——(2000b) , " La colonialidad a lo largo y lo ancho: El hemisferio occidental en el horizonte colonial de la modernidad". In Lander 2000a.

Nelkin, Dorothy (1977) , *Technological Decisions and Democracy: European Experiments in Public Participation.* Beverly Hills, CA: Sage.

——, ed. (1984) , *Controversy: Politics and Technological Decisions.* Beverly Hills, CA: Sage.

Organization for Economic Cooperation and Development (OECD) (1998) , Multilateral

Agreement on Investment. *The MAI Negotiating Text* (*As of* 24 *April* 1998). Accessed on-line at www. oecd. orgdaf/investment/fdi/mai/maitext. pdf, 24 January 2002.

Prain, Gordon, Sam Fuyjisca, and Michael D. Warren, eds. (1999), *Biological and Cultural Diversity: The Role of Indigenous Agricultural Experimentation in Development.* London: Intermediate Technology.

Quijano, Aníbal (2000), " Colonialidad del poder, eurocentrismo y ciencias sociales ". In Lander 2000a.

Raghavan, Chakravarthi. n. d. "New Patent Aims to Prevent Farmers from Saving Seed". Third World Network. Accessed on-line at www. twnside. org. sg/title/newpa-cn. htm, 24 January 2002.

Rural Advancement Foundation International (RAFI) (1998), "Out of Control: Northern Patent Systems Threaten Food Security, Human Dignity, and Are Predatory on the South's Resources and Knowledge" (Occasional paper). Accessed on-line at www. rafi. org/documents/occ_out. pdf, 24 January 2002.

Schumpeter, Joseph. 1983 [1942]. *Capitalismo, socialismo y democracia.* 2 vols. Barcelona: Orbis.

Shiva, Vandana (1997), *Biopiracy: The Plunder of Nature and Knowledge.* Boston: South End.

Singer, Thomas, and Paul Orbuch. 1997. " Multilateral Agreement on Investment: Potential Effects on State and Local Government". Denver: Western Governors' Association. Accessed on-line atwww. westgov. org/wga/publicat/maiweb. htm, 24 January 2002.

van Dillen, Bob, and Maura Leen, eds. (2000), *Biopatenting and the Threat to Food Security: A Christian and Development Perspective.* International Cooperation for Development and Solidarity/Coopération Internationale pour le Développement et la Solidarité (CIDSE). Accessed on-line at www. cidse. org/pubs/tg1ppcon. htm, 24 January 2002.

Working Group on the WTO/MAI (1999), *A Citizen's Guide to the World Trade Organization: Everything You Need to Know to Fight for Fair Trade.* July. Washington, DC: Working Group on the WTO/MAI. World Intellectual Property Organization (WIPO). 1993. " Objectives of the Organization. " Article 3 of *Convention Establishing the World Intellectual Property Organization: Signed at Stockholm on July* 14, 1967 *and as Amended onSeptember* 28, 1979. Geneva: World Intellectual Property Organization. WIPO Database of Intellectual Property Legislative Texts. Accessed on-line at www. wipo. org/members/convention/pdf/conv-en. pdf, 24 January 2002.

World Trade Organization（WTO）（1994），*Agreement on Trade-Related Aspects of Intellectual Property Rights.* Accessed on-line atwww. wto. org/english/docs＿e/legal＿e/final＿e. htm，24 January 2002.

——（1999a），*Seattle*：*What's at Stake.*（Resource Booklet for the Seattle Ministerial Meeting）. Switzerland. Accessed on-line at www. wto. org/english/thewto＿e/minist＿e/min99＿e/english/book_e/stak_e_1. htm，24 January 2002.

——（1999b），*Trading into the Future*：*WTO*，*the World Trade Organization.* 2d ed. Geneva：WTO，Information and Media Relations Division. Accessed on-line at www. wto. org/english/res_e/doload_e/tif. pdf，24 January 2002.

许庆红　译

（译者单位：安徽大学外国语学院）

脱钩:现代性修辞、殖民性逻辑与
去殖民性语法[*]

瓦尔特·米尼奥罗 (Walter Mignolo)

……殖民主义并不仅仅满足于将其规则强加于被统治国的当下和未来。紧紧地操控一个民族，并对当地人从内容和形式上进行全面的洗脑，殖民主义也绝对不会止步于此。通过某一种有悖常理的逻辑，殖民主义转而针对被压迫民族的过去，对其历史进行歪曲，损毁其形象并最终将其彻底摧毁。

（弗朗茨·法侬，《全世界受苦的人》，1961）

　＊　虽然这篇文章得益于现代性/殖民性计划的所有参与者，但是最后一部分主要要感谢同以下这些学者的对话和同他们之间相互交换的资料:首先有阿尼巴尔·奎杰罗和恩里克·杜塞尔，他们是这一研究项目之中的重要成员;还有雷蒙·格罗斯佛格尔和他在转变分析世界体系视角方面所做出的贡献，他摒弃了自己学科之中最初的那种自上而下的视角，转而采取波多黎各和拉丁美洲/正如现代/殖民世界体系中的美国的视角;还有乔西·萨尔迪瓦(José Saldívar)，他行走在边界，将他关于20世纪80年代后期"我们美国的辩证法"的最初设想扩展到21世纪初的正在变化的图景;我们还感谢哈维尔·桑吉雷斯(Javier Sanjinés)、凯瑟琳·沃什、弗雷亚·斯基维以及尼尔森·马尔多纳多·托雷斯，他们将这项工程推到一个全新维度，引发了我们未曾预见到的结果。哈维尔·桑吉雷斯为玻利维亚复杂的历史和现状打开了一扇门。他关于"颠倒的混血人"(mestizaje up-side down)的说法有助于我们重新思考"混血人"的悠久传统，将其作为一种矛盾修辞格，从而去想象那些跨越殖民差别的民族国家。凯瑟琳·沃什同她的关于安第斯山的土著人和非洲共同体的研究，以及围绕着以下概念进行的反思:"跨文化"(inter-culturalidad，由本土知识分子引入)、"先辈"(ancestralidad，由非洲裔安第斯山人引入)，以及她为了强调跨文化和先辈的去殖民维度而向阿博得尔科比尔·卡提必(Abdelkhebir Khatibi)那里引介的"他者性思维"。弗雷亚·斯基维为这一研究带来了对性别和父权制的议题，同时他还对"本土性属下知识分子"的角色进行过理论化，他通过使用录像而（转下页）

导　言

2004 年 5 月，在杜克大学和北卡州立大学教堂山分校，我和阿图罗·埃斯科瓦尔组织过一次关于现代性/殖民性研究项目的会议。自 1998 年以来，对于在前一次会议、会议成员之间以及会议之间的对话中出现的那些有趣或不确定的问题，这一研究群体的每一次会议都会进行细致的探讨。以下为 2004 年 5 月 30 日至 6 月 1 日期间会议的导入性陈述：

> 今天，在众多地方性历史的多样性和多元普世性之中，全球性和多元普世性"革命"正接二连三地发生着，此时该如何来评价霍克海默所建构的"批判理论"？要知道，在过去的 500 年里（在有一些地区则是在过去 250 年之中，或也有可能仅仅是在 50 年之间），这众多的地方性历史都无法避免同西方国家有着接触、冲突和共谋关系（例如西方基督教，其世俗化以及

（接上页）不是字母文字来克服殖民性的暴力，这一殖民性由于他们没有字母文字而将他们当作野蛮人。在关于对受苦难的人这一范畴所进行的开创性哲学和政治维度的反思而言，还必须要感谢尼尔森·马尔多纳多·托雷斯。一方面，"受苦的人"让我们直面存在的殖民性（"受苦的人"是殖民性的产物和所造成的后果），与此同时，它还具有着巨大的去殖民化潜力。就这一点而言，在庶人和大众之后，"受苦的人"打开了一个新的空间，并在继属下和大众之中，成为一个全新的社会行动者。最后但同样重要的是，2001 年至 2004 年，我连续三次参观过明斯克（白俄罗斯）和莫斯科，这一经历开阔了我的视野，并且引发了我对俄罗斯同西方的基督徒、自由主义和资本主义帝国之间关系的思考。在这个领域，我很大程度上得益于玛丁娜·托诺斯坦诺娃（Madina Tlostanova），她从以前俄罗斯/苏联的视角研究跨文化美学，并且将俄罗斯/苏联视为"双面帝国"（一只眼睛盯着低其一等的发展中国家，而另一只眼睛则盯着高高在上的西方）进行过深入的分析。在过去的三年中，我一直与阿图罗·埃斯科瓦尔以及杜克大学和北卡罗来纳州立大学的研究生合作并有着密切的对话，而一个被命名为"全球化、现代性/殖民性和知识地理政治"的研究小组则是我们经常进行学术交流的地点。同样重要的是，我与鲍温图拉·德·苏撒·桑托斯（Boaventura de Sousa Santos）之间的几次对话和合作——在过去的四五年间——将他的"南部的知识型"这一理念带入比较显著的位置之中，这是他在 20 世纪 90 年代中期提出的概念，并于近年来在他为世界社会论坛而进行的令人瞩目的工作之中将其具体化。

同/相对于资本主义的关系，以及与其对立面，社会主义/马克思主义之间的关系）。当《全世界受苦的人》这本书走入到我们的视野之中，与霍克海默意义上的无产阶级或者我们今天对无产阶级的解读，比如说大众比肩而立，"批判理论"的目标又该指向何方？如果性别、种族和自然需要被全部地纳入批判理论的概念和政治框架之中，那么该理论工程又需要怎样的变革？最后，如果要将"批判理论"纳入到现代性/殖民性以及去殖民性工程之中，又该如何去做？或者说这种纳入是否意味着要摈弃在20世纪所建构的批判理论？或者，这是否意味着现代性工程已经被耗尽？

希冀这场讨论能够最终得出一个"共识性宣言"，而并非这一导入性陈述中所提出的问题的初衷，不然的话，这将毁掉这些问题而不是让它们成为我们思维的路标。我确信在这三天的研讨会上，每一位参与者都找到了他们自己的答案，对自己的问题也有了新的看法，或者由此又想到了其他的相关问题。下面的这些论点形成于会议之前，但这三天之中紧张的、充满创意的和富有成效的对话，无疑在这一最终的版本上打下了深深的烙印。①

一　知识型脱钩

在新自由主义的魔咒之下，再加上极具蛊惑力的媒体为其推波

---

① 本研究项目的参与成员有：阿尼巴尔·奎杰罗、恩里克·杜塞尔、凯瑟琳·沃什、鲍温图拉·德·苏撒·桑托斯（Boaventure de Sousa Santos）、弗雷亚·斯基维、乔西·萨尔迪瓦尔（José Saldívar）、尼尔森·马尔多纳多·托瑞斯、费尔南多·科罗尼尔、哈维尔·圣希内斯（Javier Sanjinés）、玛格丽塔·塞万提斯-萨拉萨尔（Margarita Cervantes-Salazar）、利比亚·格鲁埃索（Libia Grueso）、马塞洛·费尔南德斯·奥斯科（Marcelo Fernández Osco）、埃德加多·兰德、阿图罗·埃斯科瓦尔和我自己。还有项目组成员所邀请的来自杜克大学的米丽亚姆·库克（Miriam Cooke）、伊布拉西姆·穆萨（Ebrahim Moosa）、罗伯特·达伊诺托（Roberto Dainotto）、拉尔夫·利特尔（Ralph Lizinger）和荆子馨（Leo Ching），他们的著述和研究兴趣同我们这一项目密切相关。

助澜，现代性、现代化和民主一道，正在被以包价旅游的形式打包兜售，终点则是一块应许的福地——也就是天堂，在那里，由于土地本身的有限，无法产出或者被那些集中控制着财富的人所垄断，当你再也不能购买土地时，你可以购买虚拟土地！① 然而，当人们并不心甘情愿地购买这一打包商品，或者对该如何组织经济和社会有着其他观点和想法时，他们就开始遭受各种各样直接或间接暴力的袭击。我提出的并不是一种精神上的主张，或者说并不仅仅只是精神上的主张。那种扭曲的修辞理所当然地将"现代性"视为一种普世性的全球进程和最终将会抵达的终点，这一做法隐藏了现代性的黑暗面，也就是对"殖民性"的不断复制。为了揭示那些"有悖常理的逻辑"（perverse logic）——正如法侬所指明——它们隐藏在关于现代性/殖民性的哲学黑匣和帝国主义/殖民主义的政治和经济结构之中，必须要考虑该如何对"思维"（Thiongo）和"想象"（Gruzinski）进行去殖民化——也就是对知识和存在的去殖民化。

自 20 世纪 70 年代中叶以降，认为知识也被殖民化，因此也需要对知识去殖民化的观点开始以几种不同的方式在几个不同的学科领域中得到表达。② 然而，具有开创性的构想来自秘鲁社会学家阿尼巴尔·奎杰罗的思想和著述。奎杰罗的思想主要形成于其早年时期，在20 世纪 70 年代，他参与了由依附理论所点燃的激烈讨论。然而，依

---

① http://www.usatoday.com/tech/webguide/internetlife/2004-06-03-virtualrealty_ x.htm.

② 关于知识是殖民化过程的一部分的论点，在拉美学界和知识分子的论辩之中已成为历史。在 20 世纪 70 年代早期，巴西"人类学家"达西·里贝罗（Darcy Ribeiro）就明确表明，伴随着帝国向殖民地推进的是武器、书籍、概念和前概念（pre-concept）。在哲学和社会学领域，恩里克·杜塞尔和奥兰多·法尔·博尔达（Orlando Fals Borda）就已经宣告了社会科学和哲学领域的去殖民化（这一宣称当然是以社会科学和哲学，也就是知识，已经遭到殖民为前提）。在殖民研究领域，法国学者罗伯特·理卡德（Robert Ricard）谈到了"对墨西哥的精神征服"，几年后，法国学者塞奇·格鲁金斯特（Serge Gruzinski）追随其后，在一本名为《想象的殖民化》（la colonizatioin de l'imaginaire）的书中再次对这一点进行了论述。在出版于 1986 年的关于瓦曼·普玛·德·阿亚拉的经典著述之中，罗莉娜·阿多诺（Rolena Adorno）一开始就指出，她的著作是一次对学术研究的去殖民化。同样，沿着前面这些学者所开创的道路，我在我自己关于文艺复兴的黑暗面的论述中，对语言、记忆和空间领域的知识殖民化进行了论述。在那时有一点已经很明显，思考去殖民化所涉及的学术政治并不是要去攻击国家并接管政治权力，而是要对知识进行攻击并接管知识型权力。

附理论一直维持着政治（例如国家、军事控制和干预）和经济领域之中的讨论，对在这些领域中的中心和边缘之间的相互依赖关系进行分析。① 在 1977 年的著作《民族解放哲学》（*Philosophy of Liberation*）的第一章"地理政治和哲学"（Geo-politics and Philosophy）中，恩里克·杜塞尔也暗示过这一理念：知识同样可以被投射到那些术语中。以一种互补的方式，分别在 20 世纪 80 年代末和 70 年代初，尼巴尔·奎杰罗引入了"殖民性"（这是"现代性"不为人知的一面，但同样也是其一个重要的构成性层面）这一令人不安的概念。在一篇发表于 1989 年并在 1992 年重印的名为"殖民性和现代理性"（Colonialidad y modernidad-racionalidad）的文章中，奎杰罗明确地将在政治和经济领域的殖民性同知识的殖民性联系在一起，而其论证自然的结论也就是：如果知识被殖民化了，我们面临的任务之一就是知识的去殖民化。② 在过去的三四年里，在从事现代性／殖民性研究工程成员的工作和对话中，③ 去殖民性已成为极为平常的表达法，同殖民性概念、权利的殖民性（经济和政治的）向知识和存在（性别、性、主体性和知识）的殖民性的延展一道，都已经融入这一研究项目参与者的基本语汇之中。④ 在奎杰罗对现代性／殖民性之间共谋关系的批判之中，其核心观点就是关于总体性的排他论和极权观（请原谅我在这里的赘述）；这种总体性理论不断地在否定、排斥和围堵差异和关于其他总体性的可能性。现代理性一方面极具兼容性，但与此同时又具有自我防御性和排他性。奎杰罗进一步指出，事实并不是在欧洲以外的帝国语言和知识型（汉语、阿拉伯语、孟加拉语、俄语、艾马拉语

---

① 关于依附理论正、反两方面观点的最新情况，参见 Grosfugel（2000）。

② Quijano（1989）；关于他在 20 世纪 90 年代谈到的这些观点的更为详尽的论述，参见 Quijano（2000）；还可以参见兰德在同一期之中发表的理论文章。

③ 关于这一方面的概述和语境化，参见 Escobar，2004。

④ 关于知识殖民性和去殖民性的问题，这一项目组不同成员所列出来的数目有着重要的意义。对于存在的殖民性和去殖民性的理论阐述，已经有过论争。关于殖民性和去殖民性，存在着大量的论述，在这之中，可参见 Lander（2000）、Walsh *et al.*（2002）、Grosfoguel（2002）、Schiwy & Ennis（2000）。

等）之中，总体性观念并不存在或无法想象。事实是，尤其是自 16
世纪以来，随着西方知识型主导性的不断增强（从神学到世俗的自
我论，如：笛卡尔的"我思故我在"这一著名论断），在西方观念
之外的总体性不得不面对一个帝国主义色彩越来越强烈的总体性理
论。就对差异性予以足够的尊重而言，土耳其帝国（Ottoman）和印
加帝国（Inca）经常被视为典范。当然，在此我并非想要将这两个
帝国视为将来的范例，而只是为了揭示西方总体性理论的地方主义
特点。我观察到，自 1500 年以来，土耳其人、印加人、俄国人、中
国人等都逐渐形成"认识"并试图逆转一种"认识"：他们不得不
"认识"到，西方的语言和思维范畴——当然也包括西方政治哲学和
政治经济学，正四处征服和迅速扩张，并且根本就不"承认"这些
国家在这一游戏中的平等地位。

　　奎杰罗关于"权力的殖民性"的论述，同时在两个不同的层面展
开。一个是分析性的（analytic）。由于以现代性和理性为名义的总体
性理念的作用，那些沉寂的历史、被压抑的主体性，以及处于属下位
置的知识和语言，由于殖民性的概念而得以重新开启、重构和恢复。
对于那些后现代主义的思想家们，奎杰罗承认他们已开始批判总体性
理论之中的现代概念；但这一批判只局限于欧洲内部的历史和思想
史。正因如此，从殖民性的视角来批判总体性极为重要，而不能仅仅
是从后现代性的视角。现在，很重要的一点是：对现代意义上的总体
性理论进行批判并不一定会导致后殖民性，而是去殖民性。因此，我
们可以把第二个方向称为规划性的（programmatic）。在奎杰罗那里，
这体现在他所说的那种"分离"（desprendimiento）工程，或者说是脱
钩工程之中。殖民性的分析性与规划性这两个不同层面的结合促使这
一思考路径不同于后殖民理论，并且是对它的超越。

　　殖民性和去殖民性理论给以下两者都造成了一条裂缝：对于有
着欧洲中心主义色彩的后现代性和紧紧依赖于后结构主义的后殖民
性。爱德华·赛义德、佳亚特里·斯皮瓦克和霍米·巴巴被誉为后

殖民主义理论的"三剑客",对他们三位而言,米歇尔·福柯、雅格·拉康和雅克·德里达被公认为是他们在精神上的导师。去殖民性的理论溯源则大相径庭。去殖民性这一范式的转换,在瓦门·普玛·德·阿亚拉(Waman Puma de Ayala)的作品《新史学和良善治理》(*Nueva Corónica y Buen Gobierno*)中已有所暗示。去殖民性还体现在圣雄甘地的去殖民化批判和激进主义之中,何塞·卡洛斯·马尔特圭(José Caros Mariátegui)所阐释的当马克思主义遭遇安第斯地区殖民遗产时产生的裂缝之中,以及由阿米卡尔·卡博拉(Amilcar Cabral)、艾梅·塞泽尔(Aimé Césaire)、弗朗茨·法侬、里戈贝塔·门楚(Rigoberta Menchú)、格洛莉娅·安扎尔多瓦等人所展示的激进政治和知识型转型之中。换言之,去殖民转型是一项脱钩工程,而后殖民主义批评和理论则是学院内部的学术转型。因此,关于起源于知识的去殖民性的去殖民化转型,奎杰罗总结说:

> 批判欧洲范式的理性/现代性无可避免,换句话甚至可以说这已是迫在眉睫。但值得怀疑的是,这一条道路需要的是不是就只是简单地否定和拒斥既往的一些思维范式、摧毁那一建立在现代性修辞之上的现实,或更简单,只需拒斥知识之中的总体性观念和视角。这些远远不够,首先需要将理性/现代性和殖民性之间的关联割离开来,这意味着同任何不是以具有自由意志的人民所做出的自由决定的权力结构脱钩。正是由于权力的殖民性工具化,知识范式因此遭到扭曲,而这样做的过程之中,现代性的民族解放承诺也就无法兑现。因此,选择是很明显的:在全球范围之中对权力的全球性殖民性进行割离。[①]

最后一句话或许有点救世论的意味,虽然如此,但这却是一个在21世纪前十年当中表明自身所具备的潜力和可行性的前进方向。这一

---

① Quijano(1992).

种 "破坏" （destruction） 不应该被想象为一种全球性革命，而这种革命由全新的总体性理念所引导，虽然不同于现代主义的总体性，但同样也是极权主义的。苏联是一个试验品，但观其结局却并不值得效仿。在阅读这一句话的时候，我们最好是参照奎杰罗关于总体性之中的非极权主义概念的洞见，以及他自己的异质性的结构主义的历史概念（随后我会再回到这一概念），以及什么是作为普世性工程的多元普世性（pluriversality as a universal project，下面我将会对此展开论述）。而最重要的是，它应该与奎杰罗的 "desprenderse" （脱钩）思想互为补充。①就这点而言，奎杰罗倡导去殖民性知识型转型，他解释道：

> 首先需要进行知识型的去殖民化，从而为跨文化交际铺平道路，因此也就可以进行经验和意义的跨文化交流。知识型的去殖民化应该成为一种他者理性的基础；这一理性之中包含着对竞争性的和共存性的普世性的合法化。的确，这也就是一种多元普世性。一个种族的宇宙观被合法化为唯一的普世性理性，恐怕没有任何事物比这一宣称更为普遍，而现在这里谈到的这一种族也就是 "西欧"。因为这一托词意味着要求赋予某一单一的地方性宇宙观以普世性。②

对于下面将要论述到的观点，这里先来进行简要的介绍。首先，知识型的去殖民化与阿明 （Amin） 的脱钩理论相行不悖。脱钩将会引发去殖民化的知识型转型，并且将另类的知识型、另类的知识和

---

① "脱钩" 的概念 （在法语中是 "la desconnection"） 由埃及社会学家阿明 （1985） 提出，关于这一点最为集中的论述，参见 "脱钩的问题" （The problematic of delinking，第44—84 页）。这是一个关键性概念，虽然在萨米尔·阿明的著述之中，它主要是集中于经济和政治 （国家） 脱钩层面。没有知识型的脱钩，就很难真正从总体性这一现代概念中脱钩。至于阿明，他仍然受到马克思主义局限性的影响，因此仍然没有跳脱现代性的幻境。所以，他的脱钩理论的提出是在内容的层面，而不是在维持着殖民性逻辑的知识型层面。以一种相互对照的方式，我将把阿明的 "脱钩" 和奎杰罗的 "分离" （desprendimiento） 结合起来进行论述。

② Quijano （2000），第447 页。

理解原则带入视野之中，紧随其后，另类的经济、另类的政治和另类的伦理也将进入视野。"新的跨文化交际"应该被理解为一种全新的跨知识型交际（正如接下来文字中将会读到的，厄瓜多尔本土知识分子之间的跨文化性概念就是一个典型的案例）。此外，脱钩理论预设着走向一种地理的和身份的知识政治，这一政治一方面将对以下现象进行公开的谴责，某一位于世界某一特定区域（地理政治）的某一特定族群（身体政治），却不断地在宣称一种伪装的普世性，这一区域即欧洲，资本主义在这里作为殖民主义发展的一种后果出现。那么，脱钩理论应该被理解为一种导向他者普世性（other-universality）的去殖民化知识型转型，即一种作为普世性工程的多元普世性。在本篇第四部分中（"去殖民性的语法"）中，我将继续深入论述这一点。

二　现代性的修辞

恩里克·杜塞尔在他的法兰克福系列讲座中提供了一个很好的切入点。[①] 他指出：

> 现代性，对于许多人［不管是尤尔根·哈贝马斯或者是查尔斯·泰勒（Charles Taylor）］而言，主要或完全是一种欧洲的现象。在这些讲座中，我将阐明现代性，实际上是一种欧洲现象，但这一现象确实在一种同非欧洲的他者性的辩证关系之中形成，并且这是其根本性的内容。当欧洲宣称自身是其所开创的世界历史的"中心"时，现代性也就应运而生。围绕着这个中心的"边缘"，随之也就成为欧洲自我界定的一部分。对边缘的围堵和排斥（以及自15世纪末到17世纪中叶以来，对西班

---

① 杜塞尔（1995）从他最初的构想开始，他就一直在修正这一中心性论点。关于这一点，参见 Dussel，2000。这前面的两篇文章是理解"跨"现代性这一概念的背景。参见 Dussel，2002。

牙和葡萄牙在现代世界体系形成过程中的作用的围堵和排斥）导致那些居于"中心"国家的重要当代思想家们在理解现代性的时候落入一种以欧洲为中心主义色彩的谬论之中。如果他们对现代性谱系的理解因此是褊狭的、地方性的，那么他们对现代性的批判或辩解的尝试同样也是单方面的，甚至是错误的。

这是一个关于揭示我本人称之为"现代性神话"起源的问题。现代性包括一个我们所笃信不疑并深陷其中的关于政治解放（emancipation）这一理性概念。[①] 但与此同时，它还创造了一个非理性的神话来为种族灭绝的暴力提供合法性。后现代主义者批判现代理性，认为这是一种恐怖理性，而我们批判现代理性的原因则是因为它所隐藏的非理性神话。

在这两段厚重的文字中，有几个方面的重要问题。在我接下来的论述之中，我将试图展开并阐明杜塞尔对于知识和存在的去殖民化（并非政治解放）的陈述将会引发的一些激进的结论。[②] 那么，我们首先应设法了解去殖民化和民族解放（liberation）的观念是如何将"政治解放这一理性的概念"纳入其中的——正如杜塞尔所言，以及如何对话语的地理政治位置进行转移；以此为出发点，我们也就可以更好地切入到去殖民性转型之中。

"政治解放"这一概念——正如杜塞尔所暗示，属于欧洲启蒙运动的话语，并且今天依然是在同样的语境之中使用。在自由主义和

---

① 在中文中，"emancipation"和"liberation"通常都被译为"解放"，未作区分。但在本文中，前者侧重于指从宗教或君主制之类的束缚和压迫之中获得的"解放"，后者则主要是指通过摆脱殖民统治，通过政治上的独立而获得"解放"。为了将这二者进行区分，这里将"emancipation"译为"政治解放"，而将"liberation"译为"民族解放"。——译者注

② 在特定语境里，我是在一种可以互换的意义上使用"去殖民化"和"去殖民性"，但是我一直将以下的这一历史性差异铭记在心：（1）大约在1947年到1970年之间，发生在亚非的政治去殖民化；（2）知识型的去殖民化。拉蒙·格罗斯福格尔用的是"第二次去殖民化"（second decolonization），而凯瑟琳·沃什和尼尔森·马尔多纳多·托瑞斯指的是"去殖民性"。相对于去殖民化而言，去殖民性在学理上具有双重优势：一方面，关于对"殖民性逻辑"进行揭示和拆除这一任务，它为其进行了命名；在另一方面，它还为一个不同的工程和过程进行了命名，这完全不同于既往的那些被赋予"后殖民性"的名目繁多的意义。

马克思主义者话语之中，这是一个常见词。因此，从其奠基性著作《解放的哲学》（*Philosophy of Liberation*，1977）伊始，杜塞尔就从地理政治学的角度开始选择使用"民族解放"这一关键词而不是"政治解放"，以更好地说明发生在非洲、亚洲以及拉丁美洲的以"民族的解放"为目的的社会运动。[①] 将"民族解放"一词与"哲学"关联起来，使得在亚洲、非洲以及人们为"去殖民化"所做出的奋斗之中，该词对于致力于政治去殖民化的一切革命战线具备了更多的启示意义。"民族解放"主要指两种不同但又相互联系的斗争：政治和经济的去殖民化以及知识型领域的去殖民化［例如：杜塞尔的哲学；哥伦比亚社会家奥兰多·法尔·博尔达（Orlando Fals-Borda）的社会科学］。[②] 因此，在以欧洲启蒙运动的自由主义和社会主义者传统为基础的工程中，人们不断呼吁应对那些普世性的政治解放声称去中心化，"民族解放"正是在此过程中应运而生。反过来看，例如厄尼斯特·拉克劳（Ernesto Laclau）选择"政治解放"而非"民族解放"一词，[③] 可能揭示出以下的事实，那就是这两个不同的智识工程实际上是居于不同的地理政治版图之上。"谁是谁非"倒不是这里的关键问题，要弄清楚的是它们分别能提供什么？提供给谁？我们必须询问：谁需要它们？谁从它们之中获益？谁是其主体，这些政治解放和民族解放工程所针对的对象又是谁？什么样的主体性在这些工程中被激活？当政治解放的普世性似乎照顾到

---

① 例如，阿根廷批判性知识分子阿瑞吉的具有影响力的作品（Arregui，1969）。埃尔南德斯·阿瑞吉（Hernández Arregui）明确且有力地为欧洲的"民族主义"和在第三世界及拉美和阿根廷殖民历史之中的"民族主义"之间的区别进行了论证。他是极少数严肃对待阿根廷殖民化的批判知识分子中的一位，并且没有落入从法国大革命和1810年阿根廷从西班牙独立这些事件开始的陷阱之中。埃尔南德斯·阿瑞吉明确地表明，摆脱西班牙的统治并获得政治独立意味着在经济上将依赖于英格兰和大英帝国，即使阿根廷和拉美——并不是像印度那样遭到"殖民化"。与此同时，对于避免混淆"殖民主义"和"殖民性"，这是一个很好的例子。

② 参见他最早的论述之一，"地方性科学和智识殖民主义：新道路"（Ciencia propia y colonialism intellectual：los nuevos rumbos，Bogotá，C Valencia Editors，1971）；以及最近的作品，"社会公正的研究：一些南北的趋同性"（Research for Social Justice：Some South-North Convergences），1995，http：//comm-org. utoledo. edu/si/falsborda. htm#plenary。

③ 参见 Ernesto Laclau（1996）。

了全世界所有受压迫者的利益时，它们之间的区别还有意义吗？

有三次"重大的"历史事件可以称之为 18 世纪的"政治解放"概念和思想的基础：1668 年英国的光荣革命；1976 年美国的建立；1789 年的法国革命。在所有的历史叙述中，最初的这三次主要历史事件都成功地阐释了政治解放的含义。然而，领导光荣革命的是当时正在崛起的英国资产阶级，并且得到了 1648 年平等派（levelers）早期起义的支持。同样，美国在 1776 年革命的主要参与者是盎格鲁后裔的殖民开拓者，这批人正如同那些在法国革命中最终受控于法国资产阶级的"人民"一样，都属于同一个社会阶层。而 1917 的俄国革命，至少从理论上来说，同光荣革命、美国和法国大革命正好相反，它是对相同的现代性逻辑做出的回应，尽管其内容具有社会主义的/马克思主义的性质，而并非自由主义的。"政治解放"作为一个概念，被用来为资产阶级（被视为普世性"人性"的代表，开始清理场地并在全世界范围内兜售政治解放的思想，虽然海地的经历最早揭示了这些普世性的局限性）这一个新的社会阶级的自由进行过辩护，并在 20 世纪马克思主义的话语中被重新启用，以便为"工人阶级的政治解放"进行辩护，在更为晚近的时候，它还被用来说明大众（multitude）所具有的"政治解放性力量"。[1] "民族解放"

---

① 正如哈特和内格里（Hardt & Negri 2000）所言，这是新自由主义经济重建过程之中的一个全新的工人阶级。然而，"人群"（crowd）和"大众"（multitude）至少是两个不同的故事和两种思维谱系。在 20 世纪 60 年代和 70 年代早期，玻利维亚的萨瓦莱塔·梅尔卡多（Zavaleta Mercado）一直在试图弄清楚这样一个社会——在这个社会里，"印第安人"和"农民"同"印第安人"和"矿工"、"梅斯蒂索人"、"拉丁美洲人"之间形成了一个很难从阶级构成的角度来进行区分的乌合之众。萨瓦莱塔·梅尔卡多是葛兰西（Gramsci）的崇拜者，但是他聪明地意识到玻利维亚社会与意大利社会，甚至与意大利南部都是截然不同的！因此，他引进了这个十分关键的、很难翻译的概念："混杂性社会"（sociedad abigarrada）。人群和大众同欧洲民族国家之中界限分明的"人民"（people）这一概念也是不同的，在这些国家之中，人民的身份是通过他们的国籍来进行确认。对于阿根廷的埃尔南德斯·阿瑞吉和玻利维亚的萨瓦莱塔·梅尔卡多而言，这些相同的术语［民族主义（nationalism）、人民（people）、大众（multitude）］在欧洲、在欧洲之前直接管辖的殖民地以及当下依附性的民族国家之中，意义大相径庭，这一事实实际上可以很容易地得到解释，因为欧洲的民族国家曾经是帝国主义的，而南美的民族国家都曾是殖民地国家。当你从阿根廷、玻利维亚、意大利或从美国来看世界，以及当你从帝国主义或殖民地的地方性历史的角度和主体性来看世界时，诸如民族主义或大众这类的抽象普世性概念怎么可能会是一样的呢？

提供的则是一个更为宏大的框架，它包括欧洲资产阶级（直接或间接地）在欧洲之外（或者说是在欧洲中心以外，如对爱尔兰的殖民）殖民的那些种族化的阶层，因此，这个词包含"政治解放"的意思。但是关于"政治解放"这一概念，还有一个事实没有被说明和得到理论化：在欧洲启蒙主义的话语里，"政治解放"概念的提出并预设可以在这一体系内部进行变革，但并不会去质疑其中的殖民性逻辑，而此时欧洲新兴的民族国家不过是全新的帝国主义安排形式（相对于之前的君主制帝国，如西班牙和葡萄牙）。在此，我认为"民族解放"和"去殖民化"都指向从殖民权力矩阵脱钩的概念性工程（因此也是知识型工程）。由于欧洲现代性遍及全球，脱钩不能仅从字面上被理解为一个突如其来的全新概念体系。在我的论证中，脱钩意味着的是边界思维或边界知识型，更确切地说，现代性和知识以西方为基础，这在一方面无法避免，但另一方面却有着极大的局限性并非常危险。伊纳希欧·哈莫内（Ignacio Ramonet）在《外交世界》（Le Monde Diplomatique）中将这一危险称为独一无二的思想（la pensée unique），而在他之前的赫伯特·马尔库塞（Herbert Marcuse）则将其理解为"单向度的人"。然而，这个"理念"并非只是哈莫内所暗示的新自由主义。它是整个西方——不仅包括自由主义者和新自由主义，同样还包括基督教和新基督徒，以及马克思主义和新马克思主义。关于西方文明三种主要的宏大叙事、帝国的语言（英语、德语、法语、意大利语、西班牙语以及葡萄牙语）以及其希腊和古罗马的思想渊源，它们的总和构成了这种独一无二的思想。要从殖民权力矩阵和藏匿于这种独一无二思想之中的殖民性逻辑脱钩，就需要借助于边界知识型和现代性的替代性方案，或跨现代性所致力于的全球化和多样性工程。为什么必须是全球性的和多样化的？因为除开亚当和夏娃这一人类起源说和希腊文明，还存在着众多的"起源"故事，而除开希腊语和拉丁语之外，同样还存在着众多别的重要语言。在这每一种语言之中，都存在着亚当·斯密所无法企及的另类经济观念，以及完全不同的政治理论，和尼可罗·马基亚维利（Niccolo Machiavelli）或托马斯·霍布斯（Thomas Hobbes）的思想毫不相干。在思想领域，还有着完全不同的生命理念，由此所产生的哲学实践完全无须依赖于由希腊流传下来的那些至理箴言！如此种种，不一而足。理念（和理论的）脱钩，在我接下来的讨论中被认为是民族解放和去殖民化的必由之路，仅仅只是在殖民权力矩阵内部进行变革，既是所有政治解放工程的炫目之处，同时也说明其众多局限性之所在。① 对于所有的"政治解放"工程而言，脱钩并不是它们考虑的问题，因为这些"政治解放"工程都是在西方历史和西方思维（即从希腊和拉丁的思维范式，发展以德语、英语和法语为依托的思维范式）的线性轨道内部做出的改善。②

一边是政治上的解放，另一边是民族解放和去殖民化（作为脱钩工程），我对此进行了区分，这一区分可以帮助我们重新思考"革命"的概念。但是，并不是从 18 世纪末到 20 世纪下半叶的每次"革命"都属于同样的"现代性和人类政治解放"的普世性的发展规律。秘鲁的图帕克·阿马鲁（Túpac Amaru）起义（1781）、海地革命（1804），以及亚非在 20 世纪的去殖民化进程，为我们呈现的是一个不同的维度，这并不能被完全地纳入到自由主义和社会主义/马克思主义的图景之中，图帕克·阿马鲁起义和海地革命携带的是脱钩的种子。讲西班牙语的美洲国家的独立以及美国从英国的独立都是属于体系之内的独立（因此，是某种意义上的政治解放），与此不同的是，在处于支配和霸权地位的西方宇宙观之中，图帕克·阿马鲁起义和海地革命是一种他者性宇宙观，而前者不过是属于相同的现代性修辞和殖民化逻辑的不同变体而已。领导这些去殖民化斗

---

① 参见 Laclau（2000）。
② 就哈特和内格里的《帝国》（*Empire*）而言，其力度和令人痛心疾首之处都在于其恰恰就深陷在西方历史和思维范畴的局限性之中。

争的是一些本土的精英和那些"受苦的人"（damnés，他们在种族上遭到诋毁，在政治、经济和"精神"的层面——在宗教和知识领域——则遭到剥夺）。[①] 图帕克·阿马鲁起义和海地革命则不同，它们是民族解放和去殖民运动体系的组成部分，它们终结了将帝国（西班牙、英国、法国、葡萄牙）和殖民地连接起来的现代结构。亚非的去殖民化与图帕克·阿马鲁起义和海地革命有共同之处，都是致力于从与帝国权力的联系中获得"民族解放"，尽管仍不清楚这种从思维范畴中的"民族解放"是否也危如累卵。在这种情况下，我们可以合情合理地说去殖民化是追求的目标，但在砍断与帝国之间的"戈耳迪之节"（Gordian Knot）的过程中，去殖民性（decoloniality）却并不曾很清楚地被看到或被说明。直到 20 世纪 60 年代和 70 年代，去殖民性理论才得到明确的呈现，这一领域的主要思想家包括赛义德·库特卜（Sayyid Qutb）、阿里·沙立阿提（Ali Shariati）、阿亚图拉·霍梅尼（Aytollah Komeini）这些激进的阿拉伯—伊斯兰思想家，拉美的民族解放哲学，以及拉美、澳大利亚、新西兰和加拿大这些地区的本土知识分子和激进主义者。[②]

　　实际上，政治解放和民族解放是现代性/殖民性这同一枚硬币的两面。民族解放概念不仅勾勒出了"第三世界"受压迫人民的斗争，

---

　　① 关于受苦难的人的哲学理念及其政治含义，参见 Maldonado Torres，2004；而关于马尔多纳多·托瑞斯这一具有开拓性的文章的深度分析，参见本人在关于"受欢迎的人和属下"（The Popular and the Subaltern）的研讨会上的发言："政治机构的拓扑学：人民、属下、受苦难的人和大众"［A topology of political agencies：the people，the subaltern，the damné and the multitude（圣芭芭拉大学），2004 年 3 月，很快就可以在会议议程上看到］。在我的论述中，我同样也讨论了由玻利维亚社会学家和激进知识分子雷内·萨瓦莱塔·梅尔卡多（René Zavaleta-Mercado）在 20 世纪 70 年代引进的那些具有开拓性的概念："形式大众"（form mass）、"形式阶级"（form class）、"大众"（multitude）和"混杂性社会"（关于这一点，他有众多的论述，例如可以参见他发表于 1988 年的作品）。

　　② 世界社会论坛（The World Social Forum）虽然有着自身的局限性，但毫无疑问，它在非洲和亚洲在冷战和苏联解体期间的去殖民化之后，重新阐释了脱钩工程。虽然仍然存在着局限性，但 2004 年 7 月在基多举办的第一次美洲社会论坛可谓一个转折点，关于脱钩的观念和实践也就由此开始。在美洲社会论坛的前一周，是在基多还举行了土著民族第二次峰会（The II Cumbre de las Nacionalidades Indigenas），尽管同样存在着局限性，但仍然提供了另一个明确无误的例子。

同时还凸显了支撑这一历史的现代殖民性历史。而去殖民性是一个更为宏大的工程，正如法侬所言，它涵盖了被殖民者和殖民者——因此，上面所提到的政治解放和民族解放都在这一框架之中。由于去殖民性，事情已发生彻头彻尾的变革，知识的伦理和政治也出现了重大的转型。批判理论崛起于语言、思想范畴和主体性（阿拉伯人、艾马拉人、印度人、加勒比地区的法国人和英国人、南非白人，等）的废墟之中，这些已经遭到现代性修辞的持续否定，其另一基础是帝国对殖民性逻辑的施行。将政治解放视为为由欧洲资产阶级和作为欧洲后裔的克里奥尔白人（清教徒和天主教徒）在美洲所领导的革命进程的图绘——在去殖民化的亚洲和非洲国家，一些"本土的"精英分子也可能成为领导者，而民族解放则被视为是由"本族人"（如非基督徒和非白人的民众）在殖民地领导的革命的图绘，这些革命不仅欧洲殖民者和那些本地精英，因为这些人将民族国家同西欧国家和私人企业（在 20 世纪，则还应加上美国）的政治经济工程连接了起来。对以"现代性并非是欧洲独有的现象，而是在一种与非欧洲的他者性之间的辩证关系之中得以建构"的观点，以上论述无疑提供了另一种理解方式。

如果现代性被认为主要是存在于欧洲的现象，那么在非欧洲地区的民族"政治解放"将不得不仅仅从欧洲或美国自身的角度来谋划、颁布指令和施行。"推进中东的民主进程"——布什总统不断强调的这一名言就是一个很好的例子，这也很好地阐明了哈贝马斯关于完成未完成的现代性工程的说法。伊斯兰或本土进步知识分子，如哈贝马斯自己，是否愿意对德国的那些理念唯命是从，他们却并不关心。在这样的场景中，不可能存在他者性政治经济和政治理论。宗教可以被容忍，但条件是对于正主宰着全世界的政治经济形式和政治理论，它们必须俯首帖耳，不要横加干涉。在任何时间和地点，一切都必须听从来自这一起始点所颁布的命令。就像在伊拉克战争期间，世界上的其他地区只能等待、听从和跟随这些领导者们。①

　　幸运的是，世界社会论坛、美洲社会论坛以及无数致力于脱钩的社会运动（并非民间组织）正层出不穷。在一个有哈贝马斯意味的场景之中，民族解放将服从于政治解放。同样，在自由主义的或者是马克思主义的现代性政治解放式的修辞之中，去殖民化仍然将被掩盖和受到操控。换言之，如果"政治解放"是一些禀性敦厚的自由主义者和马克思主义者所援引的一个意象，当然他们这么做时无疑采用的是从欧洲或美国内部的和历史的视角，那么从这些地理位置的外部（要么从一个位于这两者之外的有着不同地理历史的国家，要么从那些从这些国家前往到欧洲或美国的移民的视角）来放眼世界历史，就意味着接受以下这一事实：那些高举"政治解放"旗帜的民族和机构，还需要更进一步将"民族解放和去殖民化"纳入到自己的议程之中。② 因此，就此意义而言，政治解放并不能成为民族解放/去殖民性的指明灯，事实恰好相反，民族解放/去殖民性包含并且对"理性主义的政治解放概念"进行了重新图绘。在这一复杂的理论问题中，我们需要始终不渝地对以下时刻保持批判性警觉，当正在发挥作用的原则到底是民族解放/去殖民性，还是相反，在政治、经济、精神的（知识型的、哲学的、宗教的）去殖民化过程之中，指导着社会行动者的是前面提到过的那种非理性神话。

　　没有人能够获取终极真理，因此不管是左派，还是右派，没有任何个人（或集体、教会或政府）能够为全球和整个人类提供一个

---

　　① 欧洲左派提出了一个观点，他们将欧洲视为世界的模范。这是一种反美的论点，听起来就像是来自左派的一种新的全球性设计，这一设计似乎是要取代早已消逝的无产阶级关于全球性革命的梦想（参见 George 2004）。

　　② 对那些批判性的、充满好奇的读者们，我想更明确地进行说明，因为他们可能正在想"可是什么是欧洲，欧洲并不是同质性的！"当我说到欧洲时，我是在黑格尔历史哲学观念的意义上谈这一个问题。也就是希腊和罗马遗产的中心——南方的意大利、西班牙和南部的葡萄牙，北方的法国、英国和德国，作为基本性语言的希腊语和拉丁语，文艺复兴时期的意大利语、西班牙语和葡萄牙语，启蒙主义时期的法语、英语和德语。

解决方案。这就是缘何抽象普世性（abstract universals）（基督教、自由主义和伊斯兰教）都已是明日黄花，只不过是旧瓶装新酒，遵循的仍然是原教旨主义和帝国主义的逻辑。因此，去殖民性理论以伦理为导向，以知识型为武器，这是一个由政治驱动和有着经济必要性的进程，它以受苦的人作为其哲学和政治思考的中心人物。正如法侬所言，去殖民化是一种双向操作，既包括被殖民者也包括殖民者，[1] 尽管它是从苦难者的视角和利益出发。否则，这些苦难者将会被剥夺其民族解放和去殖民化的"权力"，只能等待着来自殖民者"给予他们自由"之类的慷慨馈赠。换言之，如果殖民者需要被去殖民化，没有受苦难的人的知识引导，殖民者可能不会成为去殖民化的合适的代理人。在殖民者社会里有着两种类型的个体：坚持上述"为种族灭绝暴力进行合法化的非理性神话"的人，以及在这一社会中对其进行极力抵制和谴责的人。在殖民社会内进行的谴责固然重要，但就其本身而言，却并不足够。对那些属于（例如，有公民身份，但并不一定有正统的血脉或肤色）殖民社会（例如美国）中的异议者，有必要加入去殖民化工程（政治的和知识型的）中去，这些工程虽然在被殖民者那里得到了清晰的阐明，但同时这并不是属于那些被殖民精英的工程；后者将去殖民化作为为个人获取利益的工具，与此同时，却不断地在这个"正在去殖民化"的国家之中，不断地复制一样的那种"为种族灭绝暴力进行合法化的非理性神话"。在非洲和南美洲，就不乏此类的例子，他们在"去殖民化"之后走的是同样的老路，对于美国的印第安人和非洲后裔而言，情

---

[1] 我发现被殖民者/殖民者这一组合已经不再时兴。我只不过是将其作为一条捷径，来描述现代性修辞和殖民化逻辑的持续性再生产。当然，欧洲人并不是一个同质性的群体（既不全部是基督徒，也并非全部是马克思主义者）。同样，美洲的印第安人或非洲人也并非一个同质性的群体。然而，欧洲的多样性是以希腊语和拉丁语以及基督教为基础，而印第安人和美洲黑人却并非如此。一边是艾马拉人（Aymara）和凯楚阿人（Quechua），另一边是班图人（Bantu）和沃洛夫人（Wolof），他们提供了一种知识型（或者说是一种宇宙论，如果你愿意的话），这同希腊语和拉丁语所提供的宇宙论（或者说是知识型，如果你愿意的话）完全不同，后者是在欧洲帝国主义/殖民主义现代性的主导性历史框架之中形成的。

况更是如此。

被殖民者并没有知识型领域的特权，当然，唯一的知识型特权只存在于殖民者这一方，即便是在自由主义者和马克思主义者所倡导的政治解放事件中，也概莫能外。① 在这里，"殖民者这一方"指的是具有欧洲中心主义色彩的思维范畴，它们在携带着获得政治解放种子的同时，也携带有管控和压迫的种子。现在，这些仍然是殖民性的历史和记忆，同时也为去殖民性的知识型和政治工程，以及去殖民性的伦理提供参照的伤痕和屈辱史。因此，去殖民性意味着追求一种不同的生命愿景，其不会依赖于现代性/殖民性所鼓吹的那种关于社会的唯一理想，这一理想被强加在各种不同的社会形态之上，当然也不会受制于其结构；与现代性/殖民性相反，思维的去殖民化恰恰就应该由此入手。这一斗争要改变的不仅仅是对话的内容，还要改变在对话之中所用的那些语汇。

脱钩意味对所使用语汇的改变，而不仅仅是对话的内容——在现代/殖民性世界里，由于基督教（例如民族解放神学）、自由主义（例如在冷战期间，美国对亚非去殖民化的支持）和马克思主义（在冷战期间，同样的支持亚非国家的去殖民化）的出现，对话的内容已经被改变。对于脱钩理论而言，经济、政治、哲学、伦理等概念体系应建立在不同的原则之上，这一原则并不否定圣经、亚当·斯密、卡尔·马克思（因为通过殖民性逻辑和现代性修辞，西方的思维范畴已经被全球化）的必要性，但仍远远不够。因此，在这一部分中，我将进一步论述那些造就现代性黑暗面的形色各异的知识政治，以及在政治解放、民族解放、去殖民化的过程中确立的历史层级框架中为种族灭绝暴力进行合法化的非理性神话。以杜塞尔从民族解放和去殖民化视角对现代性批判的区分为基础，我将继续我的论证。

---

① 关于知识型的帝国主义特权，参见 Mignolo，2002。

如果脱钩意味着改变对话的语汇，并且最关键的是要改变关于构成知识和理解的那些霸权性观念所使用的语汇，进而，还必须改变那些认为经济和政治、伦理和哲学、技术和社会组织是什么或应该是什么的观念所使用的语汇，那就有必要打破知识和理解领域之中的霸权。自 15 世纪以来以及在整个现代/殖民世界之中，通过我这里所说的关于知识和理解的神学逻辑（theo-logical）和自我逻辑（ego-logical）的政治，这一霸权就一直占据着统治地位。[①]在此，我们（我指的是你和我，亲爱的读者）正进入术语去自然（de-naturalization）化这一无法避免的区域。换言之，脱钩的策略之一就是对统摄某一现实领域的概念和概念领域去自然化。在现代/殖民世界之中，我认为神学是自 16 世纪到 18 世纪上半叶以来知识的历史性和支配性框架。正如人们常说，神学并不都是同质性的，不仅有天主教和新教，还有东正教。与拉丁基督教相关的主要是天主教和新教，而东方基督徒主要是希腊正教和与斯拉夫语言有关的等。在 16—17 世纪，西方世界霸权（西欧和美洲）是天主教徒和新教演绎出各自差异的共同基础。在那时的欧洲和美洲，知识和理解的神学政治是对知识和主体性进行操控的平台，但此时还没有触及中国、印度或阿拉伯——伊斯兰世界。到了 19世纪，当西方的知识政治开始被强加给亚非国家时，欧洲已经开始经历一场内部的转型。17 世纪初，人们开始意识到主体的至高无上性（塞万提斯、培根、莎士比亚、笛卡尔），对神学的质疑在欧洲内部打开了新旧更迭的大门，神学被知识的自我逻辑政治所取代。

但在 16 世纪末到 17 世纪初的殖民地国家，人们关心的问题却

---

①　为简便起见，我不准备对这一全新的阶段进行讨论，也即在西方知识型内部的历时性范式性改变之中的机构学（Organo-logy，如对知识的组织和关于组织的知识）。机构学正在支持机构，而在消除自我的中心位置：个体是团队、公司、组织的一部分，而不再是压倒"团队"的重要性的"英雄人物"。2004 年在底特律活塞队和洛杉矶湖人队之间的篮球决赛，就是自我学（ego-logy）被机构学所取代的一个完美例子：底特律活塞队没有什么"巨星"，他们不是凭借个人英雄主义，而是以整个团队的力量赢得了比赛。

大相迥异。那些西班牙后裔的克里奥尔人关注的是殖民主体的统治权问题，也就在相对于欧洲的现代性主体和教会的权威而言，他们需要维护自己的主权。17 世纪末，科学的理念和世俗哲学思想很好地契合于西班牙裔美洲克里奥尔人的自治需求。同样的逻辑还体现在那些英裔的美国克里奥尔人的身上，这些人当时居处于位于美国东北部的殖民地。在所有的这些例子中，神学的和自我逻辑的霸权开始被取而代之，（去殖民化的）知识和理解的地理政治开始浮现。说到地理政治［以及在以下的内容中，我将要论述到的身体图像（body-graphic）］，① 我指的是知识和理解的全新主体的历史性和帝国主义的／殖民性地域，这在以往一直遭到否定、忽略并被藏匿，而其背后的操盘手则恰恰是那些在知识和理解领域，那些帝国主义的、神学的以及自我逻辑的知识政治的代理人和代理机构，他们都处于帝国的疆域而并非在殖民地的版图之中。知识型的地理政治暗示着一种去殖民性转型，它在此能够获得意义并非因为它与一个客体（地球）相关，而是因为它位于现代／殖民世界的空间组织结构之中的知识型具身性（epistemic embodiments，地理历史和身体图绘的）②

---

　　① 脱钩和改变对话的术语有着多方面的意义，其中的一种功能就是让连接语汇和事物的那些被认为是理所当然的假设产生裂缝，就正如福柯曾经所告诉我们的那样。作为一种关于地球的科学，地理学将重心放在研究的客体之上，而知识和理解的地理政治却是将叙述放在中心，这种叙述能够塑造、描绘、构建任何可能的"客体"。因此，知识和理解的地理政治既可以成为政治解放工程（正如那些西班牙和英国人的后裔克里奥尔人所为），也可以成为解放和去殖民工程，正如我们在接下来将在瓦曼·普玛·德·阿亚拉的例子，以及前面已经提到的海地革命，以及晚近由学院知识分子所倡导更具连贯性的项目和社会运动。

　　② 什么在召唤着我们去思考诸如汉娜·阿伦特（Hanna Arendt），雅各·德里达或弗朗兹·法侬？这并不仅仅只是从天堂那里进入我们头脑之中的那些抽象范畴的飘忽的精灵；他们触发你去思考，然后你才意识到自己的存在。事情正好相反：你地理历史性地和传记性地感觉到了这种具象（embodiment），并且正是从这种具象之中你意识到了自己的存在，你存在于一个现代的／殖民性世界之中；在这个世界之中，人口分布的标准也就是你思维之中的人种、性和性别。我们这个时代的地理和自我政治革命恰好取决于：（1）对反面的事物的肯定；（2）对地理政治和生命政治具象的揭示，从文艺复兴以来，这一具象一直以上帝（神学）、获得政治解放的个体（自我学）的理性，以及组织（例如，控制论、机构的知识和知识的机构）相对于个体的至高无上性（机构学）的名义被掩藏在现代知识型之中。控制论研究者很快就意识到"被观察系统的科学"（the science of observed systems）无法脱离"观察系统本身的科学"（the science of observing systems），因为正是我们在进行观察。控制论方法主要关注我们所能够了解的事物的不可避免的局限 （转下页）

的框架之中：知识的地理政治为历史场域（空间和时间、时空的历史标示及安排等）和言说地点的权威性命名，这一直遭到知识和理解的神学逻辑和自我逻辑政治的统治和霸权的否定。

但是远在这些欧洲后裔的克里奥尔人、拉美人和盎格鲁人之前，本土知识分子就已经表达和阐明了脱钩的必要性。16 世纪末和 17 世纪早期的瓦曼·普玛·德·阿亚拉，就是这之中一个最为主要的例子。由于某些原因，瓦曼·普玛不仅是针对西班牙人，同时还批评了印加行政当局（瓦曼·普玛自己就是印加行政当局管控之下一个社群的成员），因此他的观点和定位的确非常复杂，在此，我不想对这一复杂性进行过多的赘述。对于我自己的论述而言，瓦门·普玛的作品《新史学和良善治理》（*Nueva Corónica y Buen Gobierno*）在一个非常关键的时刻出现，不仅仅是因为该作品关于脱钩的论述得到了学界承认和理解，①另一个重要的原因就是他那些还并不成熟的思想得到了一些社会运动的呼应，如萨帕塔主义者（Zapatista）在他们坚持不懈的脱钩运动过程之中，从理论革命到他们在卡拉科莱斯

（接上页）性：也就是我们自己的主体性。通过这种方式，控制论被适宜地称为"应用知识型"（applied epistemology）。至少，它可以用于创造出有用的描述，尤其是将观察者也包含在内的描述。控制论对于心理、语言、艺术、行为，或智力（这只是其中几个例子）的描述可能完全不同于更传统的、确凿的"科学"观——虽然控制论也可以是谨严的。由于其实施是同帝国主义的/全球性筹划相关联，控制论所提供的政治解放的可能性（emancipating possibilities）可以被"工具性地"运用于软件和/或硬件，以及社会和管理人际系统的设计之中。最后但并非最不重要的是，下面的几件事情也许有一点意思，在 20 世纪 90 年代中期，塞奇出版社（Sage Publications）发行了一本新闻杂志：《机构，理论和社会的跨学科杂志》（*Organization. The Interdisplinary Journal of Theory and Society*）。同样在 20 世纪 90 年代中期，月刊《管理》（*Gestion*）开始在阿根廷发行。该刊物主要针对管理阶层（每年花费约为 250 美元），主要刊载一些关于公司、商业、办公室等机构的组织和管理方面的文章，以便在增加效益的同时削减成本。从 20 世纪 80 年代末以来，美国大学的行政管理沿着同样的轨迹在前进。因此，公司价值观和大学前进的方向和机构学越来越稳固的统治性地位相契合，它已成为一个无所不包的帝国性隐喻。

①　Adorno（1986，2000）．

地区在政治经济领域的施行。① 瓦曼·普玛论证的基本结构如下：首先有必要重建一个"新史学"，对西班牙人到来之前安第斯地区的文明史进行重新叙述，以补充那些传教士和文人的片面的、通常情况下被歪曲的记载，这些人不请自来地撰写他们认为本土居民所不具备的编年史。这些传教士们的理由很简单：这些人没有用来记事的字母文字，因此他们不可能有历史，因为对于16世纪文艺复兴时期的人而言，历史永远都是同希腊及拉丁文传统中（当然不可能是希伯来语或者阿拉伯语，也不可能是斯拉夫语）的字母书写相关。因此，瓦曼·普玛所倡导的"新史学"不仅与西班牙的历史记录相抵触，并且通过使用他们自己的语言来表明西班牙的历史从来就是不完整的。② 更为重要的是，"新史学"并不是要在同样的西班牙知识型逻辑的范畴之内对西班牙文明之中的谬误进行纠正，而主要是试图引进一种全新的讲故事的逻辑。就此而言，这才是历史书写过程中真正的知识型脱钩。结果是，在从欧洲历史编撰学规范之中脱钩出来的"新史学"被提出之后，作者接着提出了一些关于"良善治理"的建议。显然，瓦曼·普玛所倡导的"良善治理"并非建立在马基雅弗利式的观点上的，而是建立在安第斯地区社会组织的实践和历史之上，但是此时必

---

　　① 在具有开创性关于瓦曼·普玛·德·阿亚拉作品的论述中，罗莉娜·阿多诺（Rolena Adorno）开头有一句意思十分明确的话，尽管大多数称赞这本书的批评家们总是有意地忽略了这一句话。尽管这一句话不仅明确无误，同时还振聋发聩："在接下来的几页里，我尝试着在历史性文学研究领域之中实施一种去殖民化的举动。"（1986：3）当然，我们可以讨论阿多诺是否成功，但我们不能忽略作为她对文学和历史学术研究所做贡献的转折点，还可以遗留下什么。萨帕塔主义者在另一个领域（社会运动领域）掀起了一场理论革命，其明确地将去殖民化和脱钩联系到一起（例如，也就是说：没有脱钩的去殖民化只是体系之内的政治解放的别名而已，就如曾经的美国和法国革命一样）。关于萨帕塔主义者的理论革命，参见米尼奥罗（Mignolo，2000），关于建立蜗牛组织（Los Caracoles）运动的历史，参见穆尼奥斯·拉米雷斯（Munoz Ramirez 2003），非常重要的是，所有关于萨帕塔主义者的文献，请登录 www. ezln. org。另一个关于知识型和社会脱钩的比较激进的例子是一个被称为"农民之路"（Via Campesina）的组织，尤其是"粮食主权"（soberania alimentaria）的概念（www. ecoloxistesasturies. org/Temas/Asturies/Campo/ViaCampesina SoberaniaAlimentaria. doc）。最后但并非最不重要的是，相同的事情也出现在世界社会论坛［德·苏撒·桑托斯（de Souza Santos），2003］。

　　② Adorno 1986，第12—35页。

须考虑到——与古代相反的是——西班牙人将长久在那里待下去，并且这一地区也已面目全非。瓦曼·普玛所提出的激进脱钩模式，自然也让他与西班牙当局格格不入，而代价则是在之后四个世纪中一直处于湮没的状态。而加尔西拉索·德·拉·维加（Inca Garcilaso de la Vega）却正好相反，由于他一直都待在体制内，并且他的主张更接近于政治解放而不是脱钩或激进的民族解放和知识型去殖民化，因此他一时可谓声名鹊起。

显然，在认识和理解的神学逻辑和自我逻辑的政治架构之中，脱钩无法得以施行。因为，你怎么可能在你想要脱钩的知识型框架之内进行脱钩呢？脱钩与"同化"（assimilation）正好相反：同化意味着你暂时还不属于你正在同化的内容。在你想要同化的框架之中构想同化毫无意义。因此，早期的脱钩工程（如萨米尔·阿明所提出的策略[1]），这些都并非激进性脱钩，更多的是从现代性修辞和殖民性逻辑出发的激进政治解放。换言之，我们很难从马克思主义的视角去思考脱钩，因为马克思主义虽然提出了不同的内容，其逻辑却仍然是换汤不换药。[2] 脱钩的知识型场域来源于知识的地理政治和身体政治的出现，[3] 在这一方面，瓦曼·皮尤应该成为所有随后的智识性思考的参照点。[4]

尽管其内部存在诸多的差异性，但如果知识和理解的神学和自我政治是西方现代性的霸权性框架，它们也具有独一无二性思想（即单一主题式思考）的那种强制性，脱钩的过程需要一种不同的知

---

[1]　Amin 1985，第41—84 页。

[2]　我在地方性历史/全球设计的结束部分对此展开了论述（"他者语言、他者逻辑、他者思维"）。

[3]　我一直在使用身体政治这一表述来描绘在去殖民转换过程中知识地理政治的互补维度。拉蒙·格罗斯福格尔建议用"身体政治"，这样另一方面可以避免与迈克尔·福柯所使用的相同的表达法弄混淆，后者所指的是一种不同的社会现象。但是，更适合的是将"思维的身体"（thinking body）的肤色、性别、性都透明化；也将藏匿在欧洲帝国现代性的知识霸权政治背后的隐形的白人、男性、异性身体政治都透明化。

[4]　我认为关于萨帕塔的政治理论和政治经济中的萨帕塔民族解放运动（Juntas de Buen Gobierno）的参考资料虽然以前没有但并不是近来虚构出来的。

识型基础，在这里我将其描绘为知识和理解的地理政治和身体政治。① 这些可以被认为是外在性知识型（the exteriority）和边界知识型（the borders）。如果今天对于资本主义和西方现代性而言没有外部（outside）的话，但无疑存在着诸多关于外在性（exteriority）的例子，也就是说，由现代性修辞所创造出来的外部（阿拉伯语、伊斯兰教、艾马拉语、社会经济组织方面的本土性概念，等等）。按照进步和现代性的原则，现代性的外部恰好就是必须被征服、殖民、超越和强制皈依的部分。正如杜塞尔在他那具有开创性的作品《民族解放的哲学》（1977）中所构想的那样，知识型的地理政治应被视为一份关于脱钩的宣言来进行阅读。在神学和自我政治为建立"全新范式"［库恩（Khun）］或全新"知识型"（福柯）而奋斗的版图上，杜塞尔制造了一条裂缝。美国的现代/殖民世界的历史基础（我在此处十分小心谨慎地使用"基础"一词，这并不是对原教旨主义的赞同）② 的特征是"抽离（根除）或移除偶像崇拜"，这种偶像崇拜讲述的是神学的种族灭绝和知识型暴力（如，一些西班牙传教士就坚信，或至少说过要"根除"当地人的知识和信仰，因为这些在他们看来是魔鬼的作品）。通过不断地贬斥"本土性"知识，但与此同时又不断地挪用本土性知识以便生产"现代的"治疗药物就是一个当代的例子，由此可以看出，现代性修辞不仅使对土地和劳动力的掠夺合理化，而且近来还在更为激烈地掠夺"他者"的知识。知识的地理政治是这一幻境被粉碎并遭到谴责的一方面（另一方面是知识的身体政治，下文还将论述这一点）。

―――――――――

① 需要记住的是，知识型的神学政治并不仅仅只是一个过去的问题而被掩埋在欧洲文艺复兴和新世界殖民地的历史之中。它可谓仍然保存完好，生机勃勃，其支配地位仅次于知识型自我政治，而它现在正怀着复仇的心理，在对社会科学中基于自我政治的绚丽的神学政治的批判中重新露面。参见米尔班克（Millbamk 1990）。我们很有必要将知识和存在的去殖民化看作是神学和世俗理性（自我学和机构学）之外的事物，这种去殖民化来自一种空间知识型的裂缝，被称之为帕查库提（Pachakuti），这是当西班牙人抵达此处想要接管其黄金、政府和精神的时候，从印加帝国居民的角度作出的回顾。

② 在这里，作者使用的"foundation"这一英文单词，被译为"基础"，而原教旨主义为"fundamentalism"，因此原作者做了这一说明。——译者注

　　知识的地理政治（例如，发端于世界上不同的历史地域，这些地域都承受过由西方帝国主义和资本主义的扩张所带来的影响和后果）有必要打破这样的幻觉，不要再认为所有的知识都并且只能是肇始于意识的帝国主义形式之中（例如，右派、左派和中间派）。理性的地理在不断改变。也就是说，存在着一种认为所有的一切都只能在帝国的中心才能够被构想出来的假设，不管是压制、操控、压迫、政治解放、民族解放还是去殖民化。任何人只要不是在帝国的中心，在其直接或间接的殖民地之中，就只能是等待着来自帝国的政治解放。海地革命之所以被当作一个令人难以置信的历史现象，正如特鲁约（Trouillot）所言，[1] 恰恰就是因为此类的假设。因此，知识的地理政治在两个不同的方面具有相关性。首先，它对那些遭到代理人否定的事物进行了肯定，这些代理人创造、演绎并不断地传播着知识的神学和自我政治。其次，一旦知识的地理政治将那些曾经被否认为理性的理性进行了重新确认，那么知识神学和自我政治到底排除了和正在排除什么就会一清二楚，这也就是它们自己的地理政治场域，这被隐匿于一种普世性的修辞之中。应该在一种不断的双重运动之中来理解知识的去殖民化，不仅要揭开神学、世俗哲学和科学理性的地理政治场域的面纱，与此同时，一些曾遭到基督教、文明、进步、发展和市场民主的修辞否定的知识模式和原则，现在也应该被给予肯定。

三　殖民性：现代性的黑暗面

（一）

　　正如我之前所言，假定脱钩从应该脱钩的地方来进行认知。脱钩意味着"与知识的殖民性脱离关系，这一直都遭到知识的神学、自我和有机逻辑原则以及其后果的操纵"。脱钩与去殖民化转型如影

---

① Trouillot (1995).

随形，知识的地理和身体政治既为批判提供了分析手段，同时还勾画出了一个关于多元世界共存的愿景。作为一种批判方式，知识的地理和身体政治揭示了知识神学、自我和有机政治的极权主义倾向，尽管同样可以从它们的内容之中找到美好的意愿。作为一个关于未来的愿景，知识的地理和身体政治引领着我们走向一个"作为普世性工程的多元普世性世界"（pluri-versal world as a universal project）。相对于萨米尔·阿明所主张的脱钩之后的"多中心世界"（polycentric world）的道路，这一愿景可谓与之相去甚远。在其早期的版本中，脱钩被视为是同帝国主义国家在经济和政治层面上脱钩（如西欧资本主义国家，再加上美国）。① 然而在今天，我们应该从现代性修辞和殖民性逻辑的角度来考虑和谋划脱钩工程。但是，为了将这一问题说清楚（这是下面第四部分的主要内容），需要先对现代性修辞和殖民性逻辑进行一些说明。

不管是以基督教、文明、二战后的现代化和发展还是在苏联解体后的市场民主的形式，现代性修辞通过将"拯救"强加给对方来运作。因此，现代性的地理政治——而并非后现代主义——不仅是强调作为恐怖理性的理性（正如杜塞尔所指出），而且还主要集中于"它所掩盖的非理性神话"，在此，我把这种神话理解为殖民性的逻辑。如果殖民性是现代性的构成部分，因为如果没有殖民性也就没有现代性，那么现代性修辞和殖民性逻辑同样也是同一枚硬币的两面。现代性修辞和殖民性逻辑究竟是如何交织在一起的？首先，让我们从现代性的概念出发，然后探讨现代性与"政治解放这一理性概念"之间的关系。就目前的实际情况而言，安东尼·吉登斯（Anthony Giddens）在十年前提出的关于现代性的一个概括性比较强的定义也就足够：

---

① 阿明的脱钩提议并没有考虑到苏联殖民地要脱离苏联的需求，也没有考虑到日本殖民地的情况。脱钩理论是在自由主义和资本主义帝国框架内被设计出来的，也就是说，它产生于自1500年以来的西部扩张的历史框架内。

　　"现代性"是指大约自 17 世纪以来出现在欧洲的社会生活或组织的模式，在这之后它们几乎是具有了全球性的影响力。这将现代性同一个时间段和一个最初的地理位置相关联起来，但是就目前而言，现代性主要的特征却被安然无恙地置放在一个黑匣子之中。①

那些"社会生活的模式"是指什么？尼尔·弗格森（Niall Ferguson）提供的简要描述可以帮助我们理解这一点：

　　在 17 世纪 20 年代，只有绅士才会抽烟，到了 17 世纪 90 年代，吸烟已经成为一种习俗，一种时尚，非常流行——以至于甚至每位农夫都有自己的烟斗……关于这些新的毒品（在男人之中流行的是吸烟，而在女人之中流行的则是茶），人们最喜欢的就是相对于欧洲传统的那些毒品和酒精，这些东西能够提供一种全新的刺激。从技术上来讲，酒是一种镇静剂。而在 18 世纪，葡萄糖、咖啡因和尼古丁却正好相反，它们则是兴奋剂。混合在一起，这些新的毒品给英国社会带来了巨大的冲击；或许可以说，整个的帝国在那时就建立在关于糖、咖啡因和尼古丁的热潮上——对于这一热潮几乎是每个人都有着亲身的经历。②

20 世纪 40 年代，古巴人类学家费尔南多·奥尔蒂斯（Fernando Ortiz）对这同一现象做出过一个类似的，但具有讽刺意味的评论。奥尔蒂斯的评论并不是从帝国内部的记忆和情感的角度来写的，相反，他是以源于殖民地内部的记忆和情感为视角。弗格森的讲述来源于知识地理政治的意识形态框架之内，而奥尔蒂斯则属于"一个

---

① Gidden（1993）.
② Ferguson（2002）.

他者的历史"，从字面上来说，他属于加勒比海的东部及靠北一点的殖民地历史。然而，并不能因为其属于殖民地记忆的这一简单事实就确定无疑地认为其"更好"和"好"。它只是意味着这是一种他者的意识框架，有着不同的观察和感知世界的方式，并且这些方式并非臣属于任何由帝国之内的关于生命和体制的社会形式所生成的意识和情感。不同于吉登斯或弗格森笔下的现代性，在有着对劳动力的残酷剥削以及大规模的奴隶贸易历史的加勒比海地区，这其中当然也涉及英国商人，在源于这一地区意识的记忆、创伤、耻辱和否定的思想之中（例如，Fanon 1952，Cesaire 1956，Winter 2006，等），关于现代性的想象就不可能仍然是一味地称颂和扬扬自得。但最重要的是，这是另一种认知方法，而不仅仅只是对在相同的逻辑之中所讨论过的历史内容的批判，这一逻辑曾经支撑着吉登斯和弗格森的叙事。简言之，最为危险的是知识神学和自我政治与知识的地理（和身体）政治的矛盾性共存。从现代性的"黑暗面"，[①] 也就是从在殖民性历史中并由其所塑造的意识形式之中，奥尔蒂斯观察到：

> 在中世纪正在土崩瓦解，而现代的纪元，伴随着其理性主义，正曙光初现的时候，烟草随同文艺复兴和宗教改革的革命一起抵达基督教世界。或许有人会说，神学让理性饥渴、迟钝，要想让理性重获新生，释放自我，它需要一些无害的兴奋剂的帮助，这种兴奋剂不应该用激情来毒害理性，然后再用幻觉和兽性来使之昏昏沉沉，就像那些之前的酒精饮料，只会让人醉醺醺的……
>
> 在旧世界之中，这四种同为意识和精神兴奋剂的来自异国他乡的产品碰巧同时出现，这并非没有利益的原因的。就好像在"时机成熟"之时，当这一片大陆准备好通过燃尽自身来拯

---

① 参见 Martín Alcoff and Mendieta（2000）。

救理性的灵性，并且重新赋予理智其本身所应有的尊重之时，它们被魔鬼从世界各个角落输送到欧洲，以便重新激活欧洲。[①]

与挑起暴力的酒精相反，这里所说的兴奋剂一方面能带来愉悦和快乐，就如同弗格森所言，但与此同时，正如奥尔蒂斯指出，它们也能创造出忽略、健忘、自私的个人主义以及欧洲人对于殖民地其他的个体生命，尤其是黑人和印第安人的漠视。

在被吉登斯和弗格森（我如果没记错的话，这两位都是英国人）的欢愉的和极为称颂的描写背后，面纱之下深藏的是整个殖民地的沉寂，为了进一步对此进行揭露隐藏，我将转向一位来自非洲安提瓜岛的黑人埃里克·威廉姆斯（Eric Williams）。他的一些理论图绘可能会激怒阿兰·巴迪欧（Alain Badiou）那些热心的支持者，他们将巴迪欧关于身份政治的以及他对具有独特性的普世主义（singular universal）的寻求的理论视为不二真理。另外一种透析身份政治的方法，是把它视为历史上被否定的人类利益，虽然仅局限于种族隔离。之所以被否定是因为黑人和印第安人从未被当作人，因此也就不可能有利益。埃里克·威廉姆斯揭示了现代性的一个侧面，而这被吉登斯和弗格森所忽略，或许在帝国缔造过程时的生活方式之中，这可能是 17 世纪下半叶英国的典型特征，也许已经被认为是理所当然：

> 1688 年的光荣革命和斯图亚特王朝被驱逐的重要后果之一，就是为自由贸易的原则提供了动力。同年，伦敦商人冒险公司（the Merchant Adventurers）被剥夺了对布匹的出口贸易垄断权，一年以后，莫斯科夫公司（Muscovy Company）的垄断权

---

① Ortiz（1995）. 在这一点上同样具有很强的揭示性意义的是明茨（Mintz 1986）的作品，该作品从殖民性角度看现代性（从知识型的意义上），或者换句话说，他是从殖民地角度来对帝国进行论述（从历史意义上）。

被取消，同俄国的贸易来往自由化。只有在一个特别的领域，奴隶贸易被赋予的自由与赋予其他贸易的自由是不相同的——因为这一领域涉及的商品是人。①

从吉登斯到威廉姆斯，再到弗格森和奥尔蒂斯，对现代性（例如，从英国的视角对这些事件的看法和叙述）和殖民性（例如，从加勒比海地区的视角对这些事件的看法和叙述）的部分内容我们已经有了比较清晰的了解。如果选取以加勒比海地区为观察视角，你将会发现，现代性不仅是需要殖民性，而且殖民性也并将继续是现代性的组成部分，没有现代性就没有殖民性。而如果选取英国为观察视角，你看到的将只是现代性，并且在其背后，随着"现代性的推进"和民主的发展（例如今天美国在伊拉克的政策），所有国家最终将同时登上这个人人都能够得到公正平等对待的大舞台，而一切诸如奴隶制、剥削、挪用土地之类的"坏事情"最终都将会得到"纠正"。从知识的自我政治意识的角度，吉登斯和弗格森提供了一幅关于现代性和帝国的图景，而威廉姆斯和奥尔蒂斯则是从知识的地理政治意识来看待这个问题。面对同样的一片风景旖旎的湖，在扬帆湖面时，或是站在环绕着这一泓清水的群山之巅时，纳入眼中的风景将会截然不同。那么，关于现代性的不同观点不仅是视野的问题，同样还是意识、现实位置和权力差异的问题——对于站在山巅的人而言，遥远的地平线和湖面都可以尽收眼底；而对于留恋湖面的人而言，水、鱼以及山峦之间泛起的涟漪则都历历在目，但却无法看到地平线。吉登斯和弗格森正是在现代性的湖面扬帆，而威廉姆斯和奥尔蒂斯则是站在两座不同的山头俯瞰现代性之湖面。

现代性的替代性方案（alternatives to modernity），正如这四个简单的例子所示，不可能（或不可能仅仅且主要）来自像吉登斯和弗

---

① Williams（1994）.

格森，因为他们受到了知识神学和自我政治的局限，因此视角会被限制在某一特定话语之中。但是在知识和理解的自我政治之中，另类现代性（alternative modernities）是可能的，因为当它在不同的地理位置（例如，印度、南非、巴西）演绎时，体现出的是同样的知识原则。但现代性的替代性方案则不同，它要求的是脱钩，并必须以知识和理解的地理和身体政治为基础。为了更透彻地理解这一点，让我们回到将现代性和政治解放联系在一起的理性，因为理性和解脱是现代性的两个重要因素，大多数进步知识分子都想将其从现代性恐怖、现代性修辞和殖民性逻辑的共谋之中"拯救"出来。正是在哲学和"哲学唯心主义"（philosophical idealism）之中，"政治解放的理性概念"（借用杜塞尔的理论建构）和现代性的思想终于合流。尤尔根·哈贝马斯将现代化和现代性的概念化溯源至黑格尔，因为他将现代性的历史和哲学维度进行了区分。① 现代性在历史和哲学这两个层面的分离，或许可以解释缘何有些理论家将现代性回溯至文艺复兴，而有些则认为启蒙运动才是其起点。在黑格尔这里，历史现代性有三个里程碑式的事件：文艺复兴、宗教改革和新大陆的发现。而哲学现代性有着自身的布局图，也包含着（不同的）三个主要的构成性事件：宗教改革、启蒙运动和法国大革命。有趣的是，对于黑格尔［以及卡尔·施密特（Carls Schmitt，1952）］，历史现代性被理解为始于由大约发生在 1500 年的系列事件所引发的一次激进的转折，以文艺复兴和新大陆的发现为标志，由此前全球化时期通过全球化的视角得到了重新表述。正如在现代时间概念之中所能预期到的，施密特更想看到的是从前全球化到全球化时期的"过渡"。关于"过渡"观念的问题在于，新的事物一旦开始，旧的事物也就必然会从当下淡出，而这对于那些运气不够好，未能生活在历史正在朝之前进的时间和空间之中的人而言，这恰恰也就是现代性修辞的问题所在。

---

① Habermas（1987）.

政治解放的概念属于另一个话语空间，这一空间由关于现代性的哲学和历史概念所主导，如果我们看看神学和自我政治的交汇点，这一点就显而易见，这后来在 18 世纪引发了政治解放的观念——宗教改革。关于哲学现代性，对于批判性自我反省的出现而言，宗教改革无疑是一个重要的突破，而且很容易看出如何——以及为什么——在向此前缺乏的"主体性自由"和"批判的自我反省"的"过渡"的过程之中，而这一过程伊始于宗教改革时期，政治解放思想开始出现。从某种程度上来说，在路德领导的教会内部，对个人自由的寻求在世俗化过程之中开始变得越来越具有自发性，直至在笛卡尔的名言"我思故我在"、康德的超验主体以及黑格尔的主体性自由和批判的自我反省之中，它开始彻底地脱颖而出。

关于黑格尔的"现代世界的本质就是主体性自由"这一理念，哈贝马斯对四种与之相关的内涵进行了强调：个人主义、批判的权利、自治或行为（例如，对我们自己所做的事情该负的责任）以及唯心主义哲学本身（例如，黑格尔认为现代主义哲学应当主要处理自我意识或者自我认知的思想）。① 关于宗教改革在黑格尔哲学现代性观念中的重要性，哈贝马斯解释说：

> 　　由于路德的努力，宗教信仰也开始具有一定的反思性：在主体性的孤寂之中，神圣的世界开始成为某种我们自己假定的事物。为了反抗对布道和传统权威的迷信，新教维护的是自身具有洞见的主体的权威性：其主人不过是面团，而圣人的遗迹不过是一些骨骸而已。同样，《人权宣言》和《拿破仑法典》也是在捍卫自由意志的原则，以反对那些历史性先在的、已成为国家的实质性基础的法则……
> 　　更为重要的是，主体性原则决定了现代文化的形式。首先，

---

①　Habermas（1987），第 17 页。

这对于致力于客体化的科学而言是正确的，其在解放（liberate）认知主体的同时，也会对自然进行祛魅。因此，黑格尔写道，"一切的奇迹都已经遭到否弃，因为自然如今不过是一个由已知的和被认可的法律所构成的一个系统；人类熟知自然，唯一仍需要追问的问题是他对其哪一个方面熟悉；通过获取到的关于自然的知识，人类也就由此而获得自由。"①

要想揭示杜塞尔所称的"政治解放的理性概念"背后的修辞，这两段之中已经包含了大多数的必要因素。对于黑格尔所提出的现代性概念，哈贝马斯一味称颂的做法也帮助我将其阴暗面昭示于众：（1）政治解放概念所具有的局限性——当其一旦脱离使其变得必要的那些历史经验和社会阶层；（2）对现代性的另一面，即殖民性的熟视无睹。尽管黑格尔（和启蒙哲学家以及经济学家）正在对地位不断上升的新兴资产阶级的独特经历进行反思，这一个阶级想要从君主制和基督教天主教的高压之中获取"主体性自由"，但他们以全人类利益的名义在整个世界强制推行"主体性自由"和"批判的自我反思"的做法，实际上是重复着同样的压制性机制。当然，新世界（16世纪期间）的艾马拉人、克丘亚人、纳瓦特人，以及海地的非洲奴隶等都经历过君主制和基督教天主教威权的压迫。但是，黑格尔是在为所有这些人"说话"吗？换言之，印第安人和非洲后裔也能够或应该也认同和追求黑格尔所说的自由的精神和对自然的祛魅吗？对于那些遭受奴役的或被迫做农奴的个人而言，他们或许并不需要哲学上的"自由"，或许在土著居民和从非洲掠夺而来的奴隶那里，黑格尔对科学的颂扬和自然祛魅论从来就不曾受到过热情的颂扬。准确地说，自然也是社会生活的领域之一，只有在这一领域，那些受压迫的奴隶和作为农奴的非洲人、黑人后裔以及土著人才能够维持其"主体性自

---

① Habermas（1987），第17页。

由"和"批判的自我反思"，要知道，他们一直遭受来自克里奥尔/梅斯蒂索（Creole/Mestizo）这些欧洲后裔精英们的统治。实际上，克里奥尔和梅斯蒂索精英这一部分人领导着土著居民摆脱了西班牙的统治，从而走上了独立之路，并将自己同从法国、德国和英国等国家引入的全新的帝国主义经济、政治和知识型构造连接起来，黑格尔的主张也只有对这些人来说才具有意义。至少在西班牙殖民地之中，独立运动和新兴民族国家领导人的选择不过是看上去"自然而然"的事物——将出现在法国、英国和美国的政治理论和政治经济原则付诸"应用"。① 对于克里奥尔/梅斯蒂索精英来说，"政治解放"的术语是可以适用的，尽管并非完全如此，因为从西班牙的统治中获得政治解放后，他们又陷入由英国经济、法国的政治和德国的哲学所编织的网络泥沼之中。

　　正如杜塞尔所说，虽然现代性并不仅仅只是一种欧洲的现象，同时也和殖民地难解难分地纠缠在一起，但提出现代性修辞的却主要是欧洲文人、哲学家、知识分子和国家官员。当然，现代/殖民权力差异是在这所有的各个层面（经济、政治、知识型、军事）得以构建起来的，正是在知识型的层面现代性才得以盛行。② 对于那些将"现代性"理解为从意大利到西班牙和葡萄牙，再到德国、法国、英国所发生的系列历史事件的主要论调，如果我们有时间详细了解一下它们的档案，会发现所有的这些论调都起源于这六个欧洲国家之中的某一个国家，它们领导着文艺复兴、殖民扩张、资本主义的形成以及欧洲的启蒙运动。来自殖民地的这一些持异议的声音所关注的并不是如何孕育现代性并将其向西方推销。很多持异议的声音，例如 17 世纪早期西班牙秘鲁总督府的瓦曼·普玛·德·阿亚拉以及英国加纳的寇布拉·奥拓巴哈·古瓜诺（Quobna Ottobah Cugoano）

---

① Botana（1997）。

② 为什么具有霸权性的是基督教，而不是犹太教，这是可以同自 1948 年以来犹太国家不断得以巩固相联系起来的另一个故事；关于犹太人在同新兴的权力结构（例如，在俄罗斯和美国）的共谋中扮演的角色，可以参见 Chua（2003）。

所发出的那些不同的声音，都在当时被消声、被忽略。以何种名义或以什么为根据？它们首先依据的是知识的神学政治，其次是知识的自我政治。像瓦曼·普玛和奥拓巴哈·古瓜诺等人的声音为知识的地理和身体政治奠定了基础，他们将对去殖民性转型有着重要的意义，就像柏拉图和亚里士多德曾经对知识的神学和自我政治学有着重要的意义一样。知识型去殖民化仍然极为关键，因为我们仍生活在那套从神学那里继承而来，并在哲学和科学之中被世俗化的系列信仰之中，这同时还包括认为"资本主义"（尤其是在其新自由主义修辞和实践之中）和"经济"是同一现象这一信仰。（对思想的）去殖民化必须揭示现代性修辞与殖民性逻辑之间的极权主义共谋，以便开启全新的可能性空间，这一全新的空间遵循的是世界社会论坛和萨帕塔主义者的修辞，当然还有可以允许众多世界共存的"另一个世界"的修辞。^① 因此，通过知识的地理政治，杜塞尔的民族解放哲学呼吁从由早期的"政治解放"所维持的关联和共谋之中获得"民族解放"。当现代性一味地称颂政治解放的时候，土著民和非洲移民的后裔则正在等待着属于他们的时刻，这一时刻已经到来，这就是民族解放和去殖民化的时刻〔例如，弗朗茨·法侬和福斯特·内纳加（Fausto Reynaga）就是两个明显的例子〕。通过提出知识的地理政治这一问题，杜塞尔向去殖民化的语法迈出了重要一步。如果将现代性的政治解放理想放在殖民性的视角之中，那么此处的历史框架将不会是由对黑格尔而言有意义的事件构成，但是，这些

---

① 需要谨记，殖民性逻辑和现代性修辞已经扩展至全世界。我们需要注意的是将现代性修辞和殖民化逻辑放在全球范围之中，并且跳出基督教以及西欧（西班牙、葡萄牙、荷兰、英国和法国）自由资本主义殖民主义的有限范围，还应考虑到苏联革命、日本和中国在全球秩序之中所扮演的角色以及伊斯兰原教旨主义的兴起等问题。对于这样的一个复杂的结构，我们应该如何进行解释？要知道，这一结构建立在这样的一个原则之上，那就是认为现代性将救赎、政治解放和进步的修辞同种族灭绝、压迫、剥削、置他人生命而不顾的殖民性逻辑结合在一起，而这一殖民性逻辑一直隐藏在现代性之中。由于空间的限制，这里我将不会论述日本和中国的情况，而只是集中于苏联、后苏联时期的俄罗斯以及伊斯兰原教旨主义的兴起。为解释基于现代性修辞和殖民性逻辑的叙事之中的历史复杂性，我们需要借助于那些为现代性修辞所创造和概念化的殖民性和帝国差异的概念（Tlostanova 2003，Mignolo & Tlostanova 2006）。

事件对民族解放哲学、本土和非洲社会运动、加勒比海地区的批判性思想、现代性/殖民性的学术和政治工程、美洲社会论坛（以及世界社会论坛）等而言，将有着重要的意义。在此框架内我们可以更好地理解图帕克·阿马鲁起义、海地革命以及南美和加勒比海岛屿国家的梅斯蒂索/克里奥尔精英们所领导的意义模棱两可的"依附性的独立"（dependent independence）。当后者屈从于欧洲帝国主义权力时，这仍然会引发一些异见派，他们将会通过类似于约瑟·卡洛斯·马里亚特吉（Jose Mariategui）等人及当下的现代性/殖民性工程发出自己的声音。（为了预先避免一些不必要的问题，让我首先迅速澄清一下：克里奥尔人/梅斯蒂索人同本土和非洲加勒比地区或安第斯人民的政治筹划具有相同的视角和意识，要么是亲帝国主义的，要么是像民族解放哲学那样持异见，要么是作为一种学术性和政治性工程的现代性/殖民性）。然而，正如非洲安第斯地区的激进主义者和知识分子胡安·加西亚（Juan Garcia）所言，这些都是相兼容和互补的，因为这些记忆都是以一些共同的"家族史"为基础。从这些事件被镌刻在人们（对于他们而言，"主体性自由"的形成是由于他们的压迫性经历的需要）的记忆、身体以及"经验"之中这一事件可以看出，殖民性作为现代性的黑暗面走向了前台。

（二）

将现代性视为一次进步转型传统的顶峰依赖于对空间和时间的殖民化，从而创造出一种关于差异的叙述。在这一叙述中，当代的那些"方言"（实际上也就是帝国的语言）、思维范畴、基督教以及希腊和拉丁思想传统都被放置在一个至高无上的位置。此后，欧洲文艺复兴时期的文人创造了中世纪的观念，以便将自己置于历史当下之中，并可以由此回溯至希腊和罗马帝国，经过中世纪的黑暗之后，又在古典主义的万丈光芒之中重新浮现。在这一关键时期出现的西方文明理念是以纯粹和简单的身份政治为基础。[①] 对关于拯救、政治解放和进步的现代性叙事而言，对时间的殖民化以及时间性殖民差异的形成至关重要。正如乔纳斯·费边（Johannes Fabian）在其经典著作《时间和他者》（*Time and the Other*，1982）中指出，时间性殖民差异的观点在 18 世纪末形成，体现在关于原始人［primitive，这将替代之前的关于野蛮人（barbarian）的观念］的说法以及费边所说的对同时代的拒绝（denial of co-evalness）这些观念之中。然而，要想真正地理解对同时代的拒绝在现代性叙事之中的力量，需要再次回到文艺复兴时期，首先必须要理解对空间的殖民化以及对空间性殖民差异的建构。

　　如果时间性差异在关于"原始人"的观念之中有所表达的话，那么空间性殖民差异则体现在"野蛮人"的概念之中，这一观念来自希腊语言和历史经验，但是在 16 世纪得以修正，并用来专门指涉那些居于低人一等空间之人。当讲拉丁语和西方本国语言的西方基督徒开始建构关于他们自己的叙事时，于是野蛮人这一概念得到了重新阐释。当然，在 16 世纪，试图定义自身的身份并建立一种普世性的身份政治，而其背后的支撑观点则是认为他们自己的宗教比别人的宗教更具优越性，西方基督教徒并非唯一这样做的人。犹太人、摩尔人（阿拉伯人和伊斯兰教徒）同样坚信他们的信仰比起基督教要优越得多。然而，自 16 世纪起，基督教确定无疑地同资本主义形成了一种共谋的关系。基督神学（神学政治）和世俗哲学（自我政治）接管了现代性概念和修辞。随着它们霸权地位的确立，以基督教为基础的神学和世俗哲学开始形成，并且它们开始塑造出一种主导性的声音，各个人种、世界上各地区以及其他的宗教都通过这一

---

　　① 以巴迪欧（Badiou 1997）和齐泽克（Zizek 1998，欧洲中心主义，关于上帝的书）为例。在这两个例子中，其论调都是批判"少数人身份政治"，而支持普世主义；这一批判之中隐藏了它们都是植根于"霸权性身份政治"之中的这一事实，正因为是霸权性的，因此掩盖了它们书写所凭借的身体的地理和生物历史维度，这里也是它们进行思考的视角。这里是一个"特权位置"，可以由此公然地批判别人做他们自己正在做的和正在藏匿的事情。有关对巴迪欧和齐泽克对于帝国基础论述的批判，参见 Mignolo（2002）。

主导性声音得以区分、描述和分级。在三六九等的层次秩序中，犹太教徒、摩尔教徒、中国的佛教徒、日本的神道教徒、艾马拉和盖丘亚族的帕彩主义者（Pachaists，这里如果能发明一个更好的术语，我也许会换一种说法）[①] 被放置在底层。在 16 世纪，对 "野蛮人" 的重新概念化为空间性殖民差异提供了罪恶的因子。后来在 18 世纪，"野蛮人" 被转译为 "原始人"，在之前已存在的空间性殖民差异之中又吸纳进时间性维度。这两种重要的理念，仍然活跃在当下的话语之中。

在多米尼加教士巴托洛梅 · 德 · 卡萨斯（Bartolomé de Casas）的作品中，可以找到在 16 世纪 "野蛮人" 得以被不断地重述的基本框架。在他的《历史护教学概论》（Apologética Historia Sumaria，大约撰写于 1552 年）最后一部分中，卡萨斯对四类野蛮人进行了区分。根据他的描述，这四种类型的野蛮人所共有的特征即他所理解的 "否定性的野蛮主义"（barbarie negativa）。也就是说，"野蛮人" 指的是那些缺乏在政府治理、拉丁文以及字母书写等领域知识的人，因为他们生活在一种自然的状态（后来霍布斯和洛克将这一点视为起点）中，有着错误的宗教信仰（如犹太人、摩尔人和中国人）或者根本就没有 "宗教"（像美洲和非洲的那些土著人）。很明显的是，空间性殖民差异并不是建构在之前的欧洲历史的基础之上（例如欧洲的中世纪），而是基于非欧洲历史，或者更为准确地说，是建立在那些没有历史的人民的基础之上。用杜塞尔的话来讲，这些没有历史的人民被定位在一个被称之为非欧洲的他者性空间之中。然而，还有第五种类型的野蛮人，卡萨斯将其从前面的四种类型当中区分了开来，并将其描述为对抗性野蛮主义（barbarie contraria）。在他看来，对抗性野蛮主义应被视为基督教的敌人，这是一些嫉妒并妄图摧毁基督教的人。对抗性野蛮主义以一种十分明确的方式被定

---

① 帕恰（Pacha）有着复杂的意思，既指空间/时间也指包括各种形式的活着的有机体的生命和能量，"人类" 只是其中很小一部分。参见 Bouysse-Cassagne & Harris（1987）。

义为反基督教，这就和今天的恐怖主义的概念一样。

在 18 世纪，"原始人"概念被引入到现代性叙事之中，并且通过在之前的空间性殖民差异之中纳入一个时间的维度，"野蛮人"被翻译为"原始人"。对"现代性"的定义不再是简单地针对中世纪或针对在空间上受到限定的野蛮人而言，而是相对于"传统"而言。① 到了 17 世纪末，当知识的自我政治不断地肯定自身，而现代性/殖民性正在进入启蒙运动的"新时代"，在基督教欧洲的线性历史之中，对新世界财富的剥削（采矿业和种植业）已经达到了登峰造极的地步，非洲的奴隶贸易也接踵而至。此时，荷兰和英国开始将它们的商业触须伸向南亚。而在美洲和亚洲，同样遍布着人的足迹。在不断增长的"现代意识"这一过程中，那些未能对欧洲生活模式的迫切需要（根据吉登斯）做出积极回应的"落后"社会，正在经历着从"野蛮人"（在现代性/殖民性的第一阶段）被转译为"原始人"的过程。"野蛮人"在空间上是共存的，但"原始人"在时间上却是落后的。当"原始人"这一概念应用在人身上的时候，同应用于一整套西欧之外的信仰和社会组织之上的传统观念是沆瀣一气的。因此，"原始人"和"传统"表现为位于欧洲和现代性之外的"客体"。具有讽刺意味的是，建构主义论者后来受到广泛的好评，因为他们"发现""传统"并不是自我存在的，而是被创造出来的。它们当然是被创造的！它们正是由现代性的修辞所创造。"传统"并不是外在于现代性，而是在其外部：现代性修辞在创造内部的过程中，同时也就创造了外部。"传统"的外部被创造出来的目的就是为确保内部能成为知识生产的核心。"传统"并非一种先于现代性的生活方式，而是现代性修辞的发明。

在空间与时间的殖民差异合力下，非欧洲人和历史上的欧洲人

---

① 当然，"传统"是被创造出来的，当时是由那些在启蒙运动时期重新表达了文艺复兴时期叙述的人创造的，他们需要的是"传统"，而不再是中世纪和野蛮人。"传统"既包括空间也包括时间，它是去否认在 18、19 世纪源于欧洲的叙述的同时代性的权力。此类的视角，完全是以地理政治为基础的，其掩藏了其地理政治基础，并将自身表现为普世性的叙述。

都被驱逐出"现代性"。[1] 正是在这一关键的历史时刻,卡尔·马克思在从事资本历史研究的过程中提出了"原始积累"概念,[2] 他同时对欧洲历史和殖民地之中以及来自殖民地的积累进行了考察。到此时,马克思已经将工业革命置于空间和时间的正中心,并且将之建立在已存在的时间和空间殖民差异之上。作为欧洲史上的一段插曲,"美洲的发现和征服"被定位在中世纪附近,目的就是促进法国、英国和德国尽快地以胜利者的姿态走向现代性(正如黑格尔的历史哲学观点)。

　　沿着这一叙事,很容易就可以追溯至在"二战"之后对空间性和时间性殖民差异的重新阐释,美国在此时以新的领袖的身份进入到西方帝国权力的历史之中。发达和不发达的概念此时成为新版本的现代性修辞,之所以提出这两个概念,目的就是重新组织时间性和空间性的殖民差异。当那些在时间上落后、在距离上偏远的国家都被归入不发达国家的范畴,不发达国家和第三世界之间的界限也就难分难解了。虽然发达和不发达这两个概念本来承载的只是经济的含义,但它们同时也将其他形式的人类经验纳入了进来。在一个高度工业化的世界里,"不发达"同样还意味着精神和知识方面的落后。正是由于这一原因,除了文化,不发达国家无法生产科学和哲学,正如卡尔·普莱奇很多年前(Pletsch 1982)得出的令人信服的这一结论。但是在冷战期间,现代性修辞出现了一个关键的分歧点:由于俄国革命的爆发,俄罗斯摇身一变成为苏维埃帝国;由于世界格局的改变,伊始于四分之一个世纪之前的时间和空间殖民差异,在这一时期得到重新分配,以地理历史位置为核心的等级性修辞开始成为以时间为核心的修辞(发达和不发达)的补充:首先,这指的是第二世界和第三世界。俄国革命是家族之间的仇恨,是现代性

---

[1]　参见 Mignolo(2000)。

[2]　非常有趣的是,这在英语之中被翻译为"原始积累"(primitive accumulation),但在西班牙语的翻译之中则保留了马克思自己语言之中的那种原罪(original sin)意义上的"原始"(original)。

内部的斗争，是自由主义者和社会主义者之间的对立。俄国革命是启蒙运动的结果，虽然社会主义者取代了自由主义者，国家主义者取代了对私人企业的拥护。结果是，这场革命与光荣革命、美国和法国的革命既属于又不属于同一个范式。当然，其与海地革命的模式有着更大的差异。在现代性修辞和殖民性逻辑之中，到底应该如何来理解俄国革命？要理解这一点，我们就不得不对另一种在16世纪就已开始发挥作用的关于差异的建构方式有所了解了。

以下的这一事实可以引以为据，当卡萨斯在描绘四种类型的"否定性野蛮主义"时，他并没有将土耳其帝国和伊斯兰帝国的居住者同印加和阿兹特克帝国的人民放在同一个层级，尽管他们同时存在于16世纪初。这之中一定有一种不同的差异原则在起作用。如果我们尽力将我们自己置身于卡萨斯的时间和空间之中（他在西班牙以及我们今天所说的海地、多米尼克共和国和南墨西哥都生活过），我们可以猜想他可能已意识到苏莱曼大帝、土耳其帝国的苏丹同查理五世、神圣罗马帝国皇帝相比，如果地位不是更高的话，起码也应是和他们拥有同等地位。同时，由于在16世纪中叶，科尔多瓦、格拉纳达和塞维利亚的伊斯兰教帝国高度文明的迹象仍是栩栩如生，他无疑已经意识到这一社会所取得的斐然成果。在16世纪中叶，那时的土耳其帝国对西方基督教的优越性构成了真正的威胁。阿芝特克人和印加人却正好相反，没有如伊斯兰般的与基督教斗争的历史，也没有如土耳其帝国那样在15世纪中叶和16世纪效仿着去与基督教做斗争。最为重要的是，阿芝特克和印加的社会和经济已经被分解了，西班牙基督教徒在他们的领地上建造欧洲的机构并创建了一个类似于西班牙/基督教徒的社会。因此，尽管卡萨斯花费了大量的笔墨来论证"印第安人"也属于人类，因为他们能够学习和接受基督的教义，但他仍无法避免地在他们身上看到孩子的童真，因此需要通过"皈依"来接受导引，而不是像在赛普维达所捍卫的正义之战一样，需要通过身体的惩罚。但是对于那些居住在欧洲东部和南部地区的居民而言，他们并没有被认为是天真的或者是低等的，他们仅仅被认为是在某些方面犯了错误。

因此，在我看来，空间/时间的差异必须同时被视为是帝国主义和殖民主义的。之所以称其是帝国主义的，因为这是那些西班牙皇室和教会的代理人界定他们与伊斯兰和土耳其之间关系和差异的方式；之所以说它们是殖民主义的，是因为这是西班牙传教士和文人界定他们与印第安人和非洲奴隶之间关系的方式。西班牙将"摩尔人"驱逐出他们的领地，但从未对他们进行过殖民，并且承认他们的平等地位，尽管从基督教徒的观点来看，这些摩尔人有着"错误的"上帝。相反，有一点甚至连卡萨斯也从未考虑过，那就是阿芝特克和印加精英统治阶层〔和科尔蒂斯（Cortés）或皮萨罗（Pizarro）一样，他从未同这些人有过直接的接触〕不仅仅只是人类，而且是与众生平等的人类。在后来的 19 世纪，当法国和英国在亚非开始第二轮殖民扩张的时候，北非和中东的阿拉伯和伊斯兰世界这时也开始进入到殖民差异这一等级性框架之中。但是，从 16 世纪到 18 世纪末，土耳其帝国和伊斯兰世界仍然一直处于帝国差异的框架之中。同样，俄国也可以被放到这一框架之中。要想去关注正在崛起的俄帝国，对于卡萨斯来说应该是比较困难的。从时间顺序上来说，金帐汗国（Golden Horde）统治的终结恰好与摩尔人被驱逐出伊比利亚半岛同时发生。后来的西班牙和俄国此时才刚刚起步。但是在文艺复兴时期的那些基督徒文人的生活和利益之中，发生在俄国的事件对他们而言毫无价值，这些人的叙事在后来成为主流和霸权性话语。俄国并不在卡萨斯的阐释范围之中，尽管在那些威胁并试图摧毁基督教的事物之中，东正教可能一直都占据着一席之地。正在崛起的俄帝国可能处于卡萨斯的"对抗性野蛮主义"的外围，但是他或许知道在 16 世纪上半叶，莫斯科被重新定义为"第三罗马帝国"，并且东正教才是这一新兴帝国的中心。

通过将殖民差异的某些特征运用到那些没有遭受殖民的地区、

语言、人民和国家，帝国差异在不断地发挥着作用。对于那些没有遭受殖民的"帝国的他者"，它们被赋予了某种程度的低劣性，因为它们被认为（因为语言、宗教、历史等）在历史（时间）上是落后的，或者说，其当下被认为是边缘性的（在空间上）。① 到了 19 世纪初，依照进步和西方文明的步伐来衡量"时间"的观念渐居上风。乔治·黑格尔对卡萨斯进行了改写，并对这一全新的分类系统进行了定义："总的来说，历史因而是精神在时间之中的展开，正如自然是理念在空间之中的延伸。"② 在黑格尔对时间/空间进行重新排序，并努力将德国（在空间上）定位为第一国家（时间上）时，在他看来，紧随德国之后的是法国和英国，这些国家一同成为欧洲的"中心"（这类似于康德的区分，康德根据理性、美和崇高来对整个地球进行地理政治划分），而"中心"这一词在其历史哲学研究之中有着深刻的含义。拉丁国家占据着南部的边缘。欧洲东北部国家——波兰、俄国和其他的斯拉夫王国——是"这一系列历史国家之中的迟到者，形成了它们同亚洲之间的联系，并且这些一直都得以保持"，③ 而正如我们所知，这些亚洲国家一直停留在过去。此外，黑格尔还强调了时空的分布以及地理位置在世界史之中的重要性，例如他补充说："波兰人甚至解放了被土耳其人包围的维也纳；而斯拉夫人在某种程度来说在东方理性之中得以描绘。然而，所有的这些民族都不在我们的关注范围之中，因为迄今为止，在理性在世界之中所表现出的一系列阶段之中，它们从未以独立的身份出现过。"④ 它们在是的同时又不是，你时而看得到它们，时而又看不到。这就是帝国主义差异的机制。不断地对另一方进行假设，想象波兰人和俄国人的感受和想法：作为黑格尔意义上的中心，欧洲是欲望的对象，欲求能够在时间和空间上居处于那一个特定的当下和特定的空

① Tlostanova 2003，第 47 页。
② Hegel（1822）．
③ Hegel 1822，第 102 页。
④ Hegel 1822，第 350 页。

间，以便能够跻身于"现代"中，这和吉登斯从时间和空间上对其进行的定义是完全一致的（例如，17世纪和欧洲）。

在此，对这一相同的现代性修辞在20世纪的最新阶段，我没有时间去探讨，但是我想请读者思考一下塞缪尔·亨廷顿（Samuel Huntington）的《文明的冲突》（*The Clash of Civilization*，1995）和《我们是谁》（*Who are we*，2004）这两本作品，因为在这两部作品中，对于苏联解体后帝国/殖民差异与伊斯兰世界之间的关系，亨廷顿进行了重新阐释。① 在对"伊斯兰文明"的描绘中，亨廷顿充满了对帝国辉煌的认同，但与此同时，他也说明了一种正甚嚣尘上的西方观念——自从东方主义以来，关于阿拉伯民族低劣性的观念越来越根深蒂固，依据则是他们的语言、宗教和生活方式。此外，20世纪之交，石油对于工业国家而言变得越来越重要，其重要性不亚于16世纪黄金在商业资本主义之中的地位，中东概念也因此在这一时期被首次提出。在《文明的冲突》出版十年后，结合拉美，亨廷顿继续对殖民差异进行了重新绘制和更新（因为对是否应在西方给拉美一个位置，他一直都在犹豫）。当看到帝国差异（中东）与得以重新图绘的殖民差异（拉美）开始沆瀣一气时，一切可谓令人耳目一新。对他的种族五边形，亨廷顿进行了重新绘制（Hollinger 1995）。十年前，霍林格感兴趣的是追问拉美人到底是谁，他们是如何成为种族五边形的第五条边。但对于解释这些说西班牙语的人/拉美人到底是谁和像谁之类的问题，亨廷顿已兴味索然，他更感兴趣的是要证实他们是一种威胁以及背后的缘由。如果说《文明的冲突》

---

① 我在两篇不同的文章里论述过亨廷顿的观点。其中一篇为"亨廷顿的恐惧：现代/殖民世界视域里的'拉丁语知识'"（Huntington's Fears：'Latinidad'in the Horizon of the Modern/Colonial World），这篇文章于2004年4月在伯克利举行的世界体系里的拉丁美洲人的会议上首次被宣读。之后在该会议的论文集之中出版，该文集由雷蒙·格罗斯佛格尔等编辑。第二篇文章为"帝国/殖民变形记：从土耳其和西班牙帝国到美国和欧盟"（Imperial/ColonialMetamorphosis：From the Ottoman and Spanish Empires to the US andthe European Union），该文是"伊斯兰教、拉丁文明和跨现代性"（Islam，Latinité，Transmodernité）大会上的发言稿（伊斯坦布尔，2005年4月），后在该会议论文集之中发表，由坎迪多·曼德斯（Candido Mendes）编辑（Rio de Janeiro：UNESCO and Univerdidad Candido Mendes，2005，第91—145页）。

是对西方霸权性身份政治的重新改写，那《我们是谁》则是对盎格鲁—撒克逊霸权身份政治的重新改写。[①]

（三）

在秘鲁社会学家奎杰罗所提出的殖民权力矩阵之中，时间/空间和帝国/殖民差异被组织了起来，并且相互交织。这一权力矩阵产于"现代"社会的初期（根据欧洲文人、知识分子和历史学家的叙述）或者说是在现代/殖民世界的初期（如果我们从持不同意见的克里奥尔人和梅斯蒂索人，以及受压迫和受剥削并被边沿化的美洲印第安和黑人的批判性意识来对其进行定义的话）。我在此一直在论述的现代性修辞及其所作出的种种区分，同殖民性逻辑有着密切的关系，这让我们能够更确定无疑地断言殖民性是现代性的组成部分，没有殖民性，也就没有现代性。吉登斯（以及杜塞尔之前所引述过的尤尔根·哈贝马斯和查尔斯·泰勒）只讲了这个故事的一半，也就是我们同样可以在卡萨斯、黑格尔、亨廷顿那里找到的关于帝国主义的那一半。但是殖民性的逻辑是什么？它如何运作？这里是否出现了一个术语性问题？"现代世界"和"现代性"是同一回事吗？"殖民权力矩阵"与"殖民性"是一样的吗？正如任何语言问题一样，不同的人有不同的答案。关键在于要避免那种"现代式的期望"，即认为存在着一个承载着事物的真实含义的词汇，而不是去关注使得这一个词具有意义的那种意识形式和意义世界。意义并不是"真值"，而是对认知（知识型的和阐释型的）能力和对特定地理政治意图之中的意义的反映。就像乔治·路易斯·博尔赫斯在其《小径分叉的花园》（*The Garden of Forking Path*）里所描绘的一样，一旦

---

① 令人好奇并觉得有意思的是，齐泽克很恶毒地攻击少数人身份政治，却丝毫未触及霸权性身份政治。原因可能是，正如在知识的神学政治和自我政治中一样，它们的践行者对自己的地理政治是视而不见，这正如巴姆巴赫（Bambach）在分析马丁·海德格尔（Martin Heidegger）时所指出的那样（Bambach 2003）。尼尔森·马尔多纳多—托瑞斯曾经从殖民性的视角进行过一次非常强有力的批判，不仅对巴姆巴赫的批判进行了重构，还将其拓展至大陆哲学，包括勒维纳斯、德里达和齐泽克。参见 Maldonado-Torres（2004）。

你在三个行动路线中选择了其中一个，第二个和第三个未选的道路只能在可能的世界里成为真实。

因此，我选择将"现代/殖民世界"和"殖民权力矩阵"作为相同的历史复合体的部分来理解，但它们并不是同义词。对"殖民世界"在其逻辑结构和其历史转变中的具体含义，"殖民权力矩阵"进行了说明。从现代性的角度来看，"新"是历史的原动力，是对以人类福祉为目标"现代性的进步"力量的不断颂扬。"（对美洲的）发现"引入了"新"这一观念。事实上，作为一个名称，"美洲"是经过一段时日之后才得到认可的。在至少 250 年之中，对西班牙王室而言，"西印度群岛"只是一个行政性称谓，但对于非西班牙文人和知识分子，从亚美利哥·维斯普西（Amérigo Vespucci）到 16 世纪的皮埃特罗·马尔蒂雷德·德安吉赫瑞（Piettro Martir d'Anghiera），从布丰（Buffon）到 18 世纪的康德以及黑格尔，他们都更喜欢使用"新世界"这个术语。正是在这一叙事之中，因为"革命"的理念意味着朝向新事物而进行的激进变革，因此具有着强大的吸引力，而这正是现代性的修辞。但对新和变革的一味颂扬却遮蔽了这种变革所带来的后果才是问题之所在。此时我们并不是再一次进入了博尔赫斯的花园。例如，通过选择现代性这第一条道路，第二条道路和第三条道路对我们而言应该就仅仅只是可能性，其中可能包括着殖民性之路。但不幸的是，历史不会按照可能世界的逻辑发展，无论你选择哪条道路，作为构成性部分的现代性/殖民性都会相伴同行。

在 20 世纪 70 年代，关于在美洲是否存在从封建主义到资本主义的过渡（只有将欧洲历史作为范本的历史范式，才想象得出此类的无聊问题），阿尼巴尔·奎杰罗和曼纽尔·沃勒斯坦（Immanuel Wallerstein）终结了这一场漫长的争论。[1] 对于拉美左翼而言，空间

---

① 参见"作为概念的美国性，或现代世界系统之中的美洲"（Americanity as a concept, or the Americas in the Modern World-System, in ISSAI, 134），第 549—557 页。

知识型的断裂是不可见也无法想象的。但在这一情况之中的是殖民性概念，而并非沃勒斯坦所说的那种资本主义史，其认为西方并非向前而是在横向扩张。奎杰罗和沃勒斯坦表明并不是"发现"才将美洲整合到已经存在的资本主义经济中。恰好相反，正如我们今天所知道的，没有"对美洲的发现和征服"，资本主义经济也就不可能存在。对土地的大规模征用，广泛存在的对劳动力的剥削，以及全新规模的为全球市场而进行的商品生产，这一切都随着"美洲"在欧洲人的视线中的出现而成为可能。在"现代性"这一概念被创造出来的叙事之中，欧洲的出现被从两个层面上进行了表述：在时间轴上它是与中世纪相脱离的，在空间轴上则远离野蛮人所居处的美洲。

就本质而言，重要的并非新大陆的发现，而是其带来的后果——经济权力从地中海向大西洋地区转移，商品的生产也发生了质的变革，商业路线也发生了改变。在由三个重要的商业中心（威尼斯、佛罗伦萨、热那亚）支撑起来的西方基督教内部，欧洲文艺复兴在意大利出现，[①] 西班牙的帝国主义和对美洲的殖民也同时出现，彻底改变了欧洲自身内部的历史路线。欧洲的文艺复兴和新世界是现代/殖民世界的两大根本性基石，现代性的修辞和殖民性逻辑之间的共谋将它们紧紧地黏合在一起。正如我们今天所认识到的，它们自 16 世纪以来就一直共同存在，并且共同依赖着"资本主义"的形成。事实上，现代/殖民世界只能同时也是资本主义的才能得以孕育。确实，殖民性逻辑施行的是对资本主义者对土地的征用、对劳动力的剥削以及将财富集中到越来越少的人手中。

"资本主义"是如何与现代性修辞和殖民性逻辑产生联系并相互作用的呢？从四个不同但相互关联的领域出发，奎杰罗（1990，

---

① 关于大约 13 世纪时期存在于北京、菲斯和威尼斯之间的商业圈，参见 Abu-Lughod（1989）。由于其在前一个商业圈之中所扮演的角色而带来了太平洋地区的崛起，关于这一点以及殖民权力矩阵的基础，参见 Mignolo（2000）。

1995，2000）一直在探索殖民权力矩阵的形成：

1. 对土地的征用和对劳动力的剥削。

2. 对威权的控制（总督职位、殖民国家、军事结构）。

3. 对性别和性的控制（基督教式的家庭、性别、性价值观和性行为）。

4. 对主体性（信仰基督教、关于国民和公民的世俗观念）和知识［建构着所有包括中世纪大学之中三学科和四学科（Trivium and the Quadrivium）在内的知识形式的神学原则；构建人文科学、自然科学和职业学校的实用性知识的世俗哲学和理性概念；例如，康德在论述学科之争时提到的法律和医学］的控制。

这四个人类经验的领域是如何相互关联的呢？他们之间的相互关联借助的是知识、种族主义和资本。

或许，我们还可以反过来理解这一体系：这四个领域是16世纪之后知识与资本的结合所呈现出的特定结构。如何理解？在西方基督教国家之中，对知识的操控权属于西方基督教男性教徒，这意味着只能从西方基督教男性教徒的视角来看待整个世界。当然，在基督教的内部也存在着"多样性"，不仅在天主教徒和新教教徒之中，同样也还在方济会修道士、道明会士、耶稣会信徒和福音传教士之中，等等。然而，他们都将自己视为基督徒，或者说得更具体一点，他们都把自己视为西方基督教徒（也就是说，那些与东正教、拜占庭以及东部的基督教徒没有太多关联的人）。当然，在西班牙和新世界也有众多杰出的修女，她们同索尔·胡安娜（Sor Juana）一样，都是对知识的原则有浓厚兴趣的知识分子。索尔·胡安娜是女性的好榜样，她因为闯入"属于"男人（上帝的知识在地球上的直接守护者）的知识殿堂而受到斥责。正如她遭受到的拒斥所表明，不管是对欧洲的女性而言，还是对新世界的克里奥尔人或梅斯蒂索人而言，西方的知识殿堂之中同样地没有她/他们的空间。同样的道理，当摩尔人被驱逐出伊比利亚半岛之时，伊斯兰知识在基督教徒的知识殿堂里是遭到禁止的。我曾经指出，在荷西·迪亚科斯达（Jose de Acosta）的著作《印第安人的道德和自然史》（*Historia Moral y Natural de las Indias*）之中就有一个生动的例子。[①] 1590 年他出版这本书的时候，所有（自 8 世纪以来通过意大利和西班牙）通往西方基督教徒的知识都被排斥在西方的知识之殿之外而未被阅读。只有希腊语、拉丁语以及西方基督教之子的语言（意大利人、西班牙人、葡萄牙人、法国人、德国人以及作为盎格鲁—撒克逊继承人的英国人，他们的途径是通过被德国继承的神圣罗马帝国）才是有知识的，这意味着西伯来人、被从西班牙驱逐出境并被比作印第安人的犹太人，以及阿拉伯人失去了他们在知识殿堂之中的位置。

操控着知识的西方基督教男性教徒也是白人，因此，在 16 世纪，种族的概念出现在信仰、知识和肤色的交叉路口。在西班牙，正在出现的宗教种族概念使得对摩尔人和犹太人的驱逐合法化。在新世界，"印第安人"的出现（正如 19 世纪以来的西方语言学家所进行的分析和划分那样，这些人讲无数种语言，包括艾马拉语、盖丘亚语、瓜拉尼语、纳瓦特尔语，以及种种以玛雅语为基础的方言）在基督教知识中制造了一场危机，那就是，在基督教的存在链上，"印第安人"应该属于哪种类型的"存在"呢？既然印第安人不适合基督教白人男性教徒所制定的标准模式，而他们自己也不具有对世界人种进行划分的合法性，因此他们被那些有权力决定其他人身份的人宣称是劣等的。正如我们上面所提到的，在西班牙人中，也有人为印第安人的"人性"进行辩护，但总的来说，他们的劣等性已经得到了普遍的认可。此外，这一结论还有事实为证，例如印第安人没有"宗教"，他们的一切信仰都被认为是魔鬼的作品。同时，

---

① de Acosta（2003）.

他们没有字母文字，因此被认为是没有历史的人。[①] "表面的" 特征成为其劣等性的明显标示，最明显的是他们的肤色与大多西班牙人的浅色皮肤形成对比，这些西班牙人大多是传教士及似荷南·科尔蒂斯（Hernán Cortés）般的红头发士兵。

于是在新世界，种族主义成为一种知识型操作，它将印第安人的劣等性进行了体制化，结果就如杜塞尔所指出的，这使得种族灭绝的暴力得以合法化，也正如奎杰罗所强调的，这为对劳动的剥削做出了辩护。在殖民地和工业革命之前，种族的作用就类似于欧洲工业革命之后的阶级概念。对于监护征赋制（encomienda）的施行（这是西班牙人引入的一种经济体制，他们将摩尔人向南驱逐并剥夺了他们的土地）是土地征用和剥削劳动力的最初结构之一：委托监护主（encomendero）获得了国王 "馈赠" 的大片土地和作为农奴和奴隶的大量印第安工人。第二种重要的经济结构在英国、法国和荷兰使用得更为广泛，也就是被扩张到加勒比海地区（从今天巴西的巴伊亚省的圣萨尔瓦多市到今天南卡莱罗那州的查尔斯镇，这当然包括整个加勒比海地区的所有岛屿）的种植园。种族灭绝暴力造成了上百万土著人的死亡，并创造了对劳动力的新的需求，它导致了大规模的贩卖非洲黑人的奴隶贸易，这其中有许多是摩尔人，他们与那些被西班牙人驱逐出去的印第安人和北非的穆斯林相比皮肤更黑。因此，知识从两个方面阐释了社会生活中的以上四个领域，即信仰和身体肤色。在信仰和体格方面，只要不适合基督教设定的宗教和道德标准，都将被排除在人类标准之外。人一旦被分类，他们就被定位在一个存在的谱系之中，即种姓制度，这是 15 世纪时运用的一个术语，后来慢慢地被转译为种族。[②]

因此，种族主义和存在的殖民性是同一认知操作，从哲学层面上根深蒂固在殖民权力矩阵之中。殖民权力矩阵为 "受苦难的人"

---

① Mignolo（2003a）.

② 请参见《文艺复兴的黑暗面》（*The Darker Side of Renaissance*，2003）第 2 版后记。

这一概念提供了历史的深度和逻辑上的连贯性，因为作为理论概念的"受苦难的人"正是以殖民权力矩阵历史为基础。在神学和知识的神学政治方面，构建现代/殖民世界（通过帝国和殖民差异）的种族分类有其历史和知识型基础。正如我所力图指出的，其18世纪后期和19世纪的世俗版本仅仅只是一种翻译，将神学政治翻译为世俗性的知识的自我政治，并将其作为知识的最终视域。或许有人会问：在伊斯兰世界、中国或印度的人将如何看待西方的种族区分？从16世纪以来它就不断地被阐释。最有可能的是，他们没有意识到自己正在被区分开来，以及对在由西方知识结构、原则和体制所阐明的事物秩序之中，他们对自己最终所扮演的角色也并不知情。然而，到了20世纪末，全世界都在以某种方式对西方的种族区分进行回应。①

可以暂且先将知识放一放，因为我们必须明白，在将权力殖民矩阵的四个领域紧紧结合在一起的"黏合剂"之中，还有另一个元素——资本。在上文我已指出，奎杰罗和沃勒斯坦认为：随着对美洲的"发现和征服"，我们今天意义上的资本主义开始出现并得以实现。我还可以再做进一步解释，在现代性修辞语言之中的"征服"概念，在殖民逻辑中则摇身一变为"对土地的征用和对劳动力的剥削"。在本段中，使用了两个关键名词：资本和资本主义。资本指的是商品的生产、分配以及为了控制自己的威权而（这一点在今天再次表现得一清二楚）进行政治干预所必需的资源（对土地、建筑、工具和金钱的占有）。相反，资本主义指的是一种以特定的经济结构类型为基础的哲学。或许有一点还需要再次重申，经济（希腊语oikos）指的是食物、物品、商品等生产和分配结构，而"资本主义经济"则是指一种特定的经济结构，这一结构今天在新自由主义的

---

① 来自圣克鲁兹的玻利维亚环球小姐候选人的有趣轶事［参见《民族报》和（EI Nacional），《经济学家报》（*The Economist*）的相关报道］揭示了这样的一个事实：种族主义和殖民权力矩阵在500年后依然存在于玻利维亚，现在它与由市场经济引发的种族暴力一起整合成了一种新的形式。（Amy Chua 2003）

旗号下已经遍布世界。具有悖论意义的是，资本不应该与资本主义经济混为一谈，如果对其他的经济结构形式进行想象，"资本"（作为经济结构的一个组成部分）就不再是中心、欲望的对象和至高无上的参照点。从这一视角来看，卡尔·马克思的巨著《资本论》论述的实质是资本主义，而并非资本。

澄清资本和资本主义的区别，可以帮助我们跳脱现代性的陷阱，事实上马克思本人也深陷其中（例如，他所提出的发展进步观，以及在他看来，资产阶级革命需要进步到下一阶段，也就是社会主义革命）。现代性修辞允许殖民权力矩阵作为秘密而存在（一个被贵族束之高阁的可耻秘密）。在20世纪60年代，欧洲历史之中的一切关于"从封建主义向资本主义过渡"的作品都全盘被移植到南美，以便理解当地从封建主义到资本主义的过渡，这证实的同样是那种将进步视为现代性神话的观念。当然，将其应用到拉美是荒诞的，也根本行不通，因为当西班牙人来到印加帝国和阿纳瓦克时，那里根本就不存在"欧洲式封建主义"。

在15世纪下半叶，我们可以对"世界史"到底是怎样的一幅图景进行想象。在欧洲，威尼斯、佛罗伦萨和热那亚成为地中海地区兴盛的中心市场，并且与非斯（Fez）、埃及和北非的廷巴克图（Timbuktu）、现在称之为中东的巴格达，以及位于亚洲的印度和中国保持着商业往来。另外，葡萄牙正忙于在非洲海岸和印度洋建立商业联系，更不用说他们在地中海地区的商业性存在。由于这些频繁的商业活动，后罗马帝国时期的西方基督教王国，它们的结构正在从内部转型为它们所自我标榜的"现代欧洲"。现在，我们也就可以更好地理解对"美洲的发现和征服"。正如前面已经提到的，它是通过什么方式改变了已经存在的以佛罗伦萨、威尼斯和里斯本为中心的商业体系的呢？只不过几十年左右，大面积的土地扩张以及大规模地剥削劳动力以便为一个已正在全球化市场生成商品的可能性，对大西洋沿岸的欧洲人、西班牙、葡萄牙、荷兰、法国和英国而言已经是触手可及。资本是组织劳动力、生产和分配的必需品，而对土地的征用则极大地增加了资本的规模和威力。正是土地，而非金钱，使得商业经济到商业资本主义经济的跳跃性质变成为可能。在此，资本主义指的是一种资本主义理论，随着经济实践规模的变革应运而生。后来在18世纪，法国的重农主义者和英国的亚当·史密斯对此进行过清晰的阐释。因此，那种"从封建主义"过渡到资本主义的故事将取决于讲故事人的视角，是单独从欧洲的角度来讲述，还是相信12世纪到18世纪期间在罗马帝国的欧洲部分之外也有一个"世界"。也就是说，这取决于你是否认为欧洲的故事就是全世界的故事，还是仅仅是全世界五分之一地区的故事。我还想追问的是，在基督教时代的12世纪到18世纪之间（为方便起见，请允许我使用基督教日历），整个世界正在发生些什么？在此，我们必须在故事一和故事二间进行选择，以此来决定我们是否接受"从封建主义到资本主义的过渡"的叙事，还是去揭示这种叙事只是一个幻象。

故事一：文艺复兴始于1453年，也就是君士坦丁堡被土耳其打败后沦陷之日，基督教世界的这次失败在推动"文艺复兴"方面起到了很大的作用。在君士坦丁堡被土耳其征服之后，通往东方的"道路受阻"，所以哥伦布需要找到一条新的通往东方的路线。结果阴差阳错，他发现了之后被不断开发和征服的新大陆。因此，从政治和经济的视角来看，地中海的西北部和最西边开始经历商业的繁荣期时，政治转型也随之开始出现。正如我们所提到的，位于地中海的意大利城邦国家以及葡萄牙都是举足轻重的商业中心，而新兴商人阶级正在不断壮大，势力逐渐超过地主阶层和控制着"黑暗的中世纪"（从426年罗马帝国的衰败到1453年君士坦丁堡的沦陷）的教会。根据故事一，从政治角度而言，在文艺复兴时期，通过对新世界的探险式远征、征服或出口贸易等方法，各个新兴民族国家为了获取大量黄金而不断地你争我斗（意大利、葡萄牙、西班牙、荷兰、法国、英国都在这些国家之列）。商人的商业利益与统治者的利益开始变得一致，所施行的政策往往也是为了确保能够成功窃取国家的财富。这个重商主义和讲求治国谋略的时代正是他们相互共生的产物。这个故事追述了这一从封建主义到人类历史的"大爆炸"，即工业革命这一过程。

故事二：在 15 世纪，西方基督教世界只是当时七八个主要商业网络之中的一个，它们在当时同时存在，而且相对而言，它处于当时世界经济的边缘。关于这一点，在讨论欧洲获得霸权地位之前的历史时期时，阿布·卢格哈德（Abu-Lughod 1982）曾进行过论述。同新教改革运动一道，"新世界"的出现促进了西方基督教世界成为后来意义上的欧洲——四大大陆之一。欧洲经济的突飞猛进对应于新社会的形成。在这些新社会之中，大量的土地征用不仅为欧洲向外移民创造了条件，同时也导致了对当地已有文明的摧毁，以及之后非洲黑奴的贩运以用来填补由于土著人大量死亡而造成的劳动力短缺。由于欧洲商人的种族灭绝暴力，以及时而为种族灭绝煽风点火，时而又持反对态度的教会，还有新兴欧洲国家的干预，一种全新的社会形态在对美洲进行的第一轮殖民扩张的废墟之中破土而出。故事二暗示了殖民权力矩阵，同时还指向故事中遗失的那些片段。也就是说，当文艺复兴被描绘为欧洲内部的历史，而不是属于更宏大的全球叙事之中的一部分，而对之前存在于非洲和美洲的社会形态以及同时期阿拉伯世界之中的一些事情的破坏，都是这一宏大的全球性叙事之中的内容。

盛行的只是一种片面的历史，不断地称颂对美洲的发现和征服，并将其视为欧洲的胜利。弗朗西斯科·德·哥马拉（Francisco de Gómara），以及紧随其后的亚当·斯密和卡尔·马克思，都一致强调美洲的发现是人类历史上最伟大的事件。虽然是同样的事件，哥马拉的称颂含有宗教的目的，而斯密和马克思关注更多的却是经济。哥马拉将新发现放置在知识的神学政治框架内，而斯密和马克思却将其置于知识的自我政治框架之中。根据斯密，他一直是从 18 世纪的角度回顾性地看待此事，认为"资本"和"知识"合力催生了对"资本主义"的概念化。正因如此，前面描述过的殖民权力矩阵成为资本主义的基础（例如，经济组织、社会和体制结构以及社会价值的汇流），而资本主义在"新自由主义"名义下成为这一系统的引擎，这是一种保守但又充满暴力的叙事，推动战争和自由贸易以便推动西方世界的扩张，它还不断地复制殖民权力矩阵，对阿富汗、伊拉克的军事占领就是明显的例子。通过在拉美强制推行的自由贸易可以明白这一点。虽然"反对"资本主义（间接地也是对帝国的反抗），但马克思同样没有超越宏大的帝国主义的叙事框架，因为他怀念支撑着他所批判的体系背后的权力殖民机制。对殖民权力矩阵的揭示，无疑将会在霸权性帝国主义宏大叙事之中制造出裂缝。

相反，弗朗茨·法侬引入了一种他者意识，并且在论述美洲的"发现"时指向了发生在非洲的贩奴史，这段历史在现代/殖民世界的生成过程中，将欧洲帝国主义和资本主义列强同非洲和殖民地紧密地关联到了一起。为此，他将"次等的品质"（secondary qualities）重新引入认知过程中，但在知识的神学政治和自我政治在划分身体和灵魂（神学）或者说身体和思想（自我）的时候，这些"次等的品质"遭到了压制。在法侬这里，他并不只是对现代主体的主体性进行一种概括性的或普世性的描绘，确切地说，他将"受苦难的人"、被否弃的人和那些遭到诋毁的人的主体性重新带回到知识的殿堂之中，否则，我们根本没有认识到这些主体的可能性。同样，梅斯蒂索人的对抗性宏大叙事将隐藏在现代性修辞之下的已经腐臭的阴暗面摆上了桌面，就像马里亚特吉（Mariátegui）所做的一样，在 20世纪 20 年代，对西班牙帝国在西印度群岛攫取殖民地的后果，以及正在崛起的美帝国主义及其对拉美的政治（今天我们正在见证其后果）的威胁，马里亚特吉就已经批判性地意识到这些问题。因此，当哥马拉为基督教的胜利额手称庆、亚当·斯密为自由贸易的胜利而庆贺不已（自由贸易今天已经被新自由主义重构），以及马克思将原始积累视为资本主义的条件时（在他看来，这与工业革命同时出现），① 法侬和马里亚特吉却（如同前面提到的埃里克·威廉姆斯一样）将殖民性（虽然他们并没有使用这个词）作为批判的中心。通过这种方式，法侬和马里亚特吉抛弃了知识的神学政治和自我政治之类的知识地理学，而哥马拉、斯密和马克思却仍局限于其中，试图发现和建立（也就是说，在遭逢某种未知事物的同时，也为另一种不同的事物打下基础）知识的地理政治和身体政治，这将使得一个不受神学政治和自我政治原则支配的去殖民化世界成为可能，这一思路今天仍然指引着右派［例如，萨缪尔·亨廷顿和弗朗西斯·福山（Frances Fukuyama）］和左派［例如，大卫·哈维（David Harvey）、迈克尔·哈特（Michael Hardt）和安东尼·内格里（Anthony Negri）］的思考路径。

我试图提出这样的一个命题：知识的地理政治和身体政治的出现将在知识的神学政治和自我政治的霸权之中造成裂缝，这是自文艺复兴以来对心灵和思想进行殖民的两套标准的框架，包括左、中、右三派（例如，各种形式的基督教和世俗的保守主义；形式各异的自由主义；形形色色的社会主义和马克思主义）。因为我已经对地理政治进行过定义，这里我再解释一下身体政治。在 16 世纪和 17 世纪，君主国家是在一种总体性神学框架之中运行。随着资产阶级革命的爆发，"教会和国家"开始分离，正如我所试图说明的，民族国家开始进入到知识的自我政治框架之中。在神学政治和自我政治之中，对认知主体"身体图像"的铭写遭到抛弃，从而变得不可见，就如同其地理政治场域在现代帝国/殖民世界中的隐蔽性一样。因此，知识的身体政治包括对历史的重新铭写。以法侬为例，在被白

---

① 在《文艺复兴的黑暗面》的第二版中，我对这一观点有进一步的论述。

人身体所操控的宇宙学之中，以知识的神学政治和自我政治为原则，铭写在黑人身体上的历史就需要重新撰写。

四　去殖民性语法：去殖民性转型绪论

（一）

在上一部分中所提出的命题，直接将我们导向了去殖民性的语法。从殖民性的视角和批判性意识出发，以及从知识的地理政治和身体政治内部来重新书写全球历史的时刻已经来临，程序也已经启动。正如瓦曼·皮尤在 17 世纪初就已清楚地认识到，脱钩工程的部分工程就是要书写"新史学"。也就是说，我们必须建构一种批判理论，这一理论超越了马克思·霍克海默所继承下来的那种康德意义上的批判。霍克海默仍然是在知识的自我政治框架之中运作，也只有在这一框架之中去理解他的激进主义立场。他关于理论的批判性概念所能提供的不过是一种"政治解放"（知识型、政治、伦理、经济）的工程，但仍然局限在现代/殖民世界的概念框架之中。简要地总结一下霍克海默的立场，在他看来，传统理论是建构在已知事实基础上的，以及对类似于自然规律之类事物经验式的接受之上，而这些自然规律只有科学才能够发现。而另一方面，批判理论则是要质疑自然受控于"法则"的假设。同时对于在资本主义社会之中以及对于资本主义社会而言，他也会对此类假设会产生怎样的后果进行追问。现在批判理论应该继续推进，以便将其引入到脱钩工程之中，并且同去殖民化相互互补。也就是说，它应该被当作一种他者范式之中的非欧洲中心主义多样性的基础。① 欧洲中心主义的知识范式（在其神学政治和自我政治的版本之中）已经达到了一个临界点，它自身的那些前提将会回过头来被运用于自身，这些前提包括一系列概念、能量和视角，它们在西方概念昂首阔步地胜利进军的

---

① 我在 Mignolo（2003b）中对"他者性范式"（an-other paradigm）的观点进行过论述。

征途中而失语和缺席。① 霸权性现代的/殖民的和欧洲中心主义的范式②需要被去殖民化。然而,知识型去殖民化如何运作? 其语法是什么(即它的词汇、句法和语义)? 在此至少有两个步骤:第一个步骤是显示知识和理解的神学政治和自我政治的片面性和局限性;第二个步骤则是由知识和理解的地理政治和身体政治的成长和扩张所引发;两者都是脱钩的步骤。如果只是一边谴责其内容,而另一边又原封不动地维持着殖民性逻辑和知识的殖民化,那肯定是不够的。知识型去殖民化的靶标是现代性修辞和殖民性逻辑之间隐蔽的共谋。批判理论要想对去殖民性进行回应,我们需要转化知识的场域,将批判理论放在知识的地理政治和身体政治框架之中进行重构。因此,去殖民化语法要迈出的第一步就是,援引来自厄瓜多尔土著人跨文化大学的文献之中的(Universidad Intercultural de los Pueblos Indígenas del Ecuador)一个表达法,学会忘却(learning to unlearn)。③ 为此,杜塞尔和法侬为我们提供了两个切实可行的切入点——第一个与知识型的地理政治相关,另一个则与知识型的身体政治相关。

---

① 让我在此重申一遍,以防读者被一种老式的思维习惯弄混淆了,那就是:理所当然地认为西方只是一个地理,而不是一个已经直接或间接渗入世界各地数以亿计的意识中的语言记忆概念机制:用希腊语、拉丁语以及六个帝国现代/殖民的欧洲语言。

② 我将"欧洲中心主义的"(Eurocentered)用作一个描述性术语,和卡尔·施密特(Carl Schmitt)意义上的"欧洲中心主义的国际法"是在相同的层面。该"国际法"为自16世纪以来对土地的大规模征用进行合法化,这也就是他所谓的从前全球时代过渡到全球时代。可参见Schmitt, 2001。施密特的分析清楚地说明正是土地的掠夺引发了一套彻头彻尾的具有欧洲中心主义色彩的国际法体系。他的诚实是值得赞赏的,但是他的观点却局限在现代性和德国利益的角度。然而,一种立足于殖民性的视角(以及在希特勒之后的德国,完全独立于施密特关注的视角)以及对去殖民性的兴趣,直到那杂提欧拉·格罗沃吉(N'Zatioula Grovogui, 1996)作品中才有所涉及。有一点上,施密特和格罗沃吉是一致的,那就是都认为大规模的土地征用和上述国际法体系是帝国主义欧洲的强大结合体,然后这一接力棒又传给了美国。他们之间的区别则在于,他们是从不同的侧面来看待相同的问题:施密特从德国和欧洲的历史,而格罗沃吉则是以亚非历史为视角。去殖民性就是由此开始运作,并非从某一范式的同一视角而得出的不同解读,而是从一种他者性范式的角度。

③ 参见2002年7月路易斯·马卡斯(Luis Macas)和约格·加西亚(Jorge García)的口头演讲,这次发言他们主要谈论的是厄瓜多尔人民和土著民跨文化大学(Universidad Intercultural de los Pueblos y Naciones Indígenas del Ecuador)以及安第斯西蒙·玻利瓦尔大学(Universidad Andina Simón Bolívar)的目标和课程设置。关于此次演讲更为详尽的观点,请登录http://icci.nativeweb.org/boletin/19/macas.html。跨文化大学并非孤立的现象,而是已经与美洲土著人群体连接在一起。http://www.aulaintercultural.org/breve.php3? id_ breve = 184)。

当批判理论成为去殖民批判时，它必须是批判性边界思维，只有这样，去殖民性转型（知识和存在的去殖民化）将会表明我们今天所知道的那些批判理论的欧洲中心主义局限性，不管是早期版本的法兰克福流派，还是其后的后结构主义者（例如，德里达）和后现代主义者（例如，詹姆逊）。这里我们可以看看去殖民性转型的运作方式，它缘何不能被视为知识型断裂（福柯）或者范式转型（库恩）。去殖民转型的确属于另一个不同的空间，属于一种不同的知识型能量，但由于档案的缺乏，取而代之的是一些关于这些被剥夺继承权的人或法依意义上的"受苦难的人"的谣言。

杜塞尔在马克思的"科学规划"（scientific program）中发现了一种属于知识的自我政治内部的转型，以便从劳动力的角度，即从无产阶级的角度揭示了资本的逻辑，这与斯密的做法正好相反，斯密的政治经济理论是建构在资产阶级的视野和意识之内的。[1] 借此，马克思采取的是无产阶级的视角，尽管他并不一定接受了无产阶级的意识。然而，作为一个犹太籍德国人（他早期的作品都致力于研究犹太问题），马克思可能感觉到了铭刻在他身体和人格之上的种族差异。正是这种种族差异，让犹太人沦为欧洲内部遭受苦难的人，他将此转译为无产阶级在阶级差别之中的从属性地位。对压迫逻辑的一种科学性解释也就从马克思的分析之中而来。也许正是这种内部（相对于欧洲）的殖民创伤赋予了马克思（同样还有斯宾诺莎和弗洛伊德）的批判性锋芒、痛苦和愤怒，这些都敦促着他们去揭示

---

① 　Enrique Dussel（2001）。在杜塞尔看来，通过一系列科学的概念装置，马克思揭示了剩余价值劳动力和资本积累之间的逻辑联系。在我看来，这也就等于说马克思对欧洲的殖民性逻辑进行了揭示，资本主义也因此得以重新阐释，被理解为由于工业革命以及无产阶级这一新兴阶级的出现，16 世纪和 17 世纪时期的大规模奴隶制和农奴制被取代。杜塞尔的洞见来自他从殖民地的角度看待欧洲历史，从这个意义来说，他超越了路易斯·阿尔都塞（Louis Althuser）关于知识型断裂（coupure epistemologuque）的观点。对阿尔都塞而言，马克思的断裂在于将政治经济的意识形态话语转译成一种科学话语［参见 Balibar（1979）］。虽然阿尔都塞指出这一点并没有错，但是我所强调的是杜塞尔对马克思的理解属于一种不同的知识型空间：去殖民性，而并非后结构主义的空间。身份和知识型之间不可避免的联系（通常，从"白人知识型"、男性和女性的角度来看，这一点是被否认的）在善于分析的拉美裔哲学家琳达·阿尔柯芙（Linda Alcoff，2005）那里已经得到了清楚而强有力的论证。

基督教资产阶级及其直接和间接的追随者没有发现或有意遮蔽的真相。内部的去殖民性切实地在这些思想家之中进行着，只不过他们全部都被禁锢在欧洲的记忆和主体性之中，无法看到他们自身的境遇同外部的殖民创伤（例如，印度人、非洲人、阿拉伯人、穆斯林等等）之间的类似性。正是在那一特定的领域之中，知识并不是要去寻求另一种抽象（和霸权性的）真理，而是一种隐藏在古典政治经济（始于斯密的理论）理论背后的真理。在知识的自我政治内，马克思通过揭露资本逻辑而对无产阶级政治解放做出了贡献。到目前为止，马克思仍是对批判理论做出过极为重要贡献的人。但是，马克思意义上的政治解放必须置于民族解放和去殖民化的名下，因为欧洲（以及美国）无产阶级的政治解放不能被当作可以用于输出的典范。关于大众（multitude），或许可以做出类似的评论，不是将大众理解为全新的无产阶级，而是将大众理解为全新的工人阶级［保罗·维尔诺（Paul Virno）、迈克尔·哈特、安东尼·内格里］。换言之，新的不断壮大的工人阶级并不仅仅只是因为是工人阶级而受压迫，还因为大多数受剥削的工人属于"错误的"种族。尽管今天白人也受制于同样的剥削统治，但他们在体力劳动者之中无疑只占少数，例如，在遍布整个第三世界国家的跨国工厂中，忍受着那些恶劣环境的并不是白人。虽然今天资本主义结构已不同以往，但不应该忘记：组织剥削劳动力和构成资本主义基础的殖民权力矩阵最初是建立在征用土地的基础上，而农奴制和奴隶制则是其劳动力的主要形式，而种族主义则是使剥削具有合法性的最主要论调。殖民权力矩阵使得工业革命成为可能，在北欧，工业革命爆发的时候，种族还不是一个明显的问题，对殖民地的土地征用是隐蔽的，而获得劳动力的主要形式是付工资的。因此，阶级成为社会划分的主要形式。同摩尔人的存在隔离开来，避免遭到非洲黑奴们的些微的沾染，并且远离美洲的本土居民，阶级差别在一群盎格鲁白人新教徒之中得以建立起来。可是，今天，随着移民们对工业国家人口特征的改变，以及工业超越了以往的边界，并开始扩展到墨西哥、中国、菲律宾，作为殖民权力矩阵基础的种族主义带着一腔的仇恨开始回归，并且现在不会遭到作为理解劳动力剥削的终极形式的阶级差别的侵蚀，不久之前所发生过的事情现在不会再重演。归根结底，岌岌可危的是种族和阶级的一致性。阶级主要是指社会群体之间的经济关系，因此它同殖民权力矩阵领域之中对劳动力的控制有着严密关联，而种族主要是指社会群体间的主体性关系，因此与对主体性和知识的控制相关。所以今天美洲的民族解放和去殖民化工程必须要将殖民权力矩阵，而非工业革命，作为关键的参照点。

对于将霍克海默首创的批判理论应用于脱钩领域和去殖民性转型，法侬和安扎尔多瓦能够提供另一个出发点。也就是说，将批判理论应用到知识型殖民差异之中被否定的那一面：即知识和理解的被否定的地理性和生物性场域。法侬引入了知识的地理政治和身体政治，而且还间接地向我们表明了重构霍克海默批判理论的需要，以及将批判理论从政治解放推进到民族解放和去殖民化的维度的必要性。围绕着边界的概念进行论述，安扎尔多瓦将知识的地理政治和身体政治结合了起来，从而揭示出白人霸权主义知识型基础之中的种族和性别基础。安扎尔多瓦和法侬都将知识型转移到脱钩工程开始被论及的领域。正如这一讨论最开始的引言所述，法侬的目的是要对知识型的殖民化（关于心灵、思想、精神和存在）进行必要的诊断，并表明这种不正当的殖民性逻辑，用他自己的话说，歪曲、毁损并摧毁（或倾向于边沿化）一切不符合欧洲中心论历史版本的历史。首先，我们可以看看法侬在其作品《全世界受苦的人》之中对阿尔及利亚殖民小镇的描绘：

> 这属于殖民地人民的小镇，或者至少是本地人的小镇，这黑人的村庄，这阿拉伯人聚居区，这保留地，是个名声不好的地方，充满着品行败坏的人们。他们在那里出生，至于具体在

哪里和如何出生都无关紧要。这是一个拥挤的世界；居住在那里的人一层叠一层，他们的棚屋一座叠一座。这个本地人的小镇是一座饥饿的小镇，没有面包、肉、鞋、煤、光［……］。

经济现实、不平等以及各种生活方式之间的巨大差异从来不曾掩饰人类现实，这是殖民性语境原创性之所在。当你近距离观察殖民语境时，有一个事实非常明显，当我们对世界进行划分时，最先考虑的是属于或不属于某一特定的种族、某一特定的物种。在殖民地，经济基础同样也是上层建筑。因即是果，你富有因为你是白人，你是白人因为你富有。这就是为什么每次我们在讨论殖民问题时总是得对马克思主义的论述进行一些延伸。①

而殖民问题并不是一个小问题。从数量上来说，受到殖民问题影响的人比受到现代问题影响的人要多得多。也就是说，工业革命陷入到殖民问题之中，同时也属于殖民问题，由此，它不断地向边缘转移。关于马克思和霍克海默对政治解放所做出的贡献的相关性，他们并没有去质疑，他们的洞见并没有覆盖整个完整的故事，同样的道理，圣经和可兰经对其信众而言是相关的，但对于不信的人来说就不一定相关了。用世俗的文本来代替神圣的文本的确可以将我们带往去殖民性，但我们被带往的是新形式的、抽象的和遭到帝国主义操控的各种普世主义的东西。确切地说，从神圣之中获得"政治解放"是世俗化的好处之一，一旦神圣成为阻碍某一社会群体获得政治解放的障碍时。为了成为神圣的人物，那些曾经为了将神圣世俗化，以及为了将那些成为神圣真理的人质的人们能够获得政治解放，进行过卓绝战斗的作者和他们的文字将会表现出一些自相矛盾之处。世俗化自身并非安全之地。将政府与教会分开，在全球范围内也并非可行之道，这种分离并不一定会向我们保证或承诺公正、民主和公平，自"9·11"事件以来的一些事一直证实着这一点。与

① 《全世界受苦的人》（*Les damnés de la terre*），1961，第30、40页。

此同时，如果世俗化被当成神圣的真理，甚至在必要的时候用军事力量的手段将世俗性强加给一些并不一定有问题的社会；而在这些社会之中，神圣性往往被赋予了众多的特权，或者是将世俗性和神圣性、梅斯基特和国家（the Mesquite and the State）交织在一起。世俗化与"现代性"的政治解放原则也并不和谐，一旦我们将地理政治和身体政治带入知识和理解的领域，我们就会意识到世俗的现代性有其自身的政治，而这并不一定与这个星球上每个人的需求、视野和欲望恰好一致。我们同样还会意识到，在层出不穷的新的工程（伦理的、政治的、知识型的）中，世俗现代性正在被基于知识的地理政治和身体政治的知识型去殖民化的众多工程所超越。

（二）

正是在这一点上，格洛莉娅·安扎尔多瓦对于"混血人的观念"（conciencia mestiza）（就性别和种族而言）的概念化，成为另一来自奇卡诺人（如在美国）的地方性历史的去殖民化工程的平台；这一工程是对之前的工程的延续和补充（例如，瓦门·普玛、圣雄甘地、弗朗茨·法侬、里戈贝塔·门楚）。知识的身体政治（奇卡诺女性、同性恋女子）和地理政治（作为属下知识型视角的边界）都在其中运作，并不断地深化和拓展去殖民化转型。

在安扎尔多瓦立场中存在的诸多问题中，其中经常被提及的一个问题是，她经常引用，或者用其他人的话来讲，她"追随"墨西哥亲纳粹主义哲学家若泽·瓦斯康赛洛丝（Jose Vasconcelos）。当然，众多批判家指出，追随或者选择瓦斯康赛洛丝的道路是歧途。的确，在其作品中关键的一章"梅斯蒂索人的觉醒：走向一种新意识"（La Conciencia de la Mestiza. Towards a New Consciousness）的最开始，安扎尔多瓦就引用了瓦斯康赛洛丝的话。该章以一句警言开篇："对我的种族的女性而言，精神将会言说"，这是对"对我的种族而言，精神将会言说"——瓦斯康赛洛丝的著名格言，也是墨西哥国家格

言的发挥。在这一警句之后，她引用了瓦斯康赛洛丝的话，指出他
"展望了一个混血民族，一个有着亲缘关系的混合体，一个有色民
族——世界上最低层民族的复合体"。他称之为宇宙性民族（la raza
cósmica），这是第五大民族，囊括了世界其他的四大民族。有意思的
是，瓦斯康赛洛丝一直倡导的是构建种族五角形的第五条边，这是
前面四个种族（白人、非洲黑人、亚洲黄皮肤人、印第安红种肤色
人）的大融合，并超越了这四个民族。对于瓦斯康赛洛丝而言，这
是一个宇宙性民族，一个让人想起了查拉图斯特拉的超人民族。然
而，瓦斯康赛洛丝的想法却存在着两个缺陷。在他提出这一理想的
40 年后，在墨西哥，尼克松总统政权下的美国政府提出另一个版本
的种族五角形的第五条边：美籍拉美人。由于远远还不能（或部分
地）成为宇宙性民族，于是美籍拉美人位于这一种族等级的最底部。
最近，萨缪尔·亨廷顿致力于强调出现于理查德·尼克松政权下的
对美籍拉美人的等级划分。① 宇宙性民族还面临着另一致命的一击，
这来自拉美历史内部的安扎尔多瓦。紧跟着上面提到的警句，在引
用瓦斯康赛洛丝后，安扎尔多瓦继续详述道：通过这种种族的（这
里指的是瓦斯康赛洛丝）、意识形态性的、文化的以及生物性的相互
作用，一种"异质性的"的意识目前正在形成之中：一种全新的混
血人的观念，一种女性的意识（una conciencia de mujer）。这是一种
"边界"意识。② 我们必须记住，这一章的标题是"梅斯蒂索人的觉
醒"（La conciencia de la Mestiza），而不是"梅斯蒂索人自身的思
想"（la conciencia Mestiza）之类。

第二种表达方式是对相同的逻辑做出的回应，例如，法国人类
学家让·鲁普·安姆塞（Jean-Loup Amselle）关于"混血人逻辑"
（mestizo logics）的研究，这种"研究"针对的是非洲及其他地区的
身份。这同样还表现在法国种族历史学家塞尔日·格鲁津斯基

---

① Huntington（2004）.
② Anzaldúa（1987）.

(Serge Gruziniski) 关于"混血人思维"(la pensée metisse) 的研究之中, 这一研究是以 16 世纪的墨西哥为基础, 但同样也会在这一范围之外去寻求此类杂交性的表达形式。[①] 安姆塞和格鲁津斯基的研究都是重要的学科性研究, 但都没有超脱作为 19 世纪欧洲社会科学基础的知识的自我政治。正如瓦斯康赛洛丝的想法, 不管是安姆塞还是格鲁津斯基提到的杂交形式都是值得称颂的, 它们切实地"就在那里", 但是两者都不会让其知识型框架受到沾染或变得混杂, 如同他们正在分析的身体之中的鲜血和思想一样。一边有瓦斯康赛洛丝, 另一边有安姆塞和格鲁金斯特, 他们的区别在于前者称颂"杂交"是为了保持克里奥民族话语的纯洁性, 而后者将"杂交"作为研究对象, 是为了维持人类学话语的学科纯洁性。此外, 安扎尔多瓦则提出了另外的一些东西。安姆塞和格鲁金斯特观察到并且描述了一种社会现象, 但他们的"意识"却仍然停留在学科的同质性之中。换言之, 他们并没与质疑这些学科, 只不过是在描绘一种外在的现象。通过强调"来自混血人的意识", 安扎尔多瓦扭转了这一局面, 这些概念和思维方式的彻底改变使得知识的自我政治开始出现裂缝。事实上, 她的这些观点是对知识的身体政治的一种激进贡献, 而这种政治, 正如杜塞尔所论述到的知识的地理政治一样, 正在将其注意力从叙事的内容(the enunciated) 转向叙事的行为本身(the act of enunciation)。

知识的身体政治如何成功地转换叙事的场所(the locus of enunciation) 并改变对话所使用的术语? 它又是如何成为知识的地理政治的有效补充, 从而使得西方知识的神学政治和自我政治的知识型霸权出现裂缝? 这里可以比较详细地阐释一下安扎尔多瓦的一些"仍存在问题的":

　　　　我想我们应该允许白人成为我们的盟友。我们必须通过我

---

① Amselle (1999).

们的文学、艺术、歌谣以及民间故事来同他们分享我们的历史，如此一来，当他们建立委员会来帮助大山（Big Mountain）、纳瓦霍人或者奇卡诺农民或是尼加拉瓜人的时候，不会因为他们的种族恐惧和无知而拒绝人们。他们将会意识到他们并不是在帮助我们，而是在追随着我们的引导。

从个人的角度，同时也是作为整个种族，我们需要表达出我们的需求。我们需要告诉白人社会：我们需要你们接受奇卡诺人是不同于你们的这一事实，承认你们对我们的拒绝和否认。我们需要你们面对以下事实：你们不把我们当人看，盗取我们的土地、人格和自尊。我们需要你们做出公开的赔偿：说出以下的事实，为补偿你们自己的缺陷感，你们追求凌驾于我们之上的权力，抹除我们的历史和经历，因为这会让你们感到愧疚——而不是忘掉你们的粗野行为。①

首先，这之中对"我们"与"你们"和"他们"之间的对立的坚持，或许会让那些将这些文字视为身份政治表现的人感到迷惑。在这种情况下，人们可能会更喜欢一种更微妙的对思想的吁求，并且忽略谁是白人、谁是棕色人种、谁是异性恋或同性恋之类的问题。关于这一更具包容性的立场，我们以阿兰·巴迪欧的《哲学的宣言》[*Manifesto for Philosophy*，（1989），1992]为例，并将其与安扎尔多瓦的论点以及杜塞尔的"地理政治哲学"相对照。在此，之所以能够进行此类的对比或比较，是基于他们三个人都涉及知识的原则的问题，他们不是将其视为哲学（杜塞尔和巴迪欧），或者"梅斯蒂索人的觉醒"（安扎尔多瓦）；而我们都知道，从笛卡尔到胡塞尔、从弗洛伊德到梅洛·庞蒂，"意识"一直就是热门的哲学话题。因此，当面对哲学遭遇的危机而感到十分沮丧的巴迪欧，曾发表"宣言书"而为其进行辩护。我们来看看其中的第一段：

①　Anzaldúa（1987），第 108 页。

　　本世纪占统治地位的哲学传统认为，作为一门学科的哲学已经失去了它昔日的光彩。有一点必须指出，卡纳普（Carnap）批判形而上学不过是一些废话，但这与海德格尔宣称的对形而上学的超越是不同的。它与马克思关于哲学的具体实现这一梦想也是非常不同的。当然也不同于弗洛伊德，他从纯理论的系统性角度发现的幻想之物，实际上是胡思乱想。但是，实际上，德国的阐释学，同盎格鲁—撒克逊的分析哲学、革命性马克思主义以及心理分析阐释一样，都一致宣称已经统治了一千年的思维体制的"终结"。像以往那样去想象一种永久性的哲学（philosophia perennis），并且永久性地延续下去的事情，已经不再可能。①

　　在接下来的段落里，巴迪欧继续对菲利普·拉库－拉巴特（Philippe Lacou-Labarthe）、让－弗朗索瓦·利奥塔、雅格·拉康、雅克·德里达进行了评论，并且将"犹太问题"纳入到考虑的范围之中，并由此得出结论说，如果哲学"没有能力对欧洲犹太人的灭绝进行概念化的话，因为事实是这既不在其职责范围之内，它也不具备这种能力去对此进行概念化。因此，我们只能够依赖于一种它者的思维秩序来将这样的一种概念化付诸现实"（1992，第30页）。这一点说得非常明确：缘木求鱼，不能够向哲学寻求那些它根本就无法提供的东西。在第67页中，巴迪欧还顺带地提到过一次埃马纽埃尔·列维纳斯。但是与安扎尔多瓦相比，巴迪欧这一段就写得更为心平气和。在这里，他并没有对"我们"和"他们"进行划分。巴迪欧这里所列出的哲学家全部都是欧洲男性，其中有些是犹太人，有些不是。他并没有在他们的不同哲学构想之外对他们进行区分，将弗洛伊德和马克思放在一边，而将海德格尔和卡纳普放在另一边。

---

　　①　Badiou（1992）.

他只是把这个当作一件很自然的事情，因为事实就是，分析哲学往往和盎格鲁－撒克逊传统"相关"，而阐释学和德国传统的联系更为紧密。显然，根本没有"我们"与"他们"之间的对立，因为这里根本就没有"他们"——只有"我们"。例如，对于杜塞尔而言，他就无可避免将他自己的哲学构想同"他们"（欧洲哲学家）相对立起来，而安扎尔多瓦也不得不同作为"他们"的盎格鲁－撒克逊白人相对立。但对于巴迪欧而言，这却并不是一个问题。

　　在上面引用到的第一段之中，安扎尔多瓦指出"他们将会意识到他们并不是在帮助我们，而是在追随着我们的引导"，而上面论述到的这一方案应该可以帮助我们理解安扎尔多瓦的主张。在之后的一段之中，她继续补充道："我们需要你们接受奇卡诺人是不同于你们的这一事实。"在安扎尔多瓦的概念化里，无须"央格鲁－撒克逊白人"，或欧洲男性哲学家（勒维纳斯除外）来表明"你们这些有色人种和第三世界的人，我们（欧洲男性哲学家）需要你们接受欧洲男性哲学家是不一样的这一事实"。如果说做出这样的声称完全是多此一举，那是因为这里存在着一种不合法的关于思维的普世性的观念，而除开勒维纳斯之外的欧洲男性哲学家都是持这样的一种观念。因此，安扎尔多瓦态度鲜明的宣称："他们并不是在帮助我们，而是在追随着我们的引导"，这是确立地理政治（例如，从第三世界的视角）和身体政治（例如，美国的后民权意识：有色妇女和男性、男同性恋和女同性恋）基础的最基本的声称。由此，一种基于政治的身份（而不是基于身份的政治）也就开始出现。①

（三）

　　当语言和主体性否认了参与知识的生产、分配和组织的可能性

---

　　①　关于身份和知识型之间无法避免的关联（这些通常从"白人知识型"的视角被否认，不管是男性还是女性），在拉美分析哲学家琳达·阿尔科夫（Linda Alcoff，2005）的作品之中得到过明确并且有力的论述。

的时刻，去殖民性语法（例如，知识和存在的去殖民化——以及随后的政治理论和政治经济的去殖民化）也就由此开始。知识和存在的殖民性自上而下地发挥作用，今天它们依然以此方式行使其功能：从经济到政治、公司和国家，这样一路下去。这是社会科学、金融和政治智囊团的工作方式。而在另一方面，关于知识和主体性的创造性作品则来自政治性社会、来自从体制上和经济上遭到剥夺的社会（也就是说，知识成果并不是为公司或政府服务，而是致力于为那些被剥夺者和丧失继承权的人赋权）。在这一意义上，去殖民性语法正在自下而上地运作，并且不得不如此。

换言之，民族解放和去殖民化首先肇始于这样的一种认识，也就是认识到知识和存在的殖民化包括运用帝国主义的知识来压制遭到殖民的主体性，这一过程紧接着开始建立起知识结构，而该知识则源于那些屈辱和被边缘化的经历，而这些经历由于殖民权力矩阵的实施一直并将持续地演绎。知识的神学政治和自我政治已经被耗尽，它们无法生成现代性的替代性方案，因为它们依赖于将某一种视角和意识强加到其他的视角和意识之上。要想促成一个多个世界能够和平共处的世界，我们必须被去殖民化，并且按照知识的地理政治和身体政治来进行重构。去殖民化要想完全发挥作用，我们必须创造出现代性的和新自由主义文明的替代方式。而要想想象现代性的替代性方案，必须从那些局限在叙事和行动的地理政治和生物政治场所的知识型、伦理、政治领域之中的视角和意识出发。

此类的现代性方案并不仅仅只是幻想或对另外一种乌托邦的想象。正是在那些被时间性和空间性殖民差异边缘化的时空节点（地方性历史），民族解放和去殖民化在当下正在得到叙述（以书面、口头的方式，通过社会运动和知识分子，以及通过艺术家和激进分子）。尽管在主流媒体中遭到"消声"，众多的裂缝正在西方的全球化和普世性历史这一包罗万象的总体性之中创造出更大的空间知识型断裂（例如，知识的地理政治）。要知道，从黑格尔到亨廷顿以来，这一历史成功地否定了来自非西方的、非资本主义的和非基督教国家的主体性。确实，对于那些居于主导性地位的主体性中的人而言，期待世界上其余的人能够像"我们"一样是一件很舒适的事情。因此，在同一脱钩的过程和运动之中，民族解放和去殖民化可以得到透彻的思考。从什么脱钩？从西方知识型的总体性之中脱钩，这一总体性理论基于拉丁语和希腊语，并通过承载着现代性的六种帝国的和地方性欧洲语向全世界扩张。在知识型之中的地理政治和生态政治转型预设着"边界思维"（这作为一项去殖民性工程，它一直就是具有"批判性"的，但这却并不是霍克海默和后现代主义意义上的那种批判性），而"边界思维"是各种地方多样性之间的连接者，而这些地方要么是现代帝国（西班牙、英国、美国）的殖民地，要么是不得不对西方扩张作出反应的帝国（例如，中国、俄国、1922 年之前的土耳其帝国）。边界思维并不是以那些希腊思想家的思想为基础的，其基础是殖民创伤和对帝国的臣服，正因为如此，它应该成为属下性历史的多样性（殖民性的和帝国性的——如俄国和土耳其帝国）及相对应的主体性之间的连接点。也就是说，边界思维是一种方式，可以用来描绘正在全球崛起的各种形式的空间知识型断裂之间的共同之处，稍后我将再次回到这一点。当然，我们并不是指望从汉语、阿拉伯语或艾马拉语中找到一种本真性的知识，我们想要在视角和知识基础之中纳入新的主体性，由于殖民权力矩阵的强大，这些主体性一直屈从其中。边界思维的现实表现形式和实践的多样性构成了我所描绘的他者范式。

（四）

现在我们可以回到奎杰罗开始的那段文字，这些文字引出了这样一个论点：应对持续的现代性修辞、殖民性逻辑、关于知识和存在的去殖民化工程，以及脱钩进行分析。正如上文（第一部分）引述的一段文字中所反复重申的那样，一个特定群体的个体，正如我们所知道的，他们之中的类似于白人、基督徒、欧洲人之类的多数群体，他们设定了知识的基本原则（比如，主体——客体），而这往往是与形形色色的总体性相共谋。当然，某一特定的群体想要提出他们自己的宇宙观，这并无不妥。但当一小部分人觉得自己是受上帝委派，前来将（他们的）优点带给其他人时，那就会有问题。这也就是奎杰罗所说的"地方性对普遍性的虚假声称"（the provincial pretense to universality）。因此，有一种已经被接受的观点，认为知识的去殖民化的方向之一就是将欧洲地方化，这一点在最后一句中已得到清晰的暗示。对知识的欧洲中心主义范式的批判，奎杰罗在这三段中的第一段中写道，不能是对总体性概念或主体这一欧洲概念的全然拒绝。这么做运用的将会是同样的逻辑，并且声称有一种比当下的霸权性和主导性（我同时指两者）的普世主义更好的普世主义。这样做是存在着问题和局限性的，伊斯兰原教旨主义可被视为这方面的一个例子。

我们该如何继续？奎杰罗建议现代性/理性应从殖民性之中脱钩。首先，正如我们讨论所表明的，我们应将现代性修辞从殖民性逻辑之中脱钩出来，这样，大门也就会向所有的知识形式和各种知识原则打开。而在现代性种族灭绝维度的集权性征程中，它们惨遭殖民、失语、压迫和诋毁。这一行动将我们带到了杜塞尔所说的那种跨现代性的方向。这里可能存在着反对的声音，认为这种运动本身什么都保证不了，并且可能被视为另一个版本的新自由主义，因为任何东西都逃脱不了市场，并且对于"全球性新自由主义、资本主义者的总体性"，根本就没有外部可言，"不存在资本（主义）的外部"等。

当然，后现代主义提出的这一反对仍旧处于现代性的内部，因此我们可以通过以下的方式来进行反击：我们一直以来所宣称的是外在性（exteriority）而并不是外部（outside），在此，"经验的空间"和"期待视域"① 之间的区别变得明晰起来。这二者之间的差异在不同的学者看来是不一样的：对柯塞勒克（Reinhart Koselleck）而言，它全身都沾染着欧洲历史的记忆和痕迹；对路易斯·戈登（Lewis Gordon）而言，它被淹没在加勒比海地区奴隶制的记忆和踪迹之中，以及其在过去和当下所引发的一切后果中；而在奎琳·马丁内兹（Jacqueline Martinez）看来，这之中浸泡着的是墨西哥裔美国人的记忆和足迹，以及在那个特定的"经验的空间"和"期待视域"之中的同性恋的意义。因此，在学术性和政治性的现代性/殖民性工程之中，外在性概念是一个基本的假设。我可以再解释一下。

借助柯塞勒克的观点，哈贝马斯提出了一个与时间相关的现代性维度。在他对概念史进行的考察中，在定义和描述"现代时间意识"的特征时，柯塞勒克强调的是"经验的空间"和"期待视域"之间不断扩大的差异：

> 我的观点，柯塞勒克说到，就是认为在现代，经验和期望之间的差异已经在不断地扩大：更确切地说，现代性首先是被理解为一个新的时代，期望从这一个时期开始同之前的所有的经历之间的距离是越来越远。②

在评论这一段文字时，尤尔根·哈贝马斯补充说：

> 现代性走向未来的特定方向的塑造，正是为了使得社会现代化可以撕裂古老的欧洲农民和手工业者生活世界的经验性空间，调用它，并将其贬损为一些对期望进行引导的指令。随后，之前祖祖辈辈们的传统经验被一种关于进步的经验所取代，这使得我们的期望的视域（直到那时，还牢牢地扎根于过去），一

---

① Koselleck（1985）.
② 《将来的过去》（*Futures Past*），1985。

个"历史性的全新品质，这一直就遭到乌托邦观念的遮蔽"。①

如果从诸如玻利维亚和拉美的情感、经历、存在及历史的角度，而不是从德国和欧洲的角度来阅读和思考这两种陈述，我想首先你应该不会把这些视为中心事情和问题；此外，如果你注意到这些问题是由一些杰出的德国思想家提出的话，那么你不得不接受现代性与知识的殖民性一直都是携手共进的：玻利维亚、尼日利亚、阿根廷或印度的人民不得不从德国经验的视角来进行思考，而这里也正是柯塞勒克和哈贝马斯进行思考的地点。

然而，我们必须得承认"时间已经加速"这一事实：汽车越跑越快，飞机每小时以让人难以置信的速度在飞翔，互联网让这个世界变小了，而后现代性的典型特征之一就是生活世界在时空上的压缩。然而，我们应该问一问，拉巴斯、玻利维亚人民所生活的那一个经验空间，是不是已经离德国慕尼黑人民的"期待视域"更为遥远。"更为遥远"是一个概念上的陷阱，因为如此去构想"现代性"的原因恰恰就是为了制造出一种幻觉，让生活在当下世界的人们生活在"更为遥远的时间之中"，并且不是"生活在一种不同的社会历史维度之中"。

在慕尼黑，你不会看到或感觉到殖民性，而在拉巴斯、玻利维亚，你总是无时无刻不感觉到，渗入骨髓：现代性正在不断地复制殖民性。这意味着类似于进步、拯救、技术、民主之类的修辞，与压迫、种族歧视和权力在克里奥尔人/梅斯蒂索人/精英们手中的政治集中的逻辑和实践密切相关。因此，由于诸如埃沃·莫拉莱斯（古柯种植农组织）和菲利普·奎斯普（艾马拉人社团）等人所领导的社会运动正日益壮大，它们为"经验的空间"和"期待视域"加入一些激进的新插曲，而随着 2003 年 10 月的那场总统被迫辞职的事件，玻利维亚的"生活世界"从社会根源上发生了转变。再举

---

① Habermas 1987，第 12 页。

个例子，教皇约翰·保罗二世生长在共产主义的波兰，当他在 1980 年成为教皇之后，他拼命地想要推翻共产主义，其表面上的原因是苏联共产主义的集权倾向，而另一个比较隐蔽的原因则是他将共产主义视为教会的敌人，因此代表的是邪恶。然而有趣的是，教皇约翰·保罗二世目光短浅，他无法理解为什么巴西的民族解放神学要反对并非共产主义的集权政权。事实上，保罗反对民族解放神学，就是因为它同马克思主义太接近！在知识的地理和身体政治的框架内，必须对经验的空间和期待视域进行重构，通过帝国和殖民差别，并且尤其是在现代性的显性修辞和殖民性的隐性逻辑的交叉点上。

从这些例子中，我看到的是关于概念的创造、改变和使用方面的几次事关重大的抉择。换言之，我们所面临的正是知识和存在的去殖民性问题，而在这种境况之中，现代社会的经验空间和期待视域被混淆为历史和文明自身的前进。有人或许会说，实际上柯塞勒克和哈贝马斯关于现代性生活世界的概念和概念化的理解并不仅仅只是德国或者欧洲意义上的，而是全球性的，因为今天全世界所有的人都为现代性所触及，为"社会的，在此我想补充上全球性现代化（所触及），这一现代化撕裂了古老的欧洲农民生活世界的经验性空间"。如果沿着这条路线，我们将不得不调用欧洲农民的经验，由此，我们可以对生活在北京以西 2000 千米地区的中国农民的经验和生活世界进行概念化和更好的理解，以及艾马拉印第安人的经验和生活世界（他们不是农民，他们是印第安人。在 20 世纪 60 年代和 70 年代的艾马拉，知识分子和激进分子反复重申：我不是农民，该死的，我是印第安人！）。在这个意义上，要让玻利维亚人成为印第安人还是有点困难的。这些印第安人的"经验空间"中充满的是 500 年的压迫、种族化、去人性化，这肯定不同于德国黑森林地区或挪威这块神奇的土地之上的农民的经验。我并不是说对德国南部或挪威中部的农民进行思考不重要，甚至也不是说慕尼黑的现代化精英的生活世界不值得考虑，这些人正在以飞快的速度和技术化的赚钱方式来取代帝国主义式的记忆和生活方式。我只是不能够想当然地认为发生在慕尼黑的为德国所感知和思考的事情，在世界上其他地方也在以或多或少类似的方式在发生，并且人们的想法也或多或少是相似的。然而，这样地认为是有理由的，以下即是其中的理由之一，在拉美或中国对柯塞勒克和何哈贝马斯的运用，而这不过是 16 世纪以来西方扩张的后果。西方的扩张包括好的、不好的和丑陋的事物，尽管有各种形式的"好"，但今天在伊拉克所见证的事情即为西方扩张是坏的、丑陋事物的后果的明证：首先，你摧毁一个国家；其次，你提供帮助并推动重建；再次，你再在那里宣扬自由和民主；最后，打击对那些想要在伊斯兰教教法（sharia）和《古兰经》的基础上，而不是在民主和圣经的基础上重建伊拉克和撰写宪法的伊斯兰思想家。

在这里，有必要对两个方面的内容进行说明。我这里的观点并不是决定论，而是从选择、选项和责任的角度思考。也就是说，对所有政治性以及/或者是学术性和思想性智识工程的伦理进行思考。不是每一个德国人、牙买加黑人或者女奇卡诺同性恋者都会沿着马克思、法侬、安扎尔多瓦所绘制的道路前行。仍无法避免的是，他们的选择和方向必然是由形成他们智识和政治工程的宇宙观和经历形成。第二点是，我并不是说相对于戈登和马丁尼，柯塞勒克更好。我只是想表明，柯塞勒克的经验和对经验空间的构想不能被视为"普世性的"框架，并以此来解读和概念化所有其他的经验空间。同样，这样去对待戈登和马丁尼也是不对的。要想将黑人或女同性恋者/奇卡诺人的经验"普世化"，这将会跌入伊斯兰原教旨主义所遵循的那种逻辑，并且相信"我的"经验空间和"期待艺术"将有利于全人类。

那么，我提出的是不是某种"文化相对主义"，其修辞为"让我待在我的地盘上，别管我"？并非如此。要想理解我的观点，有必要在去殖民化语法这一问题上更进一步，进入边界空间（border space)之中,而这是相对于现代和后现代的外在性。该边界所处的地方,正如杜塞尔所强调,也就是自 1500 年以来西方的知识和主体性、对土地和劳动力控制、对权威的操控、西方的生活方式、性别与性欲等事物一直在同其他语言、记忆、知识及信仰原则、政府及经济组织形式相"接触"的地带(通常会涉及控制、剥削和冲突)。而这种"接触"并不是突然发生的,并不是某一领头的西方帝国主义列强在遥远的地方将所有人置于其麾下。当然不可否认,将局部的经验普世化是西方帝国/殖民扩张的一个结果。后果就是,今天世界上任何一种地方性历史都不得不遭遇现代/殖民世界、现代性的修辞和殖民性逻辑。每一种地方性历史都有自己的语言、记忆、伦理、政治理论和政治经济(正如 2003 年 3 月以来,当华盛顿发表"使命圆满完成"的声明时,我们每天在伊拉克所看到的那样),在西方知识内部的控制和剥削关系之中,这所有的一切都被烙上了地方性的痕迹。这种"经验的空间"和"期待视域"是多样性的,或者说是多世主义的(pluri-verse)——但每一种多样性的地方历史与其他历史都有一个共同点,那就是它们都不得不遭遇现代/殖民世界以及其权力差异无可避免的存在,这开始于种族划分,并最终成为对整个世界进行等级划分(例如,第一、第二和第三世界的区分就是对政治、经济、文化和知识的种族化)的标准。因此,任何地方性历史的多世性及其去殖民化叙事都能通过这一共同的经验联系起来,并且将其作为认知全新的、共同逻辑的基础:边界思维。也就是说,人们不得不去设想一个未来,而这个未来并不是居住在华盛顿、或伦敦、或巴黎、或柏林的人希望全世界的人们都拥有的,而这一事实可以将所有那些曾经被它们以各种方式联系过的人带到一起。

批判性边界思维提供了一种方法,以便实现去殖民转型,并且它可以作为不同的剥削经历之间的连接点,这些剥削经历现在可以在殖民和帝国差异领域之中得到思考和探索。因此,边界思维是一种方法，可以将多世性（与帝国主义现代性纠缠在一起的不同的殖民历史）连接为一个从现代理性之中脱钩并建立起其他可能性世界的普世性工程。批判性边界思维同时涉及并隐含着帝国主义的和殖民性的差别。

让我们快速地看几个例子。以日本和俄国殖民地为视角的去殖民性知识和存在将完全不同于来自英国殖民地的视角。在前两个情形之中，从日语和俄语所强加的知识型和存在条件之中的去殖民化仍留下另一个问题需要应对，这就是逐渐被希腊拉丁语和六个西方帝国主义列强的本族语言所强加的知识型和知识型条件。也就是说，面对西方知识型及其帝国主义和全球性影响的霸权，日语、俄语以及相关的思维范畴开始处于从属性地位。任何去殖民化工程在运作时都必须对其所在帝国和殖民差异所构建的复杂关系内部的地理位置有充分的认识。同时，由于"西方遍及整个世界其他地区"是一种向外的扩张，而"世界上的其他世界遍布西方"则是在移民的带领下的一直向内的流动，因此边界思维对于任何将从帝国和殖民差异之中比较弱势的一方开始的去殖民工程而言，都至关重要。有一些社会活动者意图对知识和存在去殖民化并通过从帝国主义现代性之中脱钩，当他们因此而激活一些语言和范畴被激活以便建立起一个众多世界能够共存的世界时，人类想象力和创造力的无限潜力也就由此开启。当然，任何事情都并不是万无一失的，因为社会活动者所使用的任何一种语言都可能会屈服于西方资本主义的语言和思维范畴，就像在中国、日本、阿拉伯世界以及俄罗斯等国家的权力机构之中，对企业价值观的"改编"。脱钩需要分析帝国和殖民差异的构成和重构，同时，它也需要将边界思维落到实处的远见和策略，以便通往知识和存在的去殖民化。由此，全新的经济和社会组织（政治）概念将生发出来。西方政治理论的解决方法，无论是从亚里士多德和柏拉图到马基雅维里、霍布斯和洛克，还是到马克思和葛兰西、卡尔·施密特和列奥·施特劳斯都已经被耗尽，但是如果没有边界思维，这一领域的任何尝试都将只能导致在帝国主义现代性的泡沫中打转。脱钩意味着移走支撑物，因为这个支撑物所制造的"正常效果"掩盖了一个事实，即支撑物是可以被移走的，大厦是可以倒塌的。跨现代性将成为去殖民和脱钩工程的整体方向；作为一种普世性工程，这也是一种面向多世性的方向，以便众多世界可在同一个世界中共存。再次，边界思维作为方法之一，能够帮助我们维持一种多世性的而不是普世性的视野，并且施行一套用来实现目的的策略。未来的生活方式不再可能由某一种生活方式所单独控制（哈莫内的独特理念），也不可能为某一种民族解放和去殖民化工程马首是瞻，也不可能成为西方思维范畴之内的一种多元中心的世界。只有通过那些居住在其中的人的共同的努力和目标，一个多个世界可以共存的世界才能得以实现，在那里，人们之间的差异不再是由人性的高低优劣这样的价值来确定。

　　这就是我对以上所引用的奎杰罗的主张的理解，他认为"知识型去殖民化是有必要的，对于实现真正的跨文化交际，以及一种经验和表意的交流，而这是一种他者理性的基础"。这种交换是克塞勒克的"经验空间"观念的替换性方案，也是可以替代"期待视域"的他者理性。实际上，我认为此处的期待视域恰好就是"作为普世性工程的多世性"。换言之，这一工程的普世性必须建立在这样的假设上，即该工程不能由"某一个种族群体"来设计和施行，它必须是跨知识型的、对话性的，并且是多世性的。因此，对于填补空缺并揭示现代性修辞和殖民性逻辑之间的帝国主义共谋的政治和伦理工程而言，边界思维是一种必要的批判方法。

　　政治解放工程，构想于18世纪的欧洲（杜塞尔关于政治解放的理性概念），仍然可以继续，但必须避免被现代性修辞征用以便为使得殖民性逻辑提供合理化论证（他们被用作种族灭绝暴力的非理性解释），必须将它们从这种挪用中"分离"开来。并且，正如我在其他的地方所试图表明的，他们还远不可能是对地球上的每一个人来说都是有意义的，因此也永远不应该再成为"人类政治解放的一种抽象的普世性"（an abstract universal of human emancipation）。兜了个圈子，我们再次回到知识的地理政治和身体政治作为替代性方案的话题上，以便替代组织现代/殖民世界的神学政治和自我政治的霸权和操控（即，正如我们以上所谈论的，也就是处于冲突和操控关系之中欧美，而这些正是由殖民和帝国差异所设计）。在第三世界国家已经和正在出现的民族解放工程，以及产生于受苦难的人们的批判意识的去殖民化工程，而他们的这些意识来源于他们的被种族化和被剥夺人性（思想和灵魂）（法农、C. R. L. 詹姆斯、温特、戈登、马尔多纳多·托雷斯）的方式——将会自然地将欧洲的政治解放工程纳入进来，并由此开创进入一个由平等的人之间所进行的多世性对话的可能性；而此时大家都是在迈向同一个世界的征程之中，这一世界的终极视域将会是"自由的生命"，而不是"自由的贸易"。

结　论

知识型去殖民化的奋斗恰恰就在此处。接下来，我们要做的是将从殖民性和去殖民性语法（它的伦理、政治和理论后果）角度进行的分析与面向未来的策略和战略性计划连接起来。这样的策略将会并已经发生在不同的地方和历史中（从萨帕塔主义者到世界社会论坛再到进步的穆斯林知识分子和来自南欧的批判性声音）以及在思维和行为的多样性地理和生物政治谱系中。对于以未来为导向的策略，以及与关于多世性的普世性假设相联系的多世性的世界而言，关键之处在于避免好的和最好的普世性的现代的和帝国主义的诱惑。基督教、（新）自由主义、马克思主义、伊斯兰激进主义已经给出了足够的证据，证明并不是这个星球上的每个人都要遵守身边的某一种抽象的普世性。去殖民性是一种全球性的批判性意识，其出现和发展恰恰是源于抽象普世性目前所呈现的局限性，同时也源于某些危险，即，一种"全新的"抽象普世性在未来将会试图取代已经存在的这些普世性；或者说那些已存在的普世性将会自我更新，成为"新的"普世性（新自由主义、新马克思主义、新欧洲中心主义、新儒教、新印度教主义，等等）。作为普世性工程的多世性的要求相当的高，在最为基本的层面上，它要求我们不能完全以自己的方式行事。确切地说，知识型去殖民性的斗争正在于此：从现代性最基本的信仰之中脱钩；从极端左派到极端右派的这整个范围之中，都存在着这种对抽象普世性的信仰。因为这个原因，设想一个全新的全球性左派，这将意味着退回到原来的老屋之中，唯一的不同仅是换了一张地毯而已。

参考文献：

Abu-Lughod, Janet（1989），*Before European Hegemony：The World System*，AD 1250 – 1350. New York：Oxford University Press.

Adorno, Rolena（1986，2000），*Guaman. Writing and Resistance in Colonial Peru.* Austin：The University of Texas Press.

Alcoff, Linda（2005），"Identity Politics：North and South"，paper debated at the workshop "Shifting the Geo-graphy and the Bio-graphy of Knowledge"，Center for Global Studies and the Humanities, Duke University, February.

Amin, Samir（1985），*Delinking. Towards a Polycentric World*，trans. Michael Wolfers. London：Zed Books.

Amselle, Jean-Loup（1998），*Mestizo Logics. Anthropology of Identity in Africa and Elsewhere*，trans. Claudia Royal. Palo Alto：Stanford University Press.

Anzaldúa, Gloria（1987）*Borderland/La Frontera. The New Mestiza.* Aunt-Lute：San Francisco：p. 7.

Arregui, Juan José Hernández（ed.）（1969），*Nacionalismo y liberaciόon.* Buenos Aires：Pena Lillo.

Badiou, Alain（1992），*Manifesto for Philosophy*，trans and ed. Norman Madarasz. New York：State University of New York, p. 97.

Badiou, Alain（1997），*Saint Paul. La fondation de l'universalisme.* Paris：College International de Philosophie/Press Universitaires de France.

Balibar, Etienne(1979), "De Bachelard a Althuser: El concepto de corteepistemologico", in *La filosofía y las revoluciones científicas. Teoría y Praxis*. Proceedings of Mexican Second National Congress of Philosophy. Mexico: Editorial Grijalbo, pp. 9 – 48.

Bambach, Charles (2003), *Heidegger's Roots. Nietzsche, National Socialism and the Greeks*. Ithaca: Cornell University Press.

Botana, Natalio R. (1997), *La tradición republicana. Alberdi, Samiento y las ideaspolíticas de su tiempo*. Buenos Aires: Sudamericana.

Bouysse-Cassagne, Thérèse& Harris, Olivia(1987), "Pacha: en torno alpensamiento aymara", in *Tres reflexiones sobre el pensamiento andino*, eds. Thérèse Bouysse-Cassagne, Olivia Harris, Tristan Plat and Vero'nicaCereceda, La Paz: hisbol, pp. 11 – 60.

Césaire, Aimé(1956), *Discourse sur le colonialism*. Paris: Présence Africaines.

Chua, Amy(2003), *The World in Fire. How Exporting Free Market Democracy Breeds Ethnic Hatred and Global Instability*. New York: Double Day.

de Acosta, José(2003), *Natural and Moral History of the Indies*, trans. Frances López-Morilla, ed. Jane E. Mangan, with introduction and commentary by Walter D. Mignolo. Durham: Duke University Press.

Dussel, Enrique (1995), "Eurocentrism and Modernity (Introduction to the Frankfurt Lectures)", in *The Postmodernism Debate in Latin America*, eds JohnBeverley, Jose' Oviedo and Michael Aronna. Durham: Duke University Press, pp. 65 – 77.

Dussel, Enrique(2000), "Europe, Modernity and Eurocentrism", *Nepantla. Views from South*, vol. I, no. 3, pp. 465 – 478.

Dussel, Enrique(2001), "El programa científico de investigación de Karl Marx", in *Hacia una filosofía política crítica*, ed. Enrique Dussel. Seville: Desclée, pp. 279 – 302.

Dussel, Enrique(2002), "World-System and 'Trans' Modernity", *Nepantla. Views from South*, vol. 2, no. 3, pp. 221 – 245.

Escobar, Arturo(2004), "Beyond the Third World: Imperial Globality, Global Coloniality, and Anti-Globalization Social Movements", *Third World Quarterly*, vol. 25, no. 1, pp. 207 – 230.

Fanon, Frantz(1952), *Peau Noire, Mosques Blancs*. Paris: Editions du Seuil.

Ferguson, Niall(2002), *Empire. The Rise and Demise of the British World Order and the Lessons for Global Power*. Basic Books: New York: p. 16.

George, Susan(2004), *Another world is possible if. . .* Verso: London.

Gidden, Anthony (1993), *The Consequences of Modernity*. Stanford University Press: Palo Alto: p. 1.

Grosfoguel, Ramón(2000), "Developmentalism, Modernity and Dependency in Latin America", *Nepantla: Views from South*, vol I, no. 2, pp. 347 – 374.

Grosfoguel, Ramón(ed.) (2002), *Utopian Thinking*. Special issue of *Review*, vol. XXV, no. 3.

Gruzinski, Serge(1999), *La Pensée Métisse*. Paris: Fayard.

Habermas, Jurgen (1987), " Modernity's Consciousness of Time and Its Need for Self-Reassurance ' and Hegel's Concept of Modernity ", in *The Philosophical Discourse of Modernity. Twelve Lectures*, trans. Frederick Lawrence. Boston: MIT, pp. 1 – 45.

Hardt, Michael & Negri, Anthony(2000), *Empire*. Boston: Harvard University Press.

Hegel, G. W. F. (1822), *The Philosophy of History* [1822], trans. J. Sebree. NewYork: Dover Publications, p. 72.

Huntington, Samuel(2004), *The Hispanic Challenge*. New York: Simon and Schuster.

Koselleck, Reinhart (1985), *Futures Past. On the Semantic of Historical Time*. Cambridge: Harvard University Press, pp. 270 – 280.

Laclau, Ernesto(1996), *Emancipation(s)*. London: Verso.

Laclau, Ernesto(2000), *Emancipation(s)*. London: Routledge.

Lander, Edgardo(2000), "Eurocentrism and Colonialism in Latin American Social Thought", *Nepantla. Views from South*, vol. I, no. 3, pp. 519 – 532.

Lander, Edgardo (ed.) (2000), *La colonialidad del saber. Eurocentrismo y cienciassocials. Perspectivas latinoamericanas*. Buenos Aires: CLACSO.

Maldonado Torres, Nelson(2004), "The Topology of Being and the Geopolitics of Knowledge", *City*, vol. 8, no. 1, pp. 29 – 56.

Martín, Linda & Mendieta, Eduardo (2000), *Thinking from the Underside of History*. Enrique Dussel's *Philosophy of Liberation*. New York: Rowman and Littlefield Publishers, Inc.

Mignolo, Walter & Tlostanova, Madina(2006), "Theorizing From the Borders. Shifting to Geo- and Body-Politics of Knowledge", *European Journal of Social Theory*, vol. 9, no. 2, pp. 205 – 221.

Mignolo, Walter(2002), "The Enduring Enchantment (or the Epistemic Privilege of Modernity and where to go from Here)", in *Enduring Enchantments*, *South Atlantic Quarterly* special issue, vol. 101, no. 4, pp. 927 – 954.

Mignolo, Walter D. (2000), "Coloniality at Large: Time and the Colonial Difference", in *Time in the Making*, eds Candido Mendez and Enrique Larreta. Rio de Janeiro: UNESCO/ Universidad Candido Mendes.

Mignolo, Walter D. (2000), *Local Histories/Global Designs: Coloniality, Subaltern Knowledges and Border Thinking*. Princeton: Princeton University Press.

Mignolo, Walter D. (2002), "Geopolitics of Knowledge and the Colonial Difference", in *Vicissitues of Theory*, ed. Kenneth Suring. Special issue of *South Atlantic Quarterly*, vol. 101, no. 1, pp. 57 – 96.

Mignolo, Walter D. (2003a), *The Darker Side of the Renaissance: Literacy, Territoriality and Colonization*. Ann Arbor: The University of Michigan Press.

Mignolo, Walter D. (2003b), preface to the Spanish edition of *Historias Locales/Diseños Globales*. Madrid: Editorial Akal.

Milbank, John (1990), *Theology and Social Theory. Beyond Secular Reason*. London: Blackwell.

Mintz, Sidney W. (1986), *Sweetness and Power: The Place of Sugar in Modern History*. London: Penguin Books. Muñoz Ramirez, Gloria (2004), *El fuego y la palabra*. México: Planeta [online] Available at: http://www. revistarebeldia. org/html/descargas/rebe ldia_23. pdf.

N'Zatioula Grovogui, Siba (1996), *Sovereigns, Quasi Soverigns and Africans*. Minneapolis: University of Minnesota Press.

Ornelas, Raúl (2004), "La autonomía como eje de la resistencia Zapatista. Dellevantamiento armado al nacimiento de los caracoles", in *Hegemonias yemancipaciones en el siglo XXI*, Ana Esther Ceceña (comp.). CLACSO, Consejo Latinoamericano de Ciencias Sociales, Buenos Aires, Argentina, pp. 225 – 250 [online] Available at: http://bibliotecavirtual. clacso. org. ar/ar/libros/cecena2/ornelas. rtf.

Ortiz, Fernando (1995), *Counterpoint of Sugar and Tobacco* (1940). Durham: Duke University Press, p. 206.

Quijano, Anibal (1992), "Colonialidad y modernidad/racionalidad" (1989), reprinted in *Los conquistados. 1492 y la población indígena de las Américas*, ed. Heraclio Bonilla. Ecuador: Libri Mundi, Tercer Mundo Editores, pp. 437 – 448.

Quijano, Anibal (1992), "Colonialidad y modernidad/racionalidad", in *Losconquistados. 1492 y la población indígena de las Amèrcas*, ed. HeraclioBonilla. Quito: Tercer Mundo-Libri Mundi, p. 447.

Quijano, Anibal (2000), "Modernidad, colonialidad y Amèrica Latina", *Nepantla. Views from South*, vol. I, no. 3, pp. 533 – 580.

Schmitt, Carl (2001), *Le nomos de la tèrre.* Traduit de l'allemand par Lilyane Deroche-Gurcel. Paris: Presses Universitaires de France.

Schiwy, Freya & Ennis, Michael (eds) (2002), "Knowledge and the Known: Andean Perspectives on Capitalism and Epistemology", Special Dossier, *Nepantla. Views from South*, vol. 3, no. 1, pp. 1 – 98.

Tlostanova, Madina(2003), *A Janus Faced Empire. Notes on the Russian Empire in Modernity, Written from the Border.* Moscow: Block.

Trouillot, Michel-Rolph(1995), *Silencing the Past. Power and the Production of History.* Boston: Beacon Press.

Walsh, Catherine, Schiwy, Freya & Cástro Gómez, Santiago (eds) (2002), *Indisciplinar las ciencias socials. Geopolíticas del conocimiento y colonialidad delpoder. Perspectivas desde lo Andino.* Quito: Universidad Andina Simón Bolívar y Abya-Yala.

Williams, Eric (1994) *Capitalism and Slavery.* Chapel Hill: The University of North Carolina Press, [1944].

Wynter, Sylvia(2006), "After Man. Towards the Human" in *Critical Essays on Sylvia Wynter*, ed. Anthony Bogues. Kingston and Miami: Ian Randle Publishers, 2006.

Zavaleta-Mercado, René(1988), *Clases socials y conocimiento.* La Paz-Cochabamba: Los Amigos del Libro.

Zizek, Slavoj(2004), "The Topology of Being and the Geopolitics of Knowledge. Modernity, Empire, Coloniality", *City*, vol. 8, no. 1, pp. 29 – 56.

Zizek, Slavoj(1998), "A leftist plea for ' Eurocentrism '", *Critical Inquiry*, vol. 24, pp. 988, pp. 988 – 1007.

谢海燕　译

（译者单位：加拿大阿尔伯塔大学）

附录　和谐的愿景与去殖民性的世界想象

瓦尔特·米尼奥罗、何卫华、谢海燕

【摘　要】作为对世界历史和当下世界局势的独特理解视角，去殖民性理论是拉丁美洲知识分子的重要理论贡献。对于从 15 世纪后期以来形成的以欧洲和美国为中心的世界格局，在去殖民化学者看来，是殖民权力矩阵的直接结果。而以"金砖四国"为代表的第三世界的崛起，在去殖民化的理论视野中，则必将成为重构世界格局的重要力量。此外，对现代性、进步和发展等当下意识形态中的重要概念，去殖民化学者同样有着深刻反思。在去殖民性理论看来，当下众多左派理论只是在质疑殖民权力矩阵的控制权，但实质上同其完全脱钩才是当务之急，应将以生命为目标的政治愿景作为理论的终极视阈。在这一访谈中，双方不仅就去殖民性理论的主要概念、旨趣和观点进行了讨论，还就对世界未来的理解交换了意见。

【关键词】去殖民性　殖民权力矩阵　现代性　后殖民主义　脱钩

【作者简介】瓦尔特·米尼奥罗，美国杜克大学文学系教授，全球研究及人文研究中心主任。何卫华，华中师范大学外国语学院教授，博士生导师。谢海燕，加拿大阿尔伯塔大学博士候选人。本文曾发表于《马克思主义与现实》2012 年第 4

期，第 110—120 页。

一 地理政治与去殖民性的缘起

何卫华（以下简称"何"）：随着前殖民体系的崩溃和第三世界的崛起，西方意识形态霸权在全球范围内开始遭到挑战、削弱和颠覆。由于这一新的历史境遇，使得重新审视现代性及其黑暗面成为学界热门话题，因为现代性往往被视为既往世界秩序隐含逻辑中的重要一环。学界虽然在"争说现代性"，然侧重点却千差万别：在欧美语境中，反思的对象往往偏重于工具理性、线性发展逻辑和对环境等造成的破坏等；而在中国等第三世界和前殖民地国家中，现代性和帝国的关联则是学者关注的重心之一。在中国语境中，王宁、汪晖、阎学通和秦晖等众多学者都曾参与对现代性的讨论，并形成了一定的国际影响力。在国外，众多像您这样的去殖民性（decoloniality）理论家同样在反思现代性，并在理论上造诣很深。据我了解，大部分中国学者对去殖民性理论比较陌生，尽管该领域少数学者名字在中国也会被提及。近些年，学界经常谈论知识的地理政治学，您能否先由此对去殖民性理论进行些概要性描述？

瓦尔特·米尼奥罗（以下简称"瓦"）：这首先得讲讲殖民主义（colonialism）和殖民性（coloniality）的差异。殖民性无须殖民主义，它是一种内在逻辑，或者说是一种殖民权力矩阵（colonial matrix of power）；作为西方文明和西方帝国大厦之基石，殖民性为西方在全球范围内的扩张和干涉行为提供合法性论证。中国学者对"殖民性"等概念相对生疏，很重要的一个原因可能是因为南美是这些知识的策源地。有些人习惯性地认为，只有欧美的知识才是正宗的知识，众多对本土思想缺乏信心的非欧美学者仿佛总觉得知识非得经过西方体制和出版社的合法性认证才行。幸运的是，这一情形正在发生改变，对西方说"不"的人与日俱增。第三世界的崛起已是不争的事实，秘鲁社会学家阿尼巴尔·奎杰罗（Anibal Quijano）在 1990 年最早提出殖民性概念，正是受到这一全新世界格局的启发。

在哲学话语中，"殖民性"和"生命政治"是当代思想论争中两个关键概念。由 17 世纪下半叶以降，对人口和身体的控制日趋强大，"生命政治"和"生命权力"就是福柯分析这一现象的重要概念，这种控制对其时正不断崛起的欧洲民族国家而言有举足轻重的意义。此时民族国家还只是欧洲的独有事物，世界上其他地区更多关注和体验到的则是"殖民性"，也就是欧洲的扩张及伴之而来的种族主义。在某种意义上，殖民性/种族主义是去殖民性概念，而生命政治/生命权力则是后现代主义概念。欧洲人肯定无暇顾及自己从未体验过的"殖民性"，他们也许熟悉"殖民主义"，但"殖民性"却是另一回事。现代性才是欧洲中心主义思想的知识分子关注的中心，他们创造出替代性、边缘化和属下现代性等花样繁多的概念以期掩盖殖民性，但只要一种现代性才是他们心目中的圭臬。占世界人口80% 的非欧洲人的经验都无法用"现代性"解释，因为他们体验到的是殖民性，而不是现代性。

作为殖民性概念的诞生地，拉美 500 年来的历史和欧洲一直交织在一起，欧洲是这里的征服者、殖民者、贩奴和蓄奴者。厌倦了所有的这些"进口"，拉美知识分子对生命政治和生命权力这些概念兴味索然，这些描述的只是欧洲问题。不同于生命政治、生命权力和诸众等概念，殖民性打开了一副全新的历史画卷，它讲述湮没在欧洲叙事中的故事，释放出被压制的感觉、思想、记忆和需求的声音。在讨论生命政治和生命权力时，欧美知识分子的一贯做法是宣称普适性；而"殖民性"同法侬的"社会发生学"（sociogenesis）和"受苦难的人"（damnés）则属于相同的知识谱系，地理政治是其反复强调的中心。在 15 世纪后期大西洋商业体系形成时，殖民性

（或殖民权力矩阵）描述的这种管理和控制就已初露端倪。大西洋地区其时被纳入全球经济体系，西方全球主义也宣告开始，作为全球性管理和控制结构的殖民性或权力矩阵随之出现并延续下来。有着殖民性张目，欧洲不仅高效地管控着本土人口，对异我族类的管理也游刃有余。欧洲的形成离不开生命政治/生命权力等知识控制形式。拯救的论调、现代性修辞及内在于其中的殖民性逻辑，都是欧洲西方文明和帝国主义权力的强有力支撑，对这些对象进行揭示是去殖民性的目标之一。在一定程度上，生命政治和生命权力实质上可被视为殖民权力矩阵的一个侧面，但关键是对这两个概念的起源要清楚，并深刻理解和认识它们的地理政治。生命政治/生命权力能对欧洲的控制策略进行一定的解释，但对复杂的殖民世界却束手无策。殖民权力矩阵则立足殖民地历史，强调应从殖民地视角来重新审查欧洲和殖民地历史。在某种意义上，整个从15世纪末以来的历史，都可以从殖民权力矩阵的形成、转型和晚近的争夺其控制权的角度来解释。

当然，去殖民性话语并不局限上述分析，它还有建构性层面。除开具体的言说内容、主体、实践、缘起和目的，生成这些具体话语的叙述机制是去殖民性理论更为重要的关注点。

何：清理殖民地所遭受的"创伤"和探究殖民体系形成的机制，应始终是第三世界知识分子的重要任务。作为概念，殖民权力矩阵具有强大的描述性，可以将众多社会层面纳入到理论分析之中。任何强大的、有力度和魅力的理论，必定在某些方面具有自身的独特性。去殖民性毫无疑问提供了一种对欧洲和世界史的重新阐释，但我们知道任何一种理论都是由很多人的参与和不断完善而历史性地形成的。在去殖民性理论的建构历史中，出现过哪些有代表性的理论家以及应如何理解他们各自在理论上的独特性？

瓦：是的，殖民权力矩阵的复杂结构可大致分为五个领域：知识和主体性领域、经济领域、政治领域、性别和性取向领域以及

"自然的"世界领域（即，我们的身体是其中的一部分，并不断被"生成"为各种具体的共同体中的"人"）。在 16 世纪之前并不存在殖民权力矩阵，这一存在使西方得以凭借现代性的名义征服世界，并缔造了自身的"辉煌"。也就是说，资本主义是在 16 世纪随着大西洋商业体系的形成而出现的，新的主体和知识形式也在这一过程中生成：现代主义和现代/殖民主体。经济只是殖民权力矩阵的领域之一，但自从 20 世纪 70 年代以来已演变为主导性领域。"资本主义"对应的是去殖民性语汇中的"经济殖民性"，这也意味着有的经济形势和殖民性毫无瓜葛。"二战"前，经济殖民性、或者说经济只是社会的一部分，但现在社会反倒沦落为经济的一部分。在这 500 年间的经济殖民性中，新自由主义就是其最新阶段。这种经济漠视生命的存在，人被分为三六九等，对经济增长和利润的追求成为其压倒性目标。利益至上导致了对生命（地球和人类）的漠视，"低劣人种"的生命可随意被剥夺，欧洲在新世界大规模掠夺土地、对印第安人和非洲人的奴役，甚至中国的鸦片战争都是明证。

　　去殖民性理论的起点可以追溯到 1955 年的万隆会议。苏加诺（Sukarno）在这次会议上提出，我们要的"既不是资本主义，也不是共产主义，而是去殖民化（decolonization，也译作'非殖民化'）"。在这次有 29 个国家参加的会议上，出席的都是非基督教和有色人种国家，这些国家被苏加诺称为世界的第三极，他实质上指的是一种在宗教和世俗外表掩盖下的种族主义。就本身的历史脉络而言，去殖民性理论范式源于南美。两年后，一位旅居墨西哥的阿根廷哲学家杜塞尔（Dussel）提出了"跨现代性"（transmodernity）的概念，跨现代性有两层意思：首先，作为历史过程的现代性是欧洲演出的独角戏，但欧洲是借助帝国主义/殖民扩张才实现了这一过程，换言之，世界上其他的国家也是这一过程的参与者。这就是跨现代性的基本观点。同时，世界的未来也应是"跨现代的"，而不是后现代的。在后现代主义视野中，欧洲被认为是世界史的唯一主角，而跨现代性则认为世界未来应由所有的国家来共同建设。欧盟的困难重重以及美国当下的危机都表明这一进程已拉开序幕。此外，拉丁美洲的依附理论（dependency theory）在去殖民性理论体系中也有重要地位，依附的不只是经济，还意味着低人一等的状态。在 20 世纪 70 年代，当奎杰罗在建构依附理论时，杜塞尔则在构想解放神学和哲学。殖民性概念到 20 世纪 90 年代早期才出现，它很大程度上是由苏联的解体而催生。此外，秘鲁知识分子何塞·卡洛斯·马特里亚吉（José Carlos Mariátegui）在 20 世纪 20 年代的努力，其作用也不可低估，因为是他将拉美殖民史同资本主义关联起来。奎杰罗的天才之处则在于，他指出了将两者联系起来的内在逻辑是"殖民性"，殖民主义和资本主义都是建立在殖民性的逻辑之上，该逻辑也为种族主义提供了解释：你无法剥削和剥夺一个和你具有同等地位的人，必须先让他低人一等，然后才能去掠夺他们的土地、利用他们的劳动力和管控他们。在 16 世纪的现代/殖民的世界图景中，这就是种族主义出现的原因之所在。

这一历史性回顾表明，欧洲的知识谱系并非唯一参照点。在去殖民性的视野中，在政治、经济、认识型和阐释学等各个领域，这个世界都在变得越来越多中心化，思想的策源地也在不断增加。所有思想谱系都植根于特定的"情感结构"，殖民主义和帝国主义的创伤则是生成去殖民性理论的情感结构。

谢海燕（以下简称"谢"）：您刚才反复强调现代性，去殖民性的视野中，又该如何理解现代性所扮演的角色？此外，我们注意到，去殖民性和您上面谈的去殖民化是两个不同的单词，应如何理解这两个概念之间的差异？

瓦：现代性观念的核心是"推陈出新"。在 15 世纪，这种"新"的现实基础之一就是出现在欧洲人意识中的新大陆和新人种。因此，当讨论后现代性时，浮现在欧洲人头脑中的是又一个新世界。但非欧洲人的"感觉"却完全不同，尽管也参与过欧洲的历史，但现代性的"新"及其硕果在南美历史中并不存在，对南美历史而言，正如奎杰罗、杜塞尔和我本人所言，这是现代性/殖民性同时出现的历史——大西洋商圈形成的历史，资本主义历史性地奠基的时刻，当下意义上的种族主义出现的时刻，西方的全球经济扩张、征服和同化的过程。由于不同的记忆，没有殖民性做背景，我们无法理解吉登斯和贝克（Beck）意义上的现代性。正如上面提到的，杜塞尔的跨现代性指出，从1500年以来的历史是跨现代性的，因为全世界都参与了缔造欧美神话的过程，而且将来也将是跨现代的，但欧美将不再是中心。这一跨现代性的将来必将是多元的，"金砖四国"的崛起就是推动力之一，它们正在突破目前的单一中心体系。去殖民性所推崇的正是多中心的、非资本主义的世界秩序。

上述去殖民化实际上是去西方化，这是将来通往非帝国主义的重要一步。西方建立、维持和更新殖民权力矩阵（基督教的、自由主义的、新自由主义的，甚至于马克思主义的），这一过程和西方的生成齐头并进。现在，全球都在推行积累式经济，经济殖民性也同样如此。但现在的新情况是，经济殖民性不再依赖于相同的政治体制。"金砖四国"等国家正在经历的实质上是去西方化，这意味着经济殖民性在它们的历史进程中仍在延续，但第三世界人民信心的重塑必将会打开新的通道。在国际层面上，去西方化进程必将导致欧美的崩溃，由于殖民性无法在欧美外施行，它们也就无法在本土继续维持中产阶级的舒适生活。在过去20年间，去西方化和去殖民化引发的变革具有革命性意义，该进程使一度时髦的"左派"和"右派"概念变得过时。今天，由于超越了先前狭隘的"敌我"式政治理解，去西方化和去殖民性必将成为重要的替代性分析概念。去殖民化麾下的种族革命仍在维持资本主义，但同时还有各种去殖民性过程，它们憧憬的种族和父权革命的目标是没有资本主义也没有殖民性的世界。和去西方化不同的是，去殖民性坚决反对经济殖民性：如果维持经济增长的原则不彻底改变的话，就不可能有真正的富足和对生命的弘扬。这一条立足于去殖民性视野的全新道路，完全超越了资本主义和社会主义的对立。去殖民性，作为一项认识型的、种族的和政治性工程，它是关于全球未来的全新构想。

二 现代世界的殖民性"幽灵"

何：随着 16 世纪帝国权力的扩张，"东方"和"西方"的接触也进入到实质性阶段，涉及现实的移居、统治和剥削行为。在拯救世界的托词下，帝国权力将世界划分为不同层级，东方则被建构为地位低下的"他者"。这一可谓愈演愈烈的进程，在卡尔·马克思看来，是资本追求利润，或者说是资本主义向帝国主义发展这一历史必然的结果，而去殖民性理论家则倾向于将这一历史进程归因于现代性的入侵。类似的理论运思同样体现在后殖民理论之中，去殖民性和后殖民主义这二者之间存在实质性差异吗？

瓦：首先，今天意义上的"西方"和"东方"，是 15 世纪后期和 16 世纪早期的产物。为了迎合葡萄牙和西班牙的扩张，当时的教皇亚历山大六世（Pope Alexander VI）签署了托尔德西里亚斯条约（Treaty of Tordesillas，1494）和萨拉戈萨条约（Treaty of Saragossa，1529）两份协议，将世界划分为"东印度"（Indias Orientales）和"西印度"（Indias Occidentales），这也成为现代/殖民世界、东方和西方的出现，及东方学和西方学的两大支柱性概念。随着基督教及后来欧洲世俗社会的扩张，欧洲成为世界中心，基督教的这一划分世界的方式也不胫而走。而此前，在中世纪基督教观念中，东西方划分是依据当时的世界中心耶路撒冷来确定的。日趋强大的罗马随后逐渐取代君士坦丁堡成为世界中心，正如后者当初取代了耶路撒冷。

因此，你是正确的。在去殖民化理论家看来，东西方的遭遇不是帝国主义的结果，而恰恰是其开端。这也是我们为什么坚持殖民性是现代性的组成部分，而并非其结果。

后殖民性概念和后现代性有谱系上的关联，但去殖民性则要追溯到万隆会议，种族主义和宗教是此次会议的两大议题，去殖民性理念同第三世界理念此时同时诞生。我们正是在这一知识谱系中来解读法侬、依附理论、伊朗的阿里·沙里亚蒂（Ali Shari'ati）、更晚近的阿希斯·南迪（Ashis Nandy）和范达娜·席娃（Vandana Shiva）这些思想家，以及殖民性和去殖民性的概念。此外，印度、非洲以及加勒比海地区的去殖民性理论家，都将16世纪作为殖民性的参照点，18世纪则被认为是现代性和西方转型和扩张的"第二阶段"。也就是说，后殖民理论家的源头在启蒙运动时期，而去殖民性理论家则追溯文艺复兴这一更早的源头。后殖民理论的"三驾马车"是印度的殖民史、后结构和马克思主义，而去殖民性理论则是将16世纪初以来的美洲史作为历史参照点，其理论目标之一就是要揭示殖民权力矩阵在不同历史时期将世界上各地连接起来的方式，并同西方帝国主义的扩张合谋。对殖民和种族主义的憎恨以及维护世界持久和平的共同目标，让去殖民性理论家走到了一起。

总之，依附理论、解放哲学和解放神学及来自加勒比海的新世界小组（New World Group），都是大西洋地区知识分子对亚非去殖民化进程的回应，这些理论贡献早于后现代性和后殖民性理论。当然，后殖民分析和去殖民性理论也有重合点，如二者都会援引法侬的《世界上受苦的人》，它们最好被理解为同一框架内两条不同路径。

谢：这一比较性描述非常有启发性。通常认为，萨伊德的理论构建的主要关注点是重新审视殖民时期的档案及其当代变体。通过揭示所谓客观"知识"背后的政治目的，萨伊德致力于解构东西方的二元对立，而东方在这一二元对立中则处于劣等的地位，并由此质疑在文化和帝国主义之间的隐含关系。但在我看来，去殖民性理论强调得更多的似乎是认识型或者说是更为内在的思考机制。这能否被视为后殖民主义理论和去殖民性理论的另一差别？

瓦：的确如此。认识型对去殖民性理论而言至关重要，因为本体实质上也是认识型的建构，仅仅停留在经济或政治层面显然不够。资本主义之所以能够成功，是因为其缔造者和支持者能够建构出一整套的知识、认知方式来对其进行合法化，哪怕会为人类带来了众多的灾难。要知道，控制知识意味着可以控制主体的生成和改变。

何：如您所言，在欧美缔造自身现代性神话的过程中，众多国家和地区都沦为其受害者，遭受到各种形式的压迫、剥削和殖民。但不知道您是否也留意到，众多前殖民地在独立后纷纷力图复制前宗主国的社会模式，甚至现代性被确立为它们自身的发展目标。像甘地、曼德拉、恩克鲁玛和纳赛尔等第三世界国家领导人，在独立后都将现代性的追求作为重要执政纲领，以便发展经济和改善本国人民的生活条件，尽管有些人以失败告终。因此，这是一个相当复杂的话题。这些年来，通过效仿欧美引入市场经济和其他各种新自由主义手段来刺激经济，一些第三世界国家人民生活水平的确已有前所未有的改善。但在另一方面，正如萨米尔·阿明所指出，第三世界和第一世界国家间的差距不是在缩小，而是在扩大。而您刚才也提到，殖民性内在于现代性。面对这一现象，又该如何从理论上进行解释？在施行资本主义市场经济的同时，这些发展中国家能否避免现代性黑暗面的再次演绎？

瓦：这个问题很关键，这和前面所说的争夺殖民权力矩阵的控制权相关。可以援引"有争议的现代性"（contested modernities）来解释这一问题，但我想在这里谈些新的观点。首先得指出，只要追求"现代性"或施行市场经济，殖民性就在所难免。相信现代性是追求的目标是欧洲所编织的最成功的假象，时至今日世界范围内众多人仍对此深信不疑，而去殖民性正是要反对这一点。也许有人会反驳说，"你应该也不会拒绝高科技成果带来的便捷吧？"的确如此，但我也要反问，"这些高科技成果和现代性有必然关联吗？"在这一问题上，也许可以引入阿明在 20 世纪 80 年代提出的"脱钩"

（delinking）概念，脱钩就是要摆脱认为经济发展会赋予所有人幸福的观念。要知道，财富不断增加的始终是少数人，而大部分人在贫穷的泥沼中则越陷越深。经济增长只是个谎言，这个谎言将殖民性逻辑隐藏在现代性修辞之下。当然，我这里不是要赞同社会主义式财富分配方式，而是指出需要跳脱将增长等同于所有人的财富的思维。要想将生命本身作为终极的追求目标，就必须同现代性的幻象脱钩。

现在存在一股去西方化思潮。一些新经济体虽施行资本主义经济模式，但在政治体制上却坚持自己的选择。去西方化虽可以避免出现单一的全球性帝国主义，但并未解决殖民性问题——保留资本主义也就意味着保留了经济殖民性。世界的巨大变革导致既往的世界划分方式已无法描述全新的世界格局，众多竞争者在世界舞台上的出现造就了当下的多中心资本主义世界体系，"去西方化"进程已开启。20世纪70年代的依附理论就指出，要是对世界货币基金组织和世界银行的指令唯命是从，真正的"发展"就无从谈起。找到适合自己的道路，在经济上独立决策并在谈判中联合起来，这才是"金砖四国"正在引领的去西方化工程。

阿明并没有讨论过去西方化，原因在于他过多地受制于马克思主义目的论和左右两派之间的论争。政治和经济领域的去西方化已经成为话题，因为"金砖四国"为我们提供了启示，但宗教等其他领域的去西方化则仍需思考。去西方化的发展使得世界已演变为一个多中心的体系，同一经济体中有多个不同的决策中心。

何：我完全同意您对当下形式的判断，但新兴经济体的崛起，并不能掩盖这样一个事实：殖民主义并未随着"二战"后"帝国"的崩溃而消失。欧美以自己操控的类似于世界银行之类的跨国机构作为先驱，在全球范围内推行各种形式的新殖民主义。正如我们所了解的，新殖民主义采取的并不是实际的统治和控制，这一新的殖民机制是由资本所编织的强大网络所维持。在当下，新形式的殖民主义更具有隐蔽性，这种"温柔的"渗透方式有时甚至在第三世界国家会受到"礼遇"，这是否意味着既往的反抗殖民主义的方式已过时？

　　瓦：在去殖民性的视野中，事情刚好相反。在我们看来，殖民并不是由"资本所编织的网络所维持"，而恰恰是殖民性所编制的网络在支撑着资本（资本主义）。马克思主义和去殖民性理论的差异也正在于此。马克斯·韦伯和列宁都认可资本主义的历史作用，但对去殖民性理论而言，殖民权力矩阵才是关键，"经济殖民性"只是其领域之一，但（新）自由主义者和马克思主义者却往往对此给予了过度关注。正是殖民权力矩阵的延续才导致经济殖民性的衍生，在过去的30年间，经济殖民性已演变为殖民矩阵中的首要领域。第一波殖民主义的终结，但隐藏在现代性修辞背后的殖民性仍在以新的方式继续存在：如美国等地出现的内部殖民主义（internal colonialism）、南美等地出现的无殖民地的帝国主义（以本土精英的合作为基础的新形式帝国主义）等。在这些新形式中，攫取权力后的本土精英取代了先前的殖民者，其所作所为不过是帝国殖民者的翻版而已。因此，帝国主义/殖民主义的终结，并不意味着殖民性的终结。以自身的柔韧性，殖民权力矩阵不断演变以适应新形势，二战后以世界领袖身份出现的美国就是重要标志。

　　总之，从15世纪以来的世界史，就是殖民性形成、演化和最终为欧美所把控的历史。当下的去西方化质疑的只是殖民矩阵的控制权，而不是要去超越它，而超越、克服和消解殖民性正是去殖民性理论的终极目标。

三　"脱钩"与哈特的《帝国》

　　何：就目前来看，"中国模式"的确取得了极大成功，尤其在经济领域。但在中国以及其他您提到的国家中，这种您意义上的"去西方化"策略在促进经济进步的同时，所导致的问题也已不容忽略。如在一些非洲国家，由于过度开发、对外国市场的严重依赖，以及传染性疾病的肆虐，人民的幸福程度在向现代性迈进的征程中不是在提高，而是在倒退。这种种负面的效应，也引起越来越多的中国学者对进步理念的反思。

　　瓦：首先，"进步"理念相关于"文明的使命"，在 19 世纪开始流行。然而，却可以追溯到文艺复兴时期。美国二战后从英国手中接过这一理念，"进步"摇身一变为"发展"。据说是杜鲁门在 1949 年的总统就职演说中引入了"不发达国家"的概念，以便为即将开展的"现代化和发展"工程提供说辞。拉丁美洲是其第一块试验地，紧接着是非洲。非洲的反殖斗争此时正如火如荼，美国此时给予了大力支持，目的就是要取代欧洲的世界领袖地位并同苏联相抗衡。但由于 1968 年在巴黎、布拉格和墨西哥等地的起义，"现代化和发展"这一工程宣告失败。此后，美国改弦更张，开始实施"新自由主义"这一新行动计划。智利是其第一块试验地，于是有了奥古斯托·皮诺切特（Augusto Pinochet）推翻萨尔瓦多·阿连德（Salvador Allende）的事件，紧接着又是阿根廷的魏地拉（Videla），玻利维亚的桑契斯（Gonzalo Sanchez de Lozada）和阿根廷的梅内姆（Menem）。之后，随着东亚等地经济危机爆发，以新自由主义和华盛顿共识为标志的第二波"发展"工程也拉开序幕。这可被理解为殖民权力矩阵的演变，以便维护西方化这一庞大的工程（被西方自己定义为全球化和现代性）。在 21 世纪初，人们已普遍意识到，"进步"和"发展"是不可能持续的迷梦。在去殖民性理论看来，"进步"和"发展"只是现代性、世行、欧盟和美国等的说辞。这一说辞掩盖的是殖民性的逻辑：发展就会涉及占用土地、剥削、对生态环境的破坏等。作为西方文明支柱的"进步"和"发展"理念，是资本主义和共产主义都推崇的，但这些理念以及资本主义经济和政治体制都正走向崩溃，一个全球性政治社会也正在形成。这种建立在进步和发展之上的假象，不是以全社会的协作和共同体的和谐为目标，共同体才应成为目标。共同体并不受制于任何抽象的普适性观念，它是多元的，不会将对自己有利的观点强加于其他人。共同体超越资本主义和共产主义的二元选择，是通往去殖民性的一扇门，并为多元性凿开通道。中国和东亚国家的去西方化道路，在经济和政治上借鉴西方文明并取得了重大成就，但它们现在也正面临类似的问题。但鲜活的非现代（non-modern）生活方式的种子［这里说的是非现代的，而不是前现代的（pre-modern）］，在亚洲、非洲、南美、加勒比海和高加索等地区和现代性同时存在，去殖民性极有可能在这些地区发挥作用。总之，"进步和发展"不应再被视为终极视域，它们只是蕴含着殖民性的现代性说辞。

何：在探索有自身特色发展道路的过程中，"脱钩"的冲动应该说广泛地存在于第三世界国家之中。但我非常关心的是，当新自由主义已经成为世界范围内的主导性"情感结构"，这种"脱钩"如何才能成为可能？

瓦：这里有几点需指出：首先，新自由主义已破产，其迹象在全世界随处可见：经济危机、应对上的乏力、日浓的不满情绪、南美不断有人组织起来抗议矿业公司对环境的破坏。其次，不要将新自由主义同市场经济和商品拜物教相混淆。当然，新自由主义有一定作用，但其追求小政府，政府应以"不可见的手"的形式发挥作用。但新加坡和日本等恰恰都是大政府在主导经济，这正是前面谈到的去西方化，而不是新自由主义。最后，"脱钩"也并不局限在国家层面，期冀国家按人民意愿行事。从国家层面进行去西方化，只是"脱钩"的一种，还有同来自西方的指令、国家货币基金组织和世行等被西方控制的机构的"脱钩"等。众多迹象表明，新自由主义和华盛顿共识已破产，它们已不再是主导性"情感结构"，取而代之的是来自政治化了的市民社会的失望和愤怒。此外，资本主义并不能被等同为新自由主义，政治化市民社会要否定的是新自由主义，而不是资本主义。这些都不是去殖民性主义者，也不是马克思主义者，而是去西方化主义者。脱钩首先是认识型问题：没有另类的思考，也就无从超越西式思维和情感结构来设计全球未来。去西方化是要同新自由主义的全球设计脱钩，而不是要同资本主义脱钩，这正是中国、新加坡、俄罗斯、巴西和印度时下的道路。经济脱钩是去西方化的一个方面，也可以发生在宗教政治等其他领域。"脱钩"正在全球范围内广泛地出现，并且还将持续下去；但另一方面，强大的重新西方化（rewesternization）力量正在阻止"脱钩"的进程，维持西方对殖民权力矩阵的控制权以及其长期以来的特权。

全方位"脱钩"是构想新的未来图景的前提。当下国际货币基金组织和政府不断改善工作条件和提供工作，让大家生存是为了能更高效地工作；但脱钩认为，工作是为了更好的生活，生活才应是终极目标。当下情形只是符合少数资本家的利益，而环境恶化却正导致大批民众患病死亡，要知道，自然的生命和人自身的生命唇齿相依。在资本主义国家，银行、跨国公司和资产阶级国家组成稳固的巨型金字塔，以保护少数人利益，而大多数人的生命则在发展的名义下遭受到威胁。当下的媒体为去西方化和重新西方化而鼓噪不已，但却忽略了去殖民性，这也意味着，新闻和教育领域也需要脱钩；只有拒绝既有的知识，才能学会新知识。

谢：这的确是个重要的奋斗目标，但在大多数国家，资本主义被认为是解决经济问题的最有效手段。也许大多发展中国家愿意避免和抵制西方意识形态的影响，但很少愿意放弃资本主义或市场经济来发展经济。例如，当帕沙·查特吉（Partha Chatterjee）讨论印度独立后的印度的发展模式时，就提出过以现代性的名义来对抗现代性的策略。在中国，学者汪晖则用"反现代性的现代性"来描述现代性在中国的出现。批判性地保留，是这两种回应西方现代性方式的相似之处，可以将这些路线视为"脱钩"的形式吗？或者能说这些也是去殖民性的方案吗？

瓦：有三点需澄清。第一，如果将发展视为目标，目前资本主义的确行之有效。但正如前面所谈到的，需要对将发展作为目标保持警觉。第二，在查特吉的论述中，其"现代性"是针对有百年殖民史的印度，这实质上是一种"有争议的现代性"和去西方化。至于去殖民性筹划会不会将现代性作为目标，在我们看来，没有不包含殖民性的现代性。因此，当查特吉强调同"西方的现代性"脱钩时，我是赞同的，但我认为现代性的追求无法避免殖民性。第三，汪晖只是在描述中国的去西方化进程，对"新左派"和国家政治上的差异，他却语焉不详。东亚的去西方化政治实践同去殖民性是有区别的。中国的去西方化，由于其悠久的历史及高效的政府，使其去西方化实践有着自身独有的特点。那么，能否从去殖民性的视角来分析和解释中国的现实政治呢？答案是肯定的。事实上，不管是否曾经被殖民过，都与去殖民性理论高度相关，我上述的观点实际上就是从去殖民性的角度所进行的分析。去西方化和去殖民性是对殖民性的两种不同的回应方式，中国所进行的去西方化并没有摆脱殖民性，因此从去殖民性的角度进行思考在中国仍具有现实的意义。去西方性要求同殖民权力矩阵的各个方面脱钩，"脱钩"意味着要想改变，就必须从根本上改变我们对话所援引的术语。"脱钩"在今天正沿着两个不同但互为补充，但有时又是相互冲突的方向进行：去西方化和去殖民性。去殖民性从根本上来讲，是一种认识型上的筹划，有着政治、经济和伦理的意义，但首先需要以全新的方式来思考。中国正在发生的是去西方化，但中国同样存在着去殖民性的土壤。

谢：的确，作为一个全方位的工程，脱钩涉及经济、政治和文化等众多层面。在面对欧美等国家的霸权，众多第三世界国家也开始不断地要求在世界的文化舞台上发出自己的声音。一个典型的事例是，去年一个"体验中国"的形象宣传片在纽约时代广场上进行了接近一个月时间的播放，以便在世界范围内增进对中国的了解。

这一行为能够被理解为一种从文化上进行脱钩的努力吗？

瓦：这件事情我的确有所了解，但这并不是脱钩。这和法国、德国和美国运用类似手段来提升自身形象的做法如出一辙。差别在于，如果你在中国看到上述国家的宣传片，第一感觉可能会是，这些国家自鸦片战争以来占尽上风。但当类似"体验中国"的宣称片在纽约播放时，是要表明，"我们回来了，我们来到了这里，并将在这里待下去，你们可得习惯我们的存在"。该宣传片是一种广告形式，它传递的信息是，为本国文化做广告不再是西方特权。当然，这也可以对美国民众关于中国的错误形象进行纠偏。尽管我认为这并不是去西方化的举措，但其根源显然是由中国和东南亚国家正出现的去西方化进程。

何：当下世界为新形式的权力结构所控制，这也是去殖民性理论家关注的话题。这一点不免让我想起迈克尔·哈特。前不久，我刚刚翻译了哈特发给我的一篇文章，并且引起了一定的反响。哈特曾在《帝国》中指出，帝国就是一种新的主宰着这个世界的政治主体。您怎么理解当下世界的权力结构？我们应当如何看待哈特对当下世界构造的理论化？

瓦：这些"新形式的权力结构"实质上只是殖民矩阵的变体，而且当下其控制权已遭到新来者的挑战：有些人仍认同其经济殖民性，但对其控制权进行挑战（去西方化）；其他人则试图超越殖民矩阵的根本性原则和信仰系统（去殖民化理论）；最后，还有些人试图将该矩阵改头换面或采取其他的举措以延续其控制权（重新西方化）。因此，所谓的"新"不过是权力矩阵的又一翻版而已。在去殖民性理论看来，殖民权力矩阵仍在主导世界，哈特和耐格里的"帝国"不过是其后现代版本。这是基于不同历史的两种解释方式，去殖民性理论参照的是殖民地历史，而"帝国"则是以欧洲史为参照。还可以从历史角度来讨论该问题。在1500年到2000年间，也就是从欧洲文艺复兴到美国的新自由主义，西方文明作为新的文明形式崛起。通过建立自身的基础设施以及由不同领域（政治、经济、主体性和认识型）相互联系而形成的殖民权力矩阵，欧洲于是成为西方文明的摇篮，并开始对非欧洲地区进行殖民。这 500 年间，西方帝国主义国家创造、调整、维持和操纵着殖民权力矩阵。但到2000 年，世界局势风云变化，殖民矩阵的控制权受到来自中国、印度和非洲国家的强有力挑战。也就是说，在这一期间，世界从多中心的和非资本主义的，发展为单一中心的和资本主义的，而 20 世纪末以来的世界则是多中心的和资本主义的。

《帝国》对无限增长和历史终结论的坚信，是新自由主义在2000 年左右的胜利主义情绪的体现，而那时的美国就是"帝国"。只要注意到当时中国等国家的崛起，就会对书中弥漫的扬扬得意和后马克思主义式解读存疑。用殖民性和殖民权力矩阵的语汇来讲，西方将很快就无法控制殖民权力矩阵。从罗马帝国一下子就跳到欧洲（英、法、德），然后再跳到美国，哈特和奈格里是在迎合欧洲中心主义思想。简言之，《帝国》是欧美（第一世界）从后现代/马克思主义的视角对西方文明的叙述，而殖民权力矩阵则是南美和加勒比海地区（第三世界）以去殖民性为视角对西方文明形成的叙述。

四 解放与"和谐"的愿景

谢：在 20 世纪 80 年代和 90 年代的中国，后结构主义和后现代主义等各种理论流派蜂拥而入。其时的中国刚刚向国外敞开大门，这些理论都在某种意义上将"受压迫者的回归"定位为自己的政治目标。这些由西方舶来的具有独特政治感召性的理论，在当时中国的语境下，很快就得到广大知识分子的欢迎。鉴于已提及的去殖民性理论旨趣，可不可以说，"受压迫者的回归"同样也是这一理论建构的政治目标？

瓦：无论有没有理论，"受压迫者"都会归来。如前所言，后现代和后结构主义理论源于欧洲，这也是中国及其他很多地区知识分子会被其幻象所迷惑的原因之一。在西方，对欧洲中心主义的批判，无论是来自右派还是左派，实际都无法摆脱其欧洲中心主义色彩，却在世界上其他地区人们头脑中制造出这些理论具备普世性的幻觉。去殖民性理论家从来就不信这一套，其本身就是被压迫者的思想。而不是那些欧洲前卫思想家、媒体人士或好莱坞演员在"拯救受压迫者"时的高调，与其说去殖民性理论是在为"受压迫者的回归"而斗争，还不如说其本身就是"受压迫者的回归"的形式，是受压迫者拯救自己的手段。人们常认为，非欧洲知识分子无法对自身进行理论化，只有欧洲的理论才能帮助他们思考。经济领域有着同样的荒诞剧，不发达国家总认为只有世界货币基金组织和西方的发展理论才能拯救自己。

法侬自己就是"受苦的人"，这也是他的写作身份，而不是什么为世界上"受苦的人"写作。在后现代和后结构主义这些时髦理论大行其道时，这是法侬遭到冷落的缘由之一，他文字本身就是"受压迫者的回归"。去殖民性理论也就是这样为自身定位的，不是对属下阶层的理论化，不是要拯救受压迫者，而是要和殖民权力矩阵的压迫性逻辑战斗，我们自己就都是受害者。我最初去法国求学时，时常被蔑称为"南美佬"；后来到美国任教，我则又被视为低人一等的拉美人。从 1987 年以来，我所有文字中都充斥着受压迫者的愤怒，但这不是为"受压迫者的回归"的战斗。因此，对自己陷入这一殖民权力矩阵之中的意识，如何跳脱也一直是我的迫切任务。苹果手机等高科技产品解决不了此类问题，你需要以全新方式来思考和认识世界，形成以生命为目标的去殖民性视野。很多同性恋、有色人种和女性等都在以"受苦的人"的身份写作，所以不要误以为受压迫者是"他者"，并且远在异乡。

何：有趣的是，刚才我们论及的这些理论，在中国很多最开始都是由文学领域的学者译介到中国，并在文学批评中运用。这种充满哲学或政治意味的文学批评很快遭到不少学者的强烈批评，因为他们认为文学和政治、社会学和哲学等学科是完全不同的学科。这种观点在欧美也有代表，如英国的批评家利维斯也强烈谴责混淆文学和哲学的做法。根据利维斯，文学是具体的，是对敏感性的演绎，而哲学这样的学科和知识只是无聊的化简主义。同时他也反对赋予文学批评过多政治或社会性，认为这样是对批评的背叛。应当如何理解这一现象？文学研究能从去殖民性理论中获取灵感吗？如果可以的话，会不会面临同样的指责？

瓦：在进入任何领域之初，总会发现控制该游戏的人已制定好游戏规则，因此，我们一开始就应具备去殖民性的思维方式。如果盲从利维斯从自己领域出发对"文学"和"哲学"观念做出的限定，就肯定会迷失方向。去殖民性思想的痛苦就在于，很难跳脱认识型上的殖民性，哲学和文学概念都有浓厚的殖民色彩。因此，不要将它们看作不二法门，并受其局限。面对此类问题时，有时需倒退一步，对利维斯的运思方式和终极立场进行追问。哲学和文学及其区分都是西方传统的产物，并不具备普适性。在利维斯参照的这一传统中，文学和哲学在文艺复兴之后脱离神学并获得独立，文学被划归为感知美学，而哲学则被划归为理性。利维斯的所作所为，实质上是要重构 18 世纪以来西方思想史中的学科区分。在中国，完全可以不理会这一套。中国有利维斯的追随者一点也不令人惊奇，但我更希望中国能出现一股强大的去殖民性思潮，不再一味地挪用和模仿从西方舶来的知识，以粉碎西方"君临天下"的美梦。

去殖民性理论要求对现存建制存疑，并且追问其形成机制，因此去殖民性思想毫无疑问能为文学研究提供灵感。后殖民性并不是新的文本分析方法，而是对文学研究的合法性本身进行质疑的一种态度。从去殖民性角度，可以对一系列的问题进行追问，如：作为学术建制的文学研究出现的时间？其出现的地点是在津巴布韦、玻利维亚、中国抑或是西欧？出现的缘由是什么？要知道，今天意义上的"文学"概念出现在 18 世纪，这一概念随着英法世界领袖地位的确立被扩散至全球，这种写作样式很快被殖民地作家用来叙述本土经验。这些问题都可以从去殖民性视角来思考。对去殖民性思想而言，文学也是重要的传播途径。文学在"对思想进行殖民化"中发挥过重大作用，同样也将在"思想的去殖民"中起到应有的作用。"去殖民性美学"同样还可以运用于其他艺术类型，因为现代意义上关涉体裁、品位和品评高下的美学标准实际上也都源于欧洲，但现在世界上其他地区也在使用它们进行思考。

谢：您曾指出说，去殖民性理论也是一种建构性理论，以自己独有的前瞻性来致力于对世界结构进行前景式描画也是其重要理论任务。就此而言，在去殖民性的理论建构中，您赞同应将以生命为目标的文明作为去殖民性工程的终极目标。而且在去殖民性理论看来，不同国家可采取不同的途径来实现本国国民的"解放"。和以往的各种理论构想不一样的是，这一洞见似乎解决了普世主义和独特性之间的矛盾。一方面，这里的确存在着一个"终极视域"，借此可以对各种不同的社会体系进行价值判断；但在另一方面，又没有任何人可以有借口将自身的发展方式强加于其他国家。

瓦：的确，这一描述很好地说明了后殖民性的目标，但需要做些说明。你提到说"不同国家可采取不同途径来实现本国国民的'解放'"，但要知道，当下很多资本主义国家已沦为大公司的同谋；而这些公司不是在致力于人民的解放，而是剥削人民。与其寄希望于这些国家，还不如寄希望于一些跨国性组织。当然已经有联合国、世行和国际法院等世界性组织，但由于殖民权力矩阵，它们的作用有限。这些组织只是对减少失业率和改善工作条件大放厥词，而不是去质疑当下结构本身的合理性；大部分人依赖于一小部分资本家，努力的工作不过是在巩固资本家们的地位。

在世界范围内，对"发展和进步"进行质疑的声音不绝于耳。"发展"理念的捍卫者，拼命地反对"和谐"（to live in harmony），因为他们认为"和谐"意味着停滞，将导致创造性、动力和个人的才能得不到认可和补偿。精英统治、成功和出人头地的理念是以个人成功为目标，这也是当下政府和企业中犯罪频发的缘由，人们采取各种合法或不合法的手段拼命攫取财富，整个社会因此被笼罩在这一死亡的文明之中。和谐并不意味着技术革新的停滞，这种说法同样只是现代性采用的一种说辞。关键的问题是，技术革新的目的应予以明确：技术革新应是着眼于全人类福祉，而不是为了资本主义消费市场。当下，一种共识正慢慢形成，也就是说，"和谐"（不仅指社会和谐，还包括人与自然和谐共处）才应是社会前进的目标，而不是所谓的"进步和发展"。这应成为共同的视域，但可以通过各种不同方法来实现。

何：英国学者雷蒙·威廉斯从社会主义的角度也提出过类似的政治目标。在他的理论建构中，传播和一些形式的大众文化被视为社会进步的源泉；从当下的社会发展现实来看，威廉斯的"希望的资源"好像并未产生预期效果。在当下，新形式的传播和大众文化也被调用起来以捍卫资本的利益。那么最后的问题是，对于去殖民性而言，大众文化和传播这些力量能否被动员起来以促进社会的进步？

瓦：我要说的是，任何地方都充斥着斗争，如争夺对殖民权力矩阵的控制权，或试图脱钩的冲动。必须要指出的是，在去殖民性的理论图景中，早已剔除"进步"的概念。就对去殖民性的贡献而言，大众文化做出的贡献比以往任何时候都要大，但我并不认为这是对进步进程的推进。如果将去殖民性翻译为进步的话，实际上是对去殖民性进行殖民化，因为你将其化简为"进步"所代表的那种帝国主义意识形态，而这正是去殖民性所要力图超越的。去殖民性是要同现代性（自由主义的和马克思主义的）脱钩的关键概念，而"进步"却是支持这些思维范式的重要概念，正如威廉斯所强调的。对威廉斯而言，一位英国人，也是一位欧洲人，倚重"进步"概念再自然不过。但在去殖民性理论中这并不是一个重要概念，因为去殖民性理论欲求的是"解放"。当然，在解放和去殖民性的同时，大众文化也可以通过塑造和培养殖民主体来实现对殖民性的复制。什么都不是绝对的，意识才是最重要的，也就是你秉持的立场到底是什么。

　　结束前，我想对你们能为我提供这一同中国学者交流的机会表示感谢。